D1732174

Griesbeck

# Management.
# Die Essenz

Handelsblatt
**FACH**MEDIEN

**Impressum:**
Management. Die Essenz

Dr. Markus Griesbeck

Handelsblatt Fachmedien GmbH
Toulouser Allee 27
D-40211 Düsseldorf
Tel.: 0800/000-1637, Fax: 0800/000-2959
Internet: www.fachmedien.de
E-Mail: hbfm-kundenservice@de.rhenus.com

ISBN: 978-3-947711-15-4 (gedruckte Ausgabe)
ISBN: 978-3-947711-16-1 (PDF)
ISBN: 978-3-947711-17-8 (Bundle aus gedruckter Ausgabe und PDF)
Auch als Hörbuch erhältlich.

Satz: Reemers Publishing Services GmbH, Krefeld
Druck: Grafisches Centrum Cuno GmbH & Co. KG, Gewerbering West 27, 39240 Calbe (Saale)

**Haftung und Hinweise:**
Den Kommentaren, Grafiken und Tabellen liegen Quellen zugrunde, welche die Redaktion und die Autoren für verlässlich halten. Eine Garantie für die Richtigkeit der Angaben kann allerdings nicht übernommen werden.

# Inhaltsverzeichnis

# Vorwort

Dieses Buch konzentriert sich auf das, was Manager in der Praxis wirklich brauchen, um effektiv ihrer Aufgabe gerecht zu werden. Es richtet sich an Top-Manager im doppelten Sinn. Top-Manager, das sind Manager, die im obersten Management einer Organisation arbeiten. Top-Manager, das sind aber auch die vielen Menschen, die hierarchisch nicht an der Spitze einer Organisation stehen, aber auf Top-Niveau Management betreiben. Das sind ziemlich viele Damen und Herren! Für sie wurde dieses Buch entwickelt. Die Motivation dazu in aller Kürze:

Ohne gutes Betriebssystem funktioniert kein Computer oder Smartphone. Ohne wirksames Management funktioniert keine Organisation. Doch was ist wirksames Management? Und was sind die 20 Prozent, die 80 Prozent des Erfolgs im Management generieren? Solche Fragen versucht dieses Buch zu beantworten.

Was für das Management wesentlich ist, findet man nirgends umfassend niedergeschrieben. Dieses Buch will die Lücke schließen. Es bringt die Kernelemente auf den Punkt, die wirksames Management ausmachen. Es bietet eine Rückbesinnung auf das, worauf es wirklich ankommt.

Es ist ein Buch wider Fake Management. Lassen Sie mich das an einem Beispiel deutlich machen: Einer der bekanntesten Wirtschaftsjournalisten schrieb im September 2018 in einem seiner Morning Briefings: „Der Aktienkurs ist das EKG einer Firma."[1] So pointiert dies klingt, es ist schlichtweg falsch. Richtig wäre: „Der Aktienkurs ist die Wette von Investoren auf den zukünftigen Wert der Firma" – wenn man es pointiert ausdrücken möchte. Vielleicht sagt jetzt der eine oder andere, man möge einem Journalisten auch die Freiheit zur Pointierung und Überzeichnung lassen. Ja, Meinungsfreiheit und jegliche Form der rechtmäßigen Meinungsäußerung sind wichtig und richtig. Nur: Es darf **nicht auf Kosten der Fakten** gehen. Wir sind es uns selbst schuldig, die richtigen Dinge zu denken und dann zu sagen bzw. zu veröffentlichen. Daher ist das genannte Beispiel stellvertretend für vieles, was gesagt und was veröffentlicht wurde, besonders in der Management-Literatur. Dieses Buch erhebt den Anspruch, Halbwahrheiten entgegenzuwirken und das wirklich Wichtige zusammenzutragen.

Ich gebe zu: Der Anspruch an ein Werk namens „Die Essenz" ist sehr hoch, aber nicht vermessen. Möglicherweise ist er nie vollständig einzulösen. Weil sich alles immer verändert und verändern wird, wird auch dieses Buch nie abgeschlossen und vollkommen sein. Deshalb ist mein Anspruch, es stetig weiterzuentwickeln.

---

1     Das EKG beschreibt nur, in welcher Qualität und Quantität das Herz seine Funktion ausübt. Und so makaber es klingt: Das Herz kann auch bei komatösen und hirntoten Menschen weiter funktionieren. Anders gesprochen: Aus einem EKG heraus erfährt man nichts über die Lebensfähigkeit und das tatsächliche Funktionieren eines menschlichen Körpers, geschweige denn eines Menschen als Ganzes.

Wenn Sie Anregungen, Kritik oder Anmerkungen haben, freue ich mich auf Ihre Rückmeldung über die Verlagsanschrift.

Drei Anmerkungen noch:

1. Ich verwende für die Lesbarkeit männliche Bezeichnungen. Selbstverständlich sind alle darin inkludiert, unabhängig ihres Geschlechts.
2. Die gewählten Beispiele stammen nicht immer aus dem Bereich Management. Hier ging es um Verständlichkeit und weniger um einen permanenten Managementbezug.
3. Wo immer möglich, habe ich die zugrunde liegenden Quellen benannt. Für all die Stellen, wo mir das nicht gelang, bitte ich um Nachsicht. Dennoch habe ich größten Respekt vor den Ideen anderer Menschen. Im Literaturverzeichnis finden Sie Hinweise, auf wessen Gedankengut ich aufbaue.

# Einleitung

Manager und Führungskräfte haben einen Anspruch an sich. Sie wollen eine Organisation, die darin handelnden Menschen und sich selbst zum Erfolg führen. Dafür müssen sie die Essenz guten Managements kennen. Ein Konzentrat, das sicherstellt, dass sie ihren Beruf als Manager effektiv und effizient ausführen (können). Dabei ist ein Balanceakt zwischen Ergebniserreichung, Wirtschaftlichkeit, Menschlichkeit, eigener Achtsamkeit, Achtsamkeit gegenüber Mitarbeitern, wirksamer und wertschätzender Kommunikation etc. zu leisten. Was diese Essenz ist, lässt sich festlegen und damit diskussionsfähig und hinterfragbar machen. Diskussionsfähig, ob es sich wirklich um die Konzentration auf das Wesentliche handelt. Hinterfragbar, ob man selbst diesen Ansprüchen genügt.

Mein Anspruch ist es, eine allgemeingültige Grundlage zu liefern, die praktisch fundiert ist. Da ich seit mehreren Jahren Top-Manager in einem mittelständischen Hidden-Champion bin, kenne ich die Herausforderungen und Schwierigkeiten der Führung aus erster Hand. Gleichzeitig habe ich seit Beginn meiner beruflichen Karriere eine sehr große Anzahl an Führungskräften getroffen, beraten, trainiert und weiterentwickelt. So spiegelt das Buch nicht nur meinen eigenen Erfahrungsschatz wider, sondern auch die Erkenntnisse aus diesen Begegnungen. Moden oder Management-Trends haben mich dabei nie interessiert, ich ignoriere sie weitgehend. Deshalb vermeide ich in diesem Buch – soweit irgendwie möglich – englische Schlagwörter und Phrasen.

Als ich mit diesem Buch begann, ging es mir darum, geballte Informationen anzubieten und einen Tiefgang hinzubekommen, den ich bei der Lektüre Hunderter Bücher aus dem Bereich Management und Führung vermisst habe. Ich wollte und will auf den Punkt bringen, worauf es wirklich ankommt, und zwar sehr umfassend, mit Blick fürs Detail und das große Ganze. Und, was mir besonders am Herzen liegt: Ich möchte auch auf die ethische Dimension wirksamen Managements hinweisen. Manager sollten sich immer wieder auf Werte wie Verantwortung und Rechtschaffenheit zurückbesinnen, da es nicht immer um „höher, schneller, weiter" gehen darf.

# Teil 1: Grundlagen

# I. Grundlagen guten Managements

*„Moderne Manager haben Zeit, über das Wesentliche nachzudenken."*
(Peter F. Drucker)

## 1. Wofür man Management braucht

Obwohl der Begriff Management sehr oft verwendet wird, teilweise sogar inflationär, gibt es keine allgemein anerkannte Definition, was Management ist und was es ausmacht. Besonders deutlich wird das in der Praxis, wenn Fachleute sich darüber streiten, was ein Manager zu tun und zu lassen hat.

Manche gehen so weit und unterscheiden die Begriffe Management und Führung. Dabei kann man es sich einfach machen: Führung ist der deutsche und Management der englische Begriff. Beide bedeuten inhaltlich das Gleiche.[2]

Und was bedeutet Management?

1. Es ist eine **Funktion**, der die Leitung einer Organisation obliegt.
2. Das Management besteht aus **Menschen**: Gruppen- oder Teamleitern, Abteilungsleitern, Bereichsleitern, Geschäftsführern, Vorständen, Aufsichtsräten usw.

Und obwohl es die Funktion des Managements und die Manager gibt, könnte man zum Schluss kommen, dass Management heutzutage (fast) überflüssig ist. Vielerorts werden agile und selbstorganisationale Unternehmen gefordert, eine starre Führungsrolle sei deshalb nicht mehr notwendig. Dem begegne ich mit Zustimmung und Vorsicht.

Zuerst einmal ist nicht jede Organisation in der Lage und willens, agil und selbstorganisational zu arbeiten, auch wenn diese Form der Zusammenarbeit zweifellos effektiv ist. Es gab und es gibt viele Unternehmen, die anders funktionieren: Sie werden hierarchisch geführt. Eine agile, selbstorganisationale Organisation ist wünschenswert und manchmal auch ideal, es bleibt jedoch eine Tatsache, dass es viele unterschiedliche Organisationsformen und -möglichkeiten gibt, auch die klassische, hierarchische. Meines Erachtens sollten wir froh darüber sein, dass diese Vielfalt existiert. Sie ist notwendig, weil es nicht nur den einen Mitarbeitertyp gibt, sondern unterschiedliche. Der eine liebt es, in agilen Projektstrukturen zu arbeiten und sich dort einzubringen, der andere ist froh, wenn er Dinge möglichst nur abarbeiten kann/muss. Es gibt Mitarbeiter, die Agilität schlichtweg überfordert und die dankbar sind, wenn jemand ihnen genau sagt, was zu tun ist. Diese Aus-

---

2    Vgl. dazu: Malik, Fredmund, Management – Das A und O des Handwerks, Frankfurt am Main 2013, S. 16.

sagen treffen im Übrigen auch auf viele Führungskräfte zu, die ich kennenlernen durfte.

Zum Vergleich: Es gibt unterschiedliche Getränkesorten wie Kaffee, Spezi, Cola, Limo, Apfelsaft usw. Der eine liebt Kaffee, während der nächste ihn ablehnt und Tee bevorzugt. Die Grundlage, der Kern aller genannten Getränke aber ist Wasser, das wir zum Überleben brauchen. Es spielt keine Rolle, in welcher Form wir es zu uns nehmen (Kaffee, Tee, Cola, Apfelsaft usw.). Solange wir es im richtigen Maß trinken (nicht zu viel, nicht zu wenig), hilft es uns, gesund zu sein bzw. zu bleiben.

Ähnlich verhält es sich mit Management. Führung wird immer gebraucht. In welcher Form, in welcher Ausgestaltung, in welcher Intensität? Das ist nicht nur abhängig von der Organisationsform, es ist auch unterschiedlich von Manager zu Manager. Und das ist gut so! Kein Mensch will ernsthaft sich ähnelnde Organisationen, sich ähnelnde Führungskräfte usw. Genau in der Vielfalt entsteht das Besondere der vielen Organisationsstrukturen bzw. das Einzigartige der einzelnen Organisationskulturen.

Wir brauchen in jeder Organisationsform Führung, manchmal mehr, manchmal weniger. Wir werden immer ein Mindestmaß benötigen, ein Konzentrat, oder wie ich vorschlage, eine gewisse Essenz. Diese Essenz sichert die (Über-)Lebensfähigkeit einer Organisation, weil jede Organisation – auch die agile und selbstorganisationale – Steuerungsimpulse, Kontrolle, Richtung und Lenkung braucht. Wer das macht und wie man das macht – das mag durchaus unterschiedlich sein. So lassen sich unterschiedliche Führungsansätze sinnvoll nebeneinander integrieren.

> **Beispiel:** Bei einem Projekt kann es sinnvoll sein, wenn der Projektleiter es straff und perfekt organisiert führt. In einem anderen Projekt passt es, wenn die Teams agil und selbstorganisiert arbeiten. Mitarbeiter übernehmen dann (für einen gewissen Zeitraum) die Projektführung bzw. -weiterentwicklung, ohne dass ein Projektleiter aktiv steuert. Oder sie arbeiten parallel an mehreren Teilprojekten oder Projektschritten usw.

Egal für welchen Organisationstyp oder Führungsstil man sich unbewusst oder bewusst entscheidet: Gewisse Grundlagen braucht es immer. Sie definieren, ob eine Führungskraft auf persönlicher Ebene effektiv handelt. Meiner Erfahrung nach sind es einfach klingende Qualitäten wie Klarheit, Konzentration, Konsequenz und Kompetenz. Ich durfte Führungskräfte kennenlernen, die diese Fähigkeiten, beispielsweise durch Veranlagung oder Erziehung, bereits mitbrachten. Deshalb fiel es ihnen leicht, sich entsprechend zu verhalten. Genauso gibt es nicht gerade wenige Führungskräfte, die sich mit solchen persönlichen Anforderungen anfangs schwergetan haben. Manche haben sich – nach Rückmeldungen und durch

Reflexion – auf den Weg gemacht und bemühen sich, die Anforderungen täglich zu erfüllen. Leider erlebe ich aber auch Führungskräfte, die sie ignorieren. Oder – was ich viel schlimmer finde – ihnen bewusst zuwiderhandeln.

## 1.1 Grundlage 1: Klarheit

Erfolgreiche Menschen und Manager zeichnen sich durch Klarheit aus. Sie haben beispielsweise Antworten auf folgende Fragen:

- Wohin will bzw. muss meine Organisation?
- Wohin will bzw. muss ich mich entwickeln?
- Weiß ich, was zu tun ist? Was nicht zu tun ist?
- Bin ich mir darüber bewusst, wozu ich nein sagen sollte/muss?

Klarheit ist insbesondere verbunden mit einer eindeutigen und verständlichen Vorstellung von Strategie und Zielen bzw. Standards: Was wollen bzw. müssen wir innerhalb des nächsten Zeitraums erreichen und warum? Je klarer, je eindeutiger, je verständlicher ein Manager das für sich und sein Umfeld herausgearbeitet und kommuniziert hat, desto höher ist die Wahrscheinlichkeit, dass er seine Ziele erreicht. Zur Klarheit gehört auch die Erkenntnis, was effektiv ist. Effektivität meint: die richtigen Dinge tun. Davon unterschieden werden kann Effizienz. Diese meint: die Dinge richtig tun.[3]

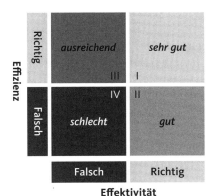

**Abbildung 1:** Effektivität & Effizienz (basierend auf P.F. Drucker)

**Beispiel** (vgl. Abbildung 1): Bei einem Wettbewerb läuft ein 100-Meter-Läufer in die richtige Richtung, und zwar schnell (Quadrant I). Ein zweiter Läufer läuft langsamer, aber immerhin noch in die richtige Richtung (Quadrant II). Beim dritten und vierten Läufer ist es egal, ob sie schnell (Quadrant III) oder langsam (Quadrant IV) laufen: Sie laufen in die falsche Richtung.

---

3    Vgl. Drucker, Peter Ferdinand, Management – Das Standardwerk komplett überarbeitet und erweitert, Bände 1 und 2, Frankfurt am Main 2009, S. 79 f.

Fast täglich können wir erleben, dass Menschen Effektivität nicht sicherstellen. Die zwei größten Fehlerquellen für mangelnde Effektivität sind:

1. **Schnelligkeit.** Man möchte eine Sache möglichst schnell erledigen. Über mögliche Nebenwirkungen, Folgen oder Kollateralschäden denkt man im Moment des Handelns nicht nach.
2. **Intensität.** Man glaubt, durch möglichst viel oder möglichst hohen Einsatz/Input auch einen möglichst hohen Output zu generieren. Das Motto lautet: Je mehr, desto besser. Die Vorstellung, dass auch ein homöopathischer oder minimaler Input den maximalen Output generieren kann, erscheint unmöglich bzw. unglaublich.

Effektivität hört sich einfach an, bedeutet aber einen lebenslangen Lernprozess. Bevor ich etwas mache, nehme ich mir Zeit und frage: Mache ich gerade das Richtige? Gibt es wirksamere Mittel oder Maßnahmen, um den gewünschten Output zu generieren?

Klarheit und Effektivität sind zwei Seiten derselben Medaille. Nur wenn ich Klarheit über die richtigen Dinge habe, werde ich auch die richtigen Ziele, Strategien usw. für meine Organisation und für mich selbst verfolgen. Klarheit zeigt sich im Übrigen besonders in der Kommunikation: Nur wer seine Erwartungen deutlich formuliert, kann sicherstellen, dass diese Erwartungen auch erfüllt werden.

## 1.2 Grundlage 2: Konzentration

Klarheit hilft jedoch nicht weiter, wenn man nicht bereit ist, sich auf das Wesentliche zu fokussieren. Deshalb ist die Konzentration auf Weniges, aber Wesentliches die zweite wichtige Grundlage guter Führung. Sie gelingt am besten mit der magischen Zahl 7 plus/minus 2, auch als Miller'sche Zahl bekannt.[4]

> **Beispiel:** Mehr als sieben (wichtige, wesentliche) Ziele lassen sich nicht gleichzeitig verfolgen. Sitzungen mit mehr als sieben (wesentlichen) Sitzungsteilnehmern können ineffektiv werden usw.

Die Konzentration auf Wesentliches ist wichtig, weil sie hilft, die richtigen Prioritäten zu setzen (vgl. VII. 2.3 und X. 1.). Darüber hinaus ermöglicht sie fokussiertes Arbeiten mit sichtbaren (vielleicht auch nur gefühlten) Ergebnissen. Erfolg ist also eine Folge der Konzentration.

---

4     Vgl. Miller, George A, The Magical Number Seven, Plus or Minus Two: Some Limits on Our Capacity for Processing Information, in: The Psychological Review (1956), S. 81–97

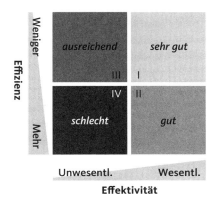

**Abbildung 2:** Konzentration auf Wesentliches

## 1.3 Grundlage 3: Konsequenz

Wer nicht bereit ist, für sich, für andere und für seine Organisation Konsequenzen zu ziehen und zu leben, sollte keine (offizielle) Führungsposition anstreben. Management bedeutet, immer konsequent zu sein. Neben Disziplin (vgl. X.) und der oben angesprochenen Klarheit erfordert es Beharrlichkeit, Entscheidungskompetenz (vgl. VII. 4.), Geradlinigkeit (vgl. IX. 3.1) und in gewisser Hinsicht auch Stehvermögen, die eigenen Entscheidungen oder notfalls die eines anderen konsequent umzusetzen.

Im Übrigen meint Konsequenz nicht immer: Wer A sagt, muss auch B sagen. Konsequent kann auch etwas anderes sein:

> *„Wer A sagt, muss nicht B sagen. Er kann auch erkennen, dass A falsch war."*
> *(Bertolt Brecht)*

### 1.3.1 Konsequenz und Verantwortung

Eng verbunden mit der Konsequenz ist die Verantwortung. Wer konsequent ist, übernimmt Verantwortung für sein Handeln. Ein Manager ist für viererlei verantwortlich:

1. das Unternehmen, für das er arbeitet (= Management von Organisationen).
2. sich selbst (= Selbstmanagement).
3. seine Beziehung zu anderen Menschen (= Management von Personen).
4. die zu erreichenden Ergebnisse (= Umsetzen, Entwickeln und Verändern)[5].

---

5    Die Verantwortung für diese Punkte gibt auch die Grundstruktur des praktischen Teils dieses Werkes vor. In Teil 1 geht es um das Management von Organisationen. Teil 2 behandelt die Themen Selbstmanagement und das Management von Personen. Teil 3 beschäftigt sich mit Umsetzen, Entwickeln und Verändern, also mit der Frage, WIE man Ergebnisse erreicht.

In der Praxis werden Manager häufig für alles verantwortlich gemacht, insbesondere für die Veränderung von Menschen und Organisationen. Die Verantwortung hat aber Grenzen, auch wenn ich viele Führungskräfte kenne, die das nicht akzeptieren. Ein Manager kann nicht verantwortlich sein für das, was er faktisch nicht beeinflussen kann, direkt oder indirekt. Dazu zählen insbesondere die Talente, Charakterzüge oder Persönlichkeitsveränderungen der Personen, mit denen die Führungskraft in Kontakt steht. Dazu zählen aber auch gesamtgesellschaftliche Entwicklungen. **Was Führungskräfte aber tun können**: Sie können Rahmenbedingungen schaffen und Erwartungen klar äußern, damit Veränderungen möglich werden (mehr dazu in Kapitel XIII.).

> **Beispiel 1:** „Sorgen Sie dafür, dass Herr Müller endlich akkurater arbeitet!" Mit einem solchen Satz werden Sie für Herrn Müllers Persönlichkeit zur Verantwortung gezogen. Gleichzeitig wissen Sie aus langer Erfahrung, dass Herr Müller wohl nie akkurat arbeiten wird. Verantwortlich sind Sie lediglich dafür, dass Sie Herrn Müller nicht mit Aufgaben betrauen, bei denen es auf genau diese Akkuratesse ankommt.

> **Beispiel 2:** Ein Manager ist nicht verantwortlich dafür, dass die Welt sich digitalisiert. Er ist aber verantwortlich dafür, dass sein Unternehmen unter den neuen digitalisierten Rahmenbedingungen überlebt.

Sehr wohl ist der Manager für seine eigenen Veränderungen verantwortlich. Was man zudem nicht außer Acht lassen sollte: Manager sind für ihre Entscheidungen verantwortlich, möglicherweise sogar haftbar (vgl. I. 1.3.3). Denn jede Entscheidung, auch die Nicht-Entscheidung, zieht immer Wirkungen nach sich, im schlechtesten Fall sogar Kollateralschäden. Umso wichtiger ist es, sich bewusst zu werden, wie Entscheidungen zustande kommen und wie man professionell vorgeht (vgl. VII. 4.).

### 1.3.2 Konsequenz und Ergebnisse

In der Verantwortung des Managers steht in erster Linie das Erreichen von Ergebnissen.[6] Er ist verantwortlich für die Wirkungen seines Handelns. Diese müssen wirtschaftlich und wenn möglich sinnvoll sein. Wirtschaftlichkeit ist dann erreicht, wenn eine der beiden folgenden Bedingungen zutrifft:

1. Mit möglichst geringem Input wird ein höchstmöglicher Output generiert. Beispiel: Man bereitet mit möglichst wenig Ausgaben und Lebensmitteln ein gut schmeckendes, leckeres Essen zu.
2. Mit einem gegebenen Input wird ein höchstmöglicher Output generiert. Beispiel: Man hat ein paar Eier, Mehl und Milch und macht daraus möglichst viele Pfannkuchen.

---

6    Ergebnis ist nicht zwingend gleichzusetzen mit finanziellen Zielgrößen, wie zum Beispiel Gewinn. Es ist ein weiter Begriff. Beispiele für Ergebnisse: a) Erreichen eines bestimmten Absatzzieles, b) Entwicklung eines Mitarbeiters zum Vorgesetzten, c) Etablierung eines neuen Produkts im bestehenden Markt usw.

### 1.3.3 Konsequenz und Haftung

*„An allem Unfug, der passiert, sind nicht etwa nur die schuld, die ihn tun, sondern auch die, die ihn nicht verhindern."*
*(Erich Kästner)*

Die Verantwortung eines Managers umfasst alles, was in seinem Verantwortungsgebiet geschieht. Daraus kann sich auch eine Haftung bei unverantwortlichem Handeln ableiten.

Manager sind verantwortlich im Vorfeld, während und im Nachgang der von ihnen zu verantwortenden Vorgänge. Sie müssen proaktiv dafür sorgen, dass eine Organisation funktioniert, dass sie und ihre Beziehungen leistungsfähig sind und die erwarteten Ergebnisse auch tatsächlich erreicht werden. Führungskräfte sind auch im Nachgang verantwortlich, egal ob etwas funktioniert hat oder nicht. Sie haben etwas proaktiv vorangetrieben, gefördert oder aber sie haben etwas zugelassen bzw. schlicht ignoriert. In seltenen Fällen haben sie Vorgänge tatsächlich nicht gewusst, aber es ist geschehen. Je nach Tragweite spricht man dann nicht mehr nur von Verantwortung, sondern gegebenenfalls auch von Haftung, insbesondere dann, wenn ein grob fahrlässiges Verhalten des Managers nachgewiesen werden kann. Verantwortung steht also in engem Schulterschluss mit Haftung.

### 1.3.4 Agilität und Selbstorganisation

Man kann sich nicht ernsthaft eine Organisation vorstellen, die auf Dauer überlebt, indem sie straff und hierarchisch geführt wird. Enge Regeln, standardisierte Vorgaben und wenig Entscheidungsfreiheit mögen richtig in bestimmten Unternehmensmodi (vgl. III. 3) sein. Im Normalfall hindern solche Faktoren eine Organisation an ihrer Weiterentwicklung. Genau deshalb braucht es – essenziell – Agilität und Selbstorganisation.

Agilität ist wichtig, um Transparenz, Dialog, Vertrauen und Feedback zu fördern. Es mag erstaunen, aber es gibt einige Menschen, die Agilität „nicht können" oder „nicht wollen". Sie sind schlichtweg überfordert, wenn sie mit solch einer „offenen" Kultur in Berührung kommen. Hier ist der Manager gefordert, sensibel und vernünftig zu agieren: Wie sorge ich für eine vertrauensvolle Kultur, in der Transparenz und ehrliche Rückmeldungen zu wertschätzendem Dialog führen?

Selbstorganisation lässt die Entscheidungsfreiheit dort, wo sie hingehört, und gibt der Organisation die Flexibilität, um sich stetig weiterzuentwickeln und anzupassen. Selbstorganisation erfordert Klarheit über die tatsächliche Richtung (über die sich die Mehrheit einig sein sollte) und muss Konsequenzen nach sich ziehen, wenn etwas aus dem Ruder läuft. Ansonsten kann Selbstorganisation auch anarchische Züge bekommen.

Für ein effektives Management bedeutet das letztlich:

1. Agilität und Selbstorganisation ohne ein Mindestmaß an vernünftigem und passgenauem Management können eine Organisation überfordern oder mittel- bis langfristig in eine falsche Richtung führen.
2. Management soll und muss sich so wenig wie möglich, aber auch so viel wie nötig einmischen und präsent sein. Einmischung und Präsenz bedeuten: Klarheit und Konsequenzen (so wenig wie möglich, aber auch so viel wie nötig!).

> **Beispiel:** Auch der menschliche Körper kennt die Prinzipien der Agilität und Selbstorganisation. So arbeitet das Organ Niere auch ohne stetige Impulse des Gehirns und wäscht unser Blut. Allerdings liefert das Gehirn laufend Informationen (Funktion: Controlling), damit die Niere selbstständig Arbeitszeiten und Ruhepausen einhalten kann. Und im Zweifelsfall gibt das Gehirn eine eindeutige Anweisung (Funktion: Steuerung): Achtung, jetzt muss zusätzlich Blutwäsche gemacht werden, weil.

Positiv formuliert: Wir brauchen Agilität, Selbstorganisation und Management (im Sinne von Gestaltung, Lenkung und Steuerung). Fehlt eines der drei Elemente, kann sich eine Kultur nicht wirksam entfalten.

## 1.4 Grundlage 4: Kompetenz

Es ist unmöglich, in jeder Hinsicht und allzeit kompetent zu sein. Ein Manager sollte aber so kompetent sein, dass er seine eigene Inkompetenz erkennt. Dann hat er zwei Möglichkeiten: Entweder eignet er sich die erforderliche Kompetenz an oder er fragt bzw. bittet andere um Hilfe. Und genau hier erlebe ich nicht wenige Manager als zu eitel, manchmal sogar als beratungsresistent. Man möchte schließlich mit eigener Kompetenz glänzen. Und vor sich selbst oder sogar vor anderen zuzugeben, dass man in einer Sache nicht kompetent (genug) ist: Diese Größe haben nicht viele Menschen.

Dennoch sollten Manager/Führungskräfte in ein paar Gebieten kompetent genug sein. Sie brauchen ein Grundwissen darüber, worauf sie achten müssen. Worauf es wirklich ankommt. Wer die Essenz des Managements nicht verstanden hat, wird nicht kompetent genug sein, um Stolpersteine, Risiken, aber auch Chancen und Möglichkeiten zu erkennen.

### 1.4.1 Kompetenz ist nicht gleich Macht

Kompetenz darf nicht mit Macht verwechselt werden. Nur weil jemand Macht hat, ist er bei Weitem noch nicht kompetent. Landläufig versteht man unter Macht, dass andere tun (müssen), was man ihnen sagt. Macht meint aber mehr. Zum einen ist es die Möglichkeit bzw. Fähigkeit, auf das Denken oder Verhalten von Menschen einzuwirken. Zum anderen ist es Durchsetzungsfähigkeit. Diese kann man qua Amt besitzen oder sich durch sein Handeln erarbeiten (= Autorität).

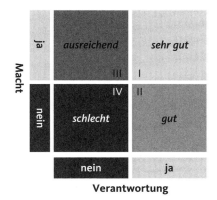

**Abbildung 3:** Macht und Verantwortung[7]

Macht steht immer in enger Beziehung zur Verantwortung (vgl. I. 1.3.1 und Abbildung 3). Aber wie bekomme bzw. erlange ich Macht?

1. Die erste Möglichkeit: Jemand schenkt mir Vertrauen, dass ich seine Erwartungen erfülle, und verleiht mir Macht. **Beispiel:** Ein Gesellschafterkreis bestimmt jemanden zum Prokuristen. Die ihm verliehene Macht muss der Prokurist im Anschluss rechtfertigen, intern wie extern. Er muss zeigen, dass er sie sinnvoll und effektiv einsetzt. **Negativbeispiel:** Ich habe Macht, weil ich eine bestimmte Position innehabe. Aber mit meinem Handeln kann ich meine Machtposition verwirken, indem ich beispielsweise geschäftsschädigend agiere.
2. Die zweite Möglichkeit: Ich erarbeite mir Macht, indem ich Dinge umsetze, erschaffe, Aufgaben erledige oder Probleme löse. In diesem Kontext spricht man häufig von Autorität, die man aber nur erlangt, wenn man sie ebenfalls fortwährend rechtfertigt.

### 1.4.2 Sachlogik, Psychologik, Chronologie und Kontext

Zur Kompetenz gehört es, die unterschiedlichen Dimensionen Sachlogik, Psychologik, Chronologie und Kontext zu erkennen. Sachlogik meint die rationale Bearbeitung einer Aufgabe, eines Themas etc. Die Psychologik umfasst den typischen emotionalen Ablauf bzw. die typische emotionale (Re-)Aktion eines Beteiligten. Die Chronologie betrifft den bewusst gesteuerten zeitlichen Ablauf einer Sache. Dies alles ist eingebettet in einen bestimmten Kontext.

---

7  In der Idealform treffen (erarbeitete) Macht/Autorität und Amt aufeinander (vgl. Quadrant I). Wenn Menschen/Führungskräfte Verantwortung für ihr Handeln übernehmen, aber keine faktische Macht besitzen (vgl. Quadrant II), sind das genau die Personen, die gefördert und entwickelt werden sollten. Sie haben den Kern des Managements verstanden. Wer keine Verantwortung übernimmt, kann Macht haben (vgl. Quadrant III) oder nicht (vgl. Quadrant IV), als wirksame Führungskraft kann er nicht gelten.

Sachaufgaben können sachlogisch gelöst werden. Management-Aufgaben fordern zusätzlich die Berücksichtigung der anderen Dimensionen und der gegebenenfalls vorhandenen Abhängigkeiten und Verlinkungen.

> **Beispiel:** Jemand möchte dauerhaft fünf Kilogramm abnehmen.
> *Sachlogik:* Sachlogisch heißt das (verkürzt): a) weniger essen, b) gegebenenfalls Ernährungsumstellung, c) mehr bewegen.
> *Psychologik:* Psychologisch kann das schwierig werden, wenn sich bestimmte Gewohnheiten eingeschlichen haben. a) Man isst Schokolade oder Chips beim Fernsehschauen. b) Man spürt das Sattsein nicht mehr und isst weiter. c) Augenscheinlich gut schmeckende werden gegenüber gesunden und wertvollen (angeblich weniger schmeckenden) Lebensmitteln bevorzugt. Die Liste lässt sich fortführen. Gegenüber der Sachlogik, die man rational erfassen und bearbeiten kann, nimmt die Psychologik den eigentlichen und größeren Teil der Umsetzung ein. Es geht um die emotionale Bearbeitung, zum Beispiel in Form einer Verhaltensveränderung.
> *Chronologie:* Vermutlich gibt es nicht den perfekten Zeitpunkt, um mit dem Abnehmen anzufangen. Chronologisch wählt man am besten Zeitpunkte, die die gewünschte Verhaltensänderung unterstützen. Der Wetterdienst meldet beispielsweise mehrere Tage Sonnenschein und warmes Wetter. Eine motivierende Grundvoraussetzung für Bewegung unterschiedlichster Art ist vorhanden.
> *Kontext:* Der Kontext definiert, in welchem Rahmen die Sachlogik sich abspielt. Beispielsweise macht es einen Unterschied, ob in dem unmittelbaren Umfeld (Familie, Verwandtschaft, Freunde, Kollegen) gesunde Ernährung und ausreichend Bewegung einen hohen oder einen geringen Stellenwert haben.

Kontext, Chronologie und Psychologik verlangen deutlich mehr Aufmerksamkeit als Sachlogik. Abbildung 4 zeigt in absteigender Reihenfolge, was am stärksten (Kontext) und was am wenigsten im Fokus steht.

1. Man benötigt für Psychologik und Chronologie ein anderes Management-Repertoire; Fachwissen bringt hier gar nichts.
2. Jede Management-Aufgabe ist mit anderen Themen verwoben oder zumindest ein Stellrad in einem größeren Kontext. Wer das Stellrad bewegt, bringt also auch andere Systemteile in Bewegung.

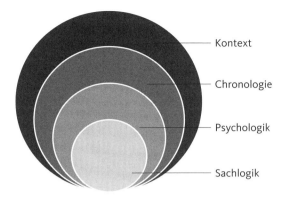

**Abbildung 4:** Kontext, Sachlogik, Psychologik und Chronologie

Ob Manager kompetent agieren, zeigt sich also auch daran, ob sie eine Situation richtig in einen Kontext einordnen. Dazu kann man zwei Fälle unterscheiden.

1. Das Management einer Organisation: Hier ist das Management auszurichten am Organisationstyp (vgl. III. 1.), der spezifischen Situation, in der sich die Organisation befindet, und dem grundlegenden Kontext (vgl. Abbildung 5).

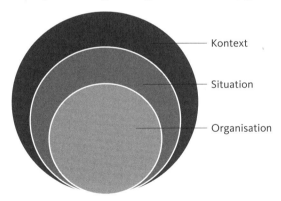

**Abbildung 5:** Kontext – Situation – Organisation

2. Das Management von Personen: Auch hier ist das Management abhängig von den steuernden Personen, der spezifischen Situation und dem Kontext, in dem man sich bewegt (vgl. Abbildung 6).

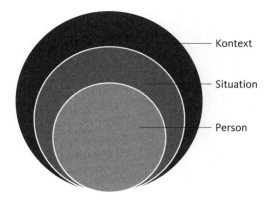

**Abbildung 6:** Kontext - Situation - Person

**Beispiel:** Nach längeren Diskussionen im Personalentwicklungskreis kommt eine Führungskraft zu der Überzeugung, dass Frau Maier zukünftig im Vertriebsinnendienst statt in der Logistik einzusetzen ist. Verschiedene Sachverhalte begründen diese sachlogische Entscheidung. Frau Maier tut sich mit Veränderungen insgesamt etwas schwer, wenngleich sie in der Vergangenheit bewiesen hat, dass sie letztlich gut damit umgehen kann. Trotzdem weiß die Führungskraft, dass ein klug durchdachtes Vorgehen notwendig ist. Chronologisch wird sie Frau Maier nicht am Freitagnachmittag mit dieser Entscheidung konfrontieren, sondern den Wechsel gemeinsam in mehreren Gesprächen mit ihr erörtern und dafür sorgen, dass Frau Maier die Veränderung akzeptiert und mitträgt. Dadurch wird auch sichergestellt, dass es nicht zu unerwünschten Folgen (z.B. innerer oder faktischer Kündigung) kommt.

## 2. Zusammenfassung

So unterschiedlich Manager (und ihre Organisationen) sein mögen: Wenn sie erfolgreich handeln wollen, werden sie die für den Erfolg wesentlichen Punkte verstehen und in ihr Führungsverhalten einbringen müssen. Klarheit, Konzentration, Konsequenz und Kompetenz sind die wichtigsten Grundlagen erfolgreichen Managements. Sie bilden die vier Bausteine für Wirksamkeit und Effektivität. Sie ermöglichen das Management von Organisationen, Mitarbeitern und letztlich auch der eigenen Person. Mit ihnen im Gepäck kann ein Manager so einiges umsetzen, entwickeln und verändern. Die nachfolgenden drei Teile des Buches (Teil 2: Management von Organisationen, Teil 3: Selbstmanagement und Management von Personen sowie Teil 4: Umsetzen, Entwickeln, Verändern und Kontrolle) sollen zeigen, was das in der Praxis bedeutet.

# Teil 2: Management von Organisationen

# II. Umfeld

*„Es gibt nur einen Boss: den Kunden. Jeden in der Firma kann er feuern, vom Chef abwärts, indem er sein Geld woanders ausgibt."*
*(Sam Moore Walton)*

Eine Organisation ist immer eingebettet in ein Umfeld: in eine mehr oder weniger funktionierende Real- und Finanzwirtschaft, in eine Medien- und Bildungsstruktur, in die Politik, Gesetzgebung und öffentliche Administration und gegebenenfalls in ein Wettbewerbsumfeld. All das muss ein Manager im Blick behalten und sein organisatorisches Handeln mit stetigen Umfeldanalysen selbstkritisch reflektieren, und zwar speziell für seine Organisation, den Kontext und die jeweilige Situation. Worauf er achten sollte, wird hier kurz vorgestellt – ohne Anspruch auf Vollständigkeit.

Ohne das Umfeld zu kennen, in dem sich eine Organisation und die dazugehörigen Akteure bewegen, handelt ein Manager kontextlos und mit hoher Wahrscheinlichkeit ineffektiv. Das Schwierige ist nur: Worauf sollte er sich konzentrieren? Worauf ist zu achten, um eine ausreichende und zugleich saubere Umfeldanalyse (vgl. II. 7.) zu gewährleisten? Im Folgenden können die wesentlichen Punkte nur angerissen werden. Wichtig ist, dass Manager eine Sensibilität dafür entwickeln, wohin sie schauen müssen und was das Umfeld für sie selbst und für ihre Organisation bedeutet.

Eine Organisation ist – Schicht für Schicht – (vgl. Abbildung 7) in größere Zusammenhänge eingebettet. Die äußere Schale bilden: Real- und Finanzwirtschaft, Medien- und Bildungsstruktur, Politik, Gesetzgebung und öffentliche Administration. Die mittlere Schicht umfasst den direkten, indirekten oder Substitutions-Wettbewerb. Die innersten Schichten bilden die Anforderungen von Gesellschaftern, Stakeholdern und Kunden an die Organisation und das Management ab.

Real- und Finanzwirtschaft, Medien- und Wissensstruktur, Politik, Gesetzgebung und öffentliche Administration

Wettbewerb

Gesellschafter, Anspruchsberechtigte, Kunden

Organisation und Management

**Abbildung 7:** Einbettung einer Organisation in ihr Umfeld

# 1. Wirtschaftliche Rahmenbedingungen

Egal ob Produktions-, Handels- oder Dienstleistungsorganisation, egal ob Real- oder Finanzwirtschaft: Alle Unternehmen stoßen zunächst auf ähnliche Herausforderungen:

1. Sie müssen ausreichend viele zahlungsfähige Kunden gewinnen.
2. Sie brauchen Menschen, die sich unternehmerisch engagieren.
3. Es muss Menschen geben, die sich bereitwillig in den Dienst der Organisation stellen.
4. Es braucht ausreichend Finanzressourcen.

Für die meisten Organisationen ist eine ausreichende und zahlungsfähige Kundenbasis ihre Existenzberechtigung und -sicherung. Denn ohne Kunden gibt es auch keine Organisation. Kunden definieren sich darüber, ob sie ein Produkt oder eine Dienstleistung in Anspruch nehmen oder auch nicht. Kunde ist, wer nein sagen kann.[8] Pointiert zeigt sich das bei Organisationen, für die es augenscheinlich nachrangig ist, ob die Kunden bereit sind, etwas für ihr Produkt bzw. ihre Dienstleistung zu zahlen. Auf Dauer werden aber auch solche Organisationsformen nicht ohne Finanzmittel auskommen.

Letztlich ist es egal, ob eine Organisation in dem von ihr bearbeiteten Markt ein Monopol[9] besitzt oder sich den Markt mit wenigen anderen (Oligopol) oder mit vielen anderen (Polypol) teilt: Ohne Kunden/Nachfrager wird es diesen Markt nicht geben. Denn: Lebensfähig bleibt nur der Marktteilnehmer, der den Kundennutzen und die Wettbewerbsfähigkeit (vgl. III. 6.) im Auge behält und sich nicht auf seinem Marktanteil von heute ausruht, weil auch ein 100-prozentiger Marktanteil in der Zukunft schwinden kann.[10]

Es gibt Kunden, die ein Produkt kaufen oder eine Dienstleistung in Anspruch nehmen wollen, aber kein Unternehmen finden, das dieses Produkt oder diese Dienstleistung anbietet. Die Nachfrage trifft auf fehlendes oder nicht ausreichendes Angebot. Das ist im Übrigen gar nicht so selten. Die Bereitschaft von Menschen, Unternehmen zu gründen und sich unternehmerisch zu betätigen, ist und wird lebenswichtig für die Wirtschaft sein. Dabei geht es nicht nur um Neugründungen. In den nächsten Jahren und Jahrzehnten wird es viele Unternehmen geben, die

---

8   Eine ausführlichere Darstellung zu Kunde und Kundennutzen findet sich in Kapitel III. 5.
9   In vielen Märkten gibt es auch sogenannte Quasi-Monopole. Das ist der Fall, wenn es zwar mehrere oder viele Anbieter gibt, einer davon aber eine marktbeherrschende Stellung innehat. Geschichtlich betrachtet haben Monopole und Quasi-Monopole selten ihre Lebensfähigkeit unter Beweis stellen können. Dafür gibt es viele Gründe, wobei ein abnehmender Kundennutzen und fehlende Wettbewerbsfähigkeit neben Hochmut und Arroganz die Hauptgründe sein dürften.
10  Es gibt allerdings auch Organisationen, bei denen ein Kunde keine Wahl hat, also nicht nein sagen kann. Er muss die Dienstleistungen oder Produkte in Anspruch nehmen, wie sie ihm angeboten werden. Beispiele sind Trinkwasserversorger, die gesetzliche Sozialversicherung usw.

eine Nachfolgeregelung anstreben. Und dafür Menschen benötigen, die bereit sind, sich unternehmerisch zu engagieren (tatkräftig; nicht als Anleger!).

Besonders im deutschsprachigen Raum sind seit einigen Jahren Klagen über den sogenannten Fachkräftemangel zu vernehmen. Eine nutzlose Diskussion, denn dieser Mangel ist größtenteils hausgemacht. Die Bereitschaft der Unternehmen, Menschen auszubilden und ihr Personal konsequent zu entwickeln, lässt viel Luft nach oben. Und gleichzeitig unterstellt die Öffentlichkeit vielen Berufen einen minderen Wert und überhöht die akademische Ausbildung (vgl. auch II. 2.). In der Konsequenz erleben bereits heute viele Organisationen, dass Menschen kaum noch bereit sind, Jobs mit einem angeblich schlechten Renommee anzunehmen (Beispiel: Taxifahrer, Reinigungsfachkräfte, Müllabholer, Erntehelfer, Handwerker usw.). Und wenn man genauer hinschaut, zeigt sich auch eine schwindende Bereitschaft, sich überhaupt in den Dienst einer Sache zu stellen. In den letzten zehn Jahren habe ich folgende Aussagen immer wieder gehört: „Da müsste ich ja am Samstag/Sonntag oder nachts arbeiten." „Das ist mir viel zu anstrengend." „Das mache ich nicht – das ist unter meiner Würde." „Ich habe doch nicht XY gelernt und mache jetzt nur Z!" „Das ist doch ein 08/15-Job, ich brauche eine Herausforderung." „Da müsste ich ja noch mal etwas lernen; das will ich nicht." Die Schwierigkeiten, Menschen zu finden, die bereitwillig die Jobs von heute annehmen, werden zunehmen. Es ist in vielen Fällen kein „War for Talent" (wie es Ed Michaels, Helen Handfield-Jones und Beth Axelrod 2001 beschrieben haben), sondern ein „War for Willing Employees".

Zu den notwendigen Ressourcen zählen auch Finanzmittel. Da weltweit enorme Finanzmittel zur Verfügung stehen (vgl. II. 1.2), droht hier kein Engpass. Trotz Verfügbarkeit gibt es jedoch Finanzgeber, die von einer Geschäftsidee oder einem Vorhaben nicht überzeugt sind und deshalb kein Geld zur Verfügung stellen. Umso wichtiger ist ein überzeugendes und nachhaltiges Geschäftsmodell (vgl. III. 2.).

## 1.1 Produktionswirtschaft

Produktionsunternehmen haben sich darüber hinaus einigen zusätzlichen Herausforderungen zu stellen:

1. Sie müssen die notwendigen Ressourcen sicherstellen.
2. Sie brauchen eine termingerechte internationale Ein- und Ausgangslogistik.
3. Sie funktionieren nur mit einer ausreichenden Infrastruktur.

Besonders Produktionsunternehmen funktionieren nur dann, wenn die notwendigen Ressourcen zur Verfügung stehen. Die passenden Roh- und Hilfsstoffe sollen in passender Qualität zum richtigen Zeitpunkt am richtigen Ort sein, um eine reibungslose und effiziente Produktion zu ermöglichen. Aber nicht jeder Rohstoff ist weltweit jederzeit verfügbar. Saisonale Schwankungen, Abbau- oder Gewinnungsschwierigkeiten, seltenes Vorkommen und höhere Gewalten erschweren die physische Verfügbarkeit von Rohstoffen bzw. können den Preis erhöhen. Jedes organisationale Handeln ist außerdem immer eine Art Mangelverwaltung. Es wird keine Organisation geben, in der es nicht einen Mangel an Ressourcen gibt, gleich welcher Art

> **Beispiele:** Rohstoffe mit schwankender Qualität, zu wenig Fachpersonal, zu wenig oder nicht passende Infrastruktur usw.

Darüber hinaus sind viele Rohstoffe direkt oder indirekt abhängig von (Rohstoff-) Börsen. An diesen Börsen handeln hauptsächlich Großinvestoren (Banken, Investmentfons, Versicherungen etc.). Sie sind an dem physischen Rohstoff in der Regel nicht interessiert. In der Konsequenz spiegeln auch die aufgerufenen Börsenpreise nicht immer die tatsächlichen Gewinnungs- bzw. Herstellungskosten wider. (Gleiches gilt auch für die Wechselkurse, die auf einige Rohstoffe erheblichen Einfluss haben.)

Die damit verbundene Herausforderung ist, dass Marktteilnehmer, die diese Rohstoffe herstellen oder gewinnen, nicht zwingend bereit sind, die an den Börsen gehandelten Preise zu akzeptieren. In der Regel geben sie die Rohstoffe nur zu höheren Preisen ab und verlangen sogenannte Kassa-Preise. Für die weiterverarbeitenden Industrien bedeutet das einen erheblichen Nachteil. Sie müssen höhere Einkaufspreise akzeptieren. Geht man in der Wertschöpfungskette zu den Kunden dieser rohstoffverarbeitenden Industrien, so orientieren sich diese aber sehr wohl an den gehandelten Börsenpreisen. Und akzeptieren höchstens mit viel Kommunikations- und Überzeugungsarbeit, dass real- und finanzwirtschaftliche Preise nicht zwingend übereinstimmen.

Ein weiteres Problem: In den kommenden Jahrzehnten ist eine zunehmende Verknappung der zur Verfügung stehenden Energie zu erwarten. Das gefährdet auch die Gewinnung oder Weiterverarbeitung von Rohstoffen. Nebenbei: Schon heute zählen die Energiekosten neben Rohstoff-, Personal- und Logistikkosten zu den größeren Positionen – nicht nur in Produktionsbetrieben, sondern auch im Handel.

Jede Organisation ist darauf angewiesen, dass die Ein- und Ausgangslogistik reibungslos und termingerecht funktioniert. Trotz Globalisierung und weltweiter Verflechtungen ist die internationale Logistik heute kompliziert und wird in Zukunft noch schwieriger. Hauptgründe sind protektionistische Maßnahmen einzelner Länder, längere Vorlaufzeiten (z.B. Schiffsfahrten von zwei bis vier Wochen je nach Route) und die Notwendigkeit, Vorrats- und Lagerflächen international vorzuhalten.

Gerade (handels-)politische Maßnahmen erschweren in zunehmendem Maße den internationalen Austausch von Personen, Waren und Dienstleistungen. Zu nennen sind hier unter anderem die Abschottungstendenzen durch zusätzliche Zertifizierungsprozesse, die Produkte durchlaufen müssen. Beispielsweise zwingen manche Länder ausländische Organisationen, bei einem Markteintritt mit inländischen Partnern zusammenzuarbeiten, oder sie schränken die Entsendemöglichkeiten ein. Häufig geschieht das unter dem Vorwand des Verbraucher- und Umweltschutzes – letztlich sind es aber protektionistische Maßnahmen.

Auch die zoll- und außenwirtschaftliche Bearbeitung ist nicht zu unterschätzen. Sie erfordert im Minimum eine rechtlich ausreichende Exportkontrolle (Personen, Waren, Länder), eine beleggeführte Zollabwicklung (z.B. Gelangensbestätigung, Ausgangsvermerk)[11] sowie die kaufmännische Sorgfaltspflicht (z.B. Erklärungen gegenüber Behörden wie Intrastat, Zusammenfassende Meldung, ordnungsgemäße Abführung von Einfuhrumsatzsteuer usw.).

Letztlich sind auch die technische und die soziale Infrastruktur entscheidend für ein Unternehmen, insbesondere in der Produktion. Zur technischen Infrastruktur zählen: Energie- und Wasserversorgung, die Entsorgung von Abwasser, Wertstoffen und Müll, die Kommunikation (Mobilfunk, Breitband, Internet, Post) und Verkehrsinfrastruktur (Straßen-, Schiffs-, Flug-, öffentlicher Personennahverkehr). Die soziale Infrastruktur besteht aus: Gesundheits- inkl. Fürsorgesystem, öffentlicher Sicherheit, sozialen Sicherungssystemen (öffentlich oder privat organisiert), kulturellen und Freizeiteinrichtungen.

Je nach Organisationstyp unterscheiden sich die Anforderungen an die Infrastruktur deutlich. Es ist eine Kernaufgabe des Managements, die Infrastruktur sinnvoll zu definieren und langfristig für die eigene Organisation zu gewährleisten.

## 1.2 Finanzwirtschaft

Die Finanzwirtschaft zeigt – zusätzlich zu den bereits genannten realwirtschaftlichen Herausforderungen – ein paar Besonderheiten. Sie ist inzwischen extrem dominant: „Heute machen Finanzgeschäfte fast das Vierfache der Gütermärkte aus, stehen Anleihen, Aktien und Kredite in Höhe von fast 270 Billionen Dollar einer mehr oder weniger stagnierenden realen Weltwirtschaft von mehr als 73 Billionen Dollar gegenüber."[12] Zusätzlich muss man konstatieren, dass die Finanzindustrie ein in sich geschlossenes System ist, das sich im Prinzip ganz selbst gehört. Damit

---

11    Die Gelangensbestätigung ist ein Belegnachweis. Er dokumentiert, dass eine steuerfreie innergemeinschaftliche Lieferung auch tatsächlich im EU-Ausland angekommen ist. Bei einem Ausgangsvermerk bestätigt die Ausgangszollstelle, dass die Waren in das EU-Ausland ausgeführt wurden.

12    Jakobs, Hans-Jürgen, Wem gehört die Welt? Die Machtverhältnisse im globalen Kapitalismus, München 2016, S. 599.

steigt die Gefahr, „dass sich die großen Vermögensverwalter alle gleichgerichtet verhalten und somit Krisen verstärken".[13]

Die Finanzindustrie wird nicht durch Banken und Versicherungen dominiert. „Was am schnellsten wächst in der Finanzwelt, und zwar mit beängstigender Geschwindigkeit, ist das Reich der Schattenbanken,[14] das gesamte Volumen von fast 80 Billionen Dollar bedeutet einen Anteil von rund 25 Prozent an allen Bankgeschäften. 60 Prozent der weltweiten Kredite laufen mittlerweile außerhalb des offiziellen Bankensystems. Kurzum: Hier ist eine Parallelwelt entstanden, über die immer mehr Spargelder in den Wirtschaftskreislauf gelangen."[15]

Die Finanzwirtschaft basiert nicht auf dem Vollgeld-Ansatz. Lediglich ca. zehn Prozent der realwirtschaftlich existierenden Geschäftsvorgänge basieren auf real existierendem Geld (so meine Schätzung). 90 Prozent sind Buchgeld, also kein vollwertiges, gesetzliches Zahlungsmittel, sondern nur die Forderung bzw. ein Anspruch auf ein solches. Geld, das zum Beispiel auf einem Girokonto liegt, ist nicht real, sondern virtuell existent. Es ist nur die Forderung eines Gläubigers (= Kontoinhabers) gegenüber einer Bank (= Schuldner). Das Wirtschaftssystem ist somit ein System aus Schuldnern und Gläubigern.

Alle Staaten, die meisten Unternehmen und viele Privathaushalte sind verschuldet, weil sie Verbindlichkeiten gegenüber Dritten eingehen.[16] Solange man die eingegangenen Schulden vertragsgemäß zurückzahlen kann, liegt kein Problem vor. Mit höherem Verschuldungsgrad steigt jedoch das Risiko, sie nicht mehr fristgerecht bedienen zu können. Immer mehr Finanzmittel müssen zur Schuldentilgung herangezogen werden. Im Extremfall müssen Schuldner zusätzliches Geld aufbringen (oft auch als nachschießen bezeichnet). Wenn das nicht möglich ist, droht die Zahlungsunfähigkeit, die Insolvenz. Im Übrigen können auch Staaten insolvent gehen, auch wenn manche das für unmöglich halten. Beispiele in der Geschichte gibt es zur Genüge. Schuldenerlasse von Investoren und ein „Weiter-so-wie-bisher" haben hier (notwendige) systematische Strukturveränderungen häufig verzögert oder unmöglich gemacht.

Nicht jede Forderung eines Gläubigers wird zum fälligen Zeitpunkt durch den Schuldner ausgeglichen. Das Zahlungsverhalten der Schuldner verändert sich lei-

---

13   Ebd. S. 621.
14   Anmerkung des Verfassers: Eine Schattenbank ist ein Finanzunternehmen, das außerhalb des offiziellen Bankensystems als Finanzinstitut tätig ist.
15   Ebd. S. 629.
16   Zur Einschätzung: Die Verschuldung von Unternehmen, Staat und Kommunen, Finanzsektor und privaten Haushalten ist seit 2008 gestiegen. 2008 betrugen die Schulden 170 Billionen US-Dollar, 2018 sind es 247 Billionen US-Dollar (Quelle: BIZ-Wirtschaftsbericht 2018, https://www.bis.org/publ/arpdf/ar2018_ov_de.pdf letzter Aufruf: 18.07.2019.) D.h., es ist vielen Organisationen seit dem Ausbruch der Weltwirtschafts- und Finanzkrise ab 2007 – trotz weltweit niedriger Zinsniveaus – nicht gelungen, strukturell ihre Schulden einzudämmen bzw. zurückzufahren.

der nicht zum Besseren. Laut dem regelmäßig durchgeführten European Payment Report[17] nimmt der Zahlungsverzug im europäischen Raum zu. Beispielsweise beträgt die Forderungslaufzeit in Deutschland 15 Tage, was eine Finanzierungsnotwendigkeit von 45 Tagen bedeutet (bei durchschnittlich 30 Tagen Zahlungsfrist).

Spätestens die Finanzkrise 2008/2009 hat deutlich gemacht, dass Forderungen an Dritte – obwohl augenscheinlich sicher – sich „über Nacht in Luft auflösen" können. Dahinter steckt eine wesentliche Tatsache: **Wertvoll ist etwas nur, wenn ein Dritter bereit ist, dafür zu bezahlen.** Wenn aber alle etwas für wertlos halten, dann hilft auch die beste Forderung nichts, sie hat sich buchstäblich aufgelöst.[18] Das erklärt übrigens auch den alten Kaufmannsspruch: „Nur Bares ist Wahres." Und der gilt auch nur bis zu einer Währungsreform.

### 1.3 Zusammenfassung

Jede Organisation ist eingebettet in das Umfeld der weltweiten Real- und Finanzwirtschaft und muss sich mit deren Eigenheiten, Stärken und Schwächen arrangieren. Deshalb sind wirksame Manager nicht nur an der eigenen Organisation und der eigenen Branche interessiert. Sie beobachten vielmehr die internationalen Entwicklungen auf real- und finanzwirtschaftlicher Seite. Dies ist die Voraussetzung für Entscheidungen und Handlungsaktionen, die zum Kontext und zur Situation der Organisation passen.

## 2. Bildungssystem

Erst gut ausgebildete Menschen erwecken eine Organisation zum Leben. Mit ihrem passgenauen Wissen ermöglichen sie eine effektive Umsetzung. Dazu brauchen sie fachliches Wissen (= Fachkompetenz) und ein Mindestmaß an Methoden- und Sozialkompetenz. Neben einer guten Bildung (Vermittlung von Wissen) ist deshalb auch eine gute Erziehung (Vermittlung von Anstand, Bescheidenheit, Höflichkeit, Mut und Wahrhaftigkeit) die Grundlage für ausreichend qualifiziertes Personal.

Dazu braucht es a) eine passende Bildungsinfrastruktur, b) Eltern, die ihre Kinder erziehen wollen und können, sowie c) die Bereitschaft von Staaten, in die Bildung und Erziehung ihrer Bürger zu investieren.

In höher entwickelten Ländern kämpft man darüber hinaus mit der Über-Akademisierung, einem Kollateralschaden des eigentlich gut gemeinten Bologna-Prozesses. Junge Menschen haben das Gefühl, nur vollwertig zu sein, wenn sie auch eine aka-

---

17  Vgl. www.intrum.com
18  Dazu passt die Feststellung, dass die Anzahl an Zombie-Unternehmen weltweit von vier Prozent (90er-Jahre) auf zwölf Prozent (2018) gestiegen ist (Quelle: Banerjee, Ryan/Hofmann, Boris, The rise of zombie firms – causes and consequences, BIS Quarterly Review 23.09.2018.). Zombie-Unternehmen sind nur durch künstliche niedrige Zinsen und laxe Kreditvergabe lebensfähig, das Geschäftsmodell steht auf wackeligen Beinen. Steigende Marktzinsen würden die Insolvenzen dieser Unternehmen sprunghaft ansteigen lassen.

demische Laufbahn eingeschlagen und vollendet haben. Aber: Nicht jede Organisation ist in der Lage, akademisch gebildete Menschen zu beschäftigen. Den meisten reichen oftmals durchschnittlich ausgebildete Menschen für die Erledigung der Aufgaben aus. Akademisches Wissen ist nur in bestimmten Positionen gefordert und rechtfertigt dann auch die höheren Arbeits- und Lohnkosten.

## 3. (Soziale) Medien

Einen massiven Einfluss auf Organisationen nehmen auch klassische und soziale Medien. Sie steuern bewusst und unbewusst die Inputverarbeitung (vgl. VII. 3.) jedes Einzelnen. Teilweise gelingt es den Medien, eine Wirklichkeit zu konstruieren, die der Faktenlage nicht standhält. Das Ganze potenziert sich, wenn (emotional getriebene) Einflussträger Medien dazu nutzen, ihre Weltsicht zu propagieren. Warum ist das so kritisch? Je stärker Bilder und angebliche Fakten sich bei Menschen festsetzen, desto schwieriger wird es für Organisationen, auch bei sachlicher Grundlage, normal zu agieren. Das Verhalten der Kunden wird massiv von Medien beeinflusst. Zerstören sie die Reputation eines Unternehmens, kann das durchaus die Existenz kosten.

> **Beispiel:** Gehen Sie in einen Supermarkt und achten Sie bewusst darauf, auf wie vielen Lebensmitteln Sie Angaben finden wie „glutenfrei". Vermutlich ist nur eine geringe Anzahl an Menschen von Zöliakie (Gluten-Unverträglichkeit) betroffen. Wenn Sie in sozialen oder klassischen Medien dazu recherchieren, bekommen Sie aber den Eindruck, dass glutenhaltiges Getreide, insbesondere Weizen, eines der am wenigsten verträglichen Lebensmittel der Welt ist. Faktenlage dagegen: Die meisten Backwaren enthalten Weizen und werden täglich gekauft und gegessen. Weizen findet sich auch in vielen anderen Lebensmitteln, die ebenfalls täglich in großen Mengen verkauft werden. Kurzum: Ein paar Lebensmittelhersteller bedienen sich eines falschen Kommunikationsansatzes. Sie vermitteln den Eindruck, das angebotene Lebensmittel sei gesund, weil es weizen- bzw. glutenfrei ist. Für tatsächlich Betroffene ist das auch richtig. Der restlichen Bevölkerung wird aber suggeriert, Weizen und seine veredelten Produkte seien bedenklich für die Gesundheit, und treffen möglicherweise eine „falsche" Kaufentscheidung. Unternehmen, die Getreideprodukte verkaufen, geraten in die Defensive. So kann Desinformation Unternehmen schaden.

## 4. Politik, Gesetzgebung und öffentliche Administration

Politische, soziale und gesetzliche Rahmenbedingungen sollten das Funktionieren einer Organisation fördern. Grundvoraussetzung sind eine gewisse Stabilität (nicht zu verwechseln mit Stagnation!) sowie ein soziales Klima, das ein Mit- und Nebeneinander zulässt und im besten Fall sogar fördert. Vor allem die Wirtschafts-, Außen- und Innenpolitik definieren den Rahmen für das Handeln der einzelnen Organisationen.

In den letzten Jahren kann man beobachten, dass Politik und Gesetzgebung Organisationen in der freien Ausübung ihrer Tätigkeiten immer stärker einschränken und manchmal auch in ihrer Existenz bedrohen.[19] Umso wichtiger ist die konsequente Verfolgung eines passgenauen Compliance-Ansatzes für die jeweiligen Organisationen (vgl. IV.). Auch deshalb, weil die Abhängigkeit von internationalen politischen und gesetzlichen Vorgaben bzw. Bestimmungen (z.B. Handelspolitik) zunehmen wird.

Geschichtlich betrachtet hinken Exekutive, Judikative und Legislative sowie politisches Handeln immer hinterher. Man kann manchmal auch den Eindruck gewinnen, dass dieses reaktive Verhalten stark emotional gesteuert ist. Organisationen sollten sich darauf einstellen, dass sich an dieser Realität in den nächsten Jahren/ Jahrzehnten vermutlich wenig ändern wird. Im Gegenteil: Man sollte davon ausgehen, dass sich diese Situation verschärft.

Daneben müssen sich Politiker einen Zahn ziehen lassen: Vieles, mit dem sie sich öffentlichkeitswirksam brüsten, ist nicht unmittelbar auf ihr Handeln/Verhalten zurückzuführen. Bestes Beispiel hierfür ist die Schaffung von Arbeitsplätzen bzw. der Abbau der Arbeitslosigkeit. Arbeitsplätze werden in der Regel von Unternehmern geschaffen, die damit indirekt die Arbeitslosenzahlen beeinflussen. Es mag zwar sein, dass es Rahmenbedingungen gibt, die das Schaffen von Arbeitsplätzen erleichtern – die Letztentscheidung und vor allem die Verantwortung liegt aber nicht in den Händen der Politik.

Die derzeitigen politischen Gegebenheiten und Gesetzgebungen fördern eine freie Marktwirtschaft manchmal überhaupt nicht. Nicht selten kann man den Eindruck gewinnen, dass Steuergelder sinnlos, beliebig oder willkürlich ausgegeben und/oder verwaltet werden. Subventionen und staatliche Eingriffe in die Marktwirtschaft sind heute auf kommunaler, nationaler und internationaler Ebene als Faktum hinzunehmen. Welche langfristigen negativen Folgen sich durch solche Eingriffe ergeben, wird häufig nicht betrachtet oder bewusst ausgeblendet. Und einmal in Kraft getreten, wollen die meisten Beteiligten sich auch gar nicht von diesen „Geschenken" lösen.

Fairerweise muss man festhalten, dass es auch Bereiche gibt, in denen politische bzw. gesetzliche Rahmenbedingungen dazu führen, dass Ideen, Innovationen oder Ressourceneinsparungen erst entstehen – die Regel ist das allerdings nicht. Darüber hinaus erkenne ich an, dass es politische Initiativen gibt, die positiven Einfluss auf Unternehmen haben. Ich denke hier an Investitionen in die Grundlagenfor-

---

19    Kritisch betrachtet, kann man sogar die Bankenrettungen nach dem Zusammenbruch von Lehmann Brothers im Jahr 2009 dazu zählen. Das Finanzsystem – so meine ich feststellen zu können – ist heute wegen der nicht nachhaltigen politischen Einmischungen deutlich instabiler und fragiler, als uns das lieb sein kann.

schung, bestimmte Investitionen in die Bildung, der (wenn auch schleppende) Ausbau der Infrastruktur und sogar die diplomatischen Bemühungen, nicht nur zum Wohl der internationalen Handelsbeziehungen.

## 5. Wettbewerb

Zum Umfeld eines Unternehmens gehören in der Regel auch Wettbewerber. Hier kann man drei Wettbewerbsmodi unterscheiden:

Modus 1: **Direkter Wettbewerb**. Er umfasst alle Unternehmen, die dieselbe oder eine ähnliche Lösung anbieten.

Modus 2: **Indirekter Wettbewerb**. Dazu gehören alle Unternehmen, die eine alternative Lösung anbieten, die aber ebenfalls die gewünschte Lösung herbeiführt (möglicherweise über Umwege).

Modus 3: **Substitutionswettbewerb**. Hierzu zählen alle Lösungsanbieter oder Lösungen, die die bisherigen Lösungsmöglichkeiten grundsätzlich infrage stellen (können).

> **Beispiel:** Ein Hersteller von Benzinrasenmähern steht im direkten Wettbewerb mit allen anderen Herstellern von Benzinrasenmähern, aber auch von Benzintraktoren, Elektroschafen usw. Zum indirekten Wettbewerb zählen Hausmeisterservices, Sensenhersteller, die Haltung von Schafen, Alpakas usw. Substituiert werden könnte der Hersteller durch den Einsatz von Kunstrasen, Rasengift, gentechnisch veränderten Rasen mit einer maximalen Höhe von drei Zentimetern, die Verwendung von Beton usw.

Kunden profitieren in der Regel, je mehr Wettbewerb es gibt und je besser er ist. Konkurrenz belebt also das Geschäft. Nicht nur deshalb ist die intensive Kenntnis des Wettbewerbs entscheidend. Sie ist wichtig, um die Lebensfähigkeit einer Organisation zu erhalten: Welche Konkurrenz könnte das Geschäftsmodell gefährden? Was könnte unsere Produkte/Dienstleistungen auf Dauer substituieren? Die Empfehlung lautet daher, die Wettbewerbsanalyse als integralen Bestandteil der Umfeldanalyse (vgl. II. 7.) zu verstehen.

## 6. Gesellschafter – Stakeholder – Kunden

Im Umfeld einer Organisation trifft man auf Gesellschafter (Shareholder), Anspruchsberechtigte (Stakeholder) und Kunden (Customer). Sie alle haben Erwartungen an ein Unternehmen und beeinflussen es damit.

1.  **Gesellschafter** werden häufig auch Shareholder genannt. Ihnen gehören Anteile oder selten sogar 100 Prozent einer Organisation. Sie verfolgen zwei wesentliche Ziele: (1) Die Organisation soll zweckgemäß funktionieren und (2) sie sollte (über-)lebensfähig sein. Lebensfähigkeit inkludiert die Fähigkeit, jeder-

zeit liquide zu sein, meint aber auch die Anpassungsfähigkeit an externe und interne Einflüsse und Änderungen durch wirksame Gestaltung, Lenkung und Steuerung. Manche Shareholder haben die Vorstellung, dass eine Organisation den Selbstzweck hat, Gewinn abzuwerfen. Gewinn ist nicht der Hauptzweck einer Organisation (vgl. III. 2.); der Gewinn ist das Ergebnis effektiven Wirtschaftens und gegebenenfalls ein Beweis dafür, dass man das Richtige unternommen hat.

**Exkurs:** Ein Investor investiert mit dem Ziel, eine Rendite aus seinem Investment zu bekommen. Bei Nicht-Gefallen, fehlender Rendite oder anderen Schwierigkeiten wird ein Anleger nicht weiter interessiert sein an seinem Investment. Dagegen ist die unternehmerische Tätigkeit nicht allein auf Rendite gebaut. Auch in schwierigen Situationen oder bei ausbleibender Rendite wird der Unternehmer nicht so schnell die Möglichkeit haben, zu desinvestieren. Vielleicht ist er sogar gezwungen, weiteres Geld nachzuschießen – weil er keine andere Wahl hat. Zumindest im europäischen Raum sind Gesellschafter bzw. Anteilseigner eines Unternehmens auch nicht in der Lage, ein Unternehmen einfach so abzuwickeln. Steuerlich und gesetzlich geht man immer von einer Unternehmensfortführung aus und verpflichtet somit Anteilseigner bzw. Gesellschafter, ihrem Investment so weit wie möglich treu zu bleiben. Das schließt auch die Möglichkeit aus, das eigene Unternehmen bewusst in die Insolvenz zu treiben, weil dies zivil- und strafrechtliche Konsequenzen nach sich zieht.

2.  **Anspruchsberechtigte** (Stakeholder) sind Personen oder Personengruppen, die von den Aktivitäten einer Organisation direkt oder indirekt beeinflusst sind und deshalb Ansprüche an die Organisation haben. Das können gesetzliche Rechte (z.B. die Beiträge der Sozialversicherung) oder vertragliche Ansprüche sein (z.B. die Einhaltung/Erfüllung von Lieferverträgen).
3.  Die **Kunden** (Customer) sind an Produkten oder Dienstleistungen der Organisation interessiert und bereit, dafür Geld auszugeben oder die Produkte/Dienstleistungen in Anspruch zu nehmen. Sie können sich für oder gegen ein Unternehmen entscheiden.

## 7. Handlungsempfehlung: Umfeldanalyse

Eine regelmäßige Umfeldanalyse stellt eine saubere Bestimmung der Ausgangslage sicher. Sie bestimmt, in welcher Situation und in welchem Kontext sich eine Organisation gerade befindet. Zur Beurteilung des **Kontexts** gehört die Bewertung des Zustandes der weltweiten Real- und Finanzwirtschaft, eine Wettbewerbsanalyse sowie eine Bewertung der legitimen Anforderungen durch Gesellschafter, Stakeholder und Kunden an die Organisation. Zusätzlich erforderlich sein könnten ein geeignetes Rohstoff-Monitoring, ein Sichten der Medien und gegebenenfalls weitere organisationsspezifische Analysen. Die Beurteilung, in welcher spezifischen **Situation** sich das Unternehmen befindet und welcher Unternehmensmodus (vgl. III. 3.) deshalb gelten sollte, rundet die Umfeldanalyse ab.

### 7.1 (Früh-)Indikatoren zur Beurteilung von Real- und Finanzwirtschaft

Mit Indikatoren lässt sich in etwa einschätzen, in welchem Zustand sich Real- und Finanzwirtschaft befinden. Sie lassen sich einteilen in Früh- und Konjunkturindikatoren. Frühindikatoren geben Auskunft darüber, wie sich die wirtschaftliche Situation voraussichtlich zukünftig entwickeln wird, während Konjunkturindikatoren (kurz: Indikatoren) den aktuellen konjunkturellen Zustand von Volkswirtschaften beschreiben. Tabelle 28 im Anhang (vgl. Anhang 2.) listet beispielhafte Indikatoren auf. Leider mit dem Nachteil, dass diese (Früh-)Indikatoren stark auf die Realwirtschaft im Industrieumfeld abzielen und weniger die Dienstleistungswirtschaft berücksichtigen.

### 7.2 Wettbewerbsanalyse

Eine Wettbewerbsanalyse hilft dabei, so realistisch wie möglich einzuschätzen, mit welchem Geschäftsmodell der direkte, indirekte oder Substitutionswettbewerb aktiv ist. Daneben wird eruiert, welche Chancen und welche Risiken das Wettbewerbsverhalten für das eigene Geschäftsmodell und die eigene Unternehmenssituation birgt.

Die Methodik ist branchen- und situationsspezifisch zu wählen, weshalb an dieser Stelle Empfehlungen ausbleiben. Die Informationsquellen zum Wettbewerb sind vielfältig: gemeinsame Lieferanten, gemeinsame Kunden, Initiativbewerbungen, Internetrecherche, Vor-Ort-Besuche, Messeaufenthalte, Gespräche mit Wettbewerbern über Wettbewerber usw. Mindestens sollte die Wettbewerbsanalyse folgende Dimensionen berücksichtigen: Wettbewerber, Produkte/Dienstleistungen, Service, Image, Kriterien, Qualität und Preis.

In allen Organisationstypen muss prozessual sichergestellt werden, dass die regelmäßige Wettbewerbsanalyse auch Konsequenzen nach sich zieht. Dafür empfehlen sich folgende Maßnahmen:

- Die Wettbewerbsanalyse sollte im Haus erledigt werden. Ausgewählte Mitarbeiter (z.B. Produktmanager) sind verantwortlich für die kontinuierliche Pflege der Wettbewerbsinformationen.
- Kurze, aussagekräftige Berichte (z.B. einmal im Quartal) sollen das (Top-)Management darüber informieren, was sich wie entwickelt.
- Die Ergebnisse und das Fazit daraus müssen in die kontinuierlichen Strategieentwicklungsprozesse einfließen – als feste Bestandteile der strategischen Arbeit.

### 7.3 Anforderungsanalyse

Gesellschafter, Stakeholder und Kunden stellen Anforderungen an die Organisation. Daher empfiehlt sich eine regelmäßige Anforderungsanalyse, die Einfluss auf die unternehmenspolitischen Prozesse nimmt (vgl. III. 3.). Beispielfragen könnten sein: (1) Wer hat Anforderungen an unsere Organisation? (2) Um welche Erwartungen, Ansprüche, Rechte geht es? (3) Sind sie gerechtfertigt? (4) Wie erfüllen wir die Anforderungen? Mit welcher Priorität?

## III. General Management

General Management meint alle Funktionen, die notwendig sind, um das Beste und Richtige für eine Organisation zu erreichen bzw. die Lebensfähigkeit der Organisation zu sichern. Dazu gehört es, das Geschäftsmodell, den Unternehmensmodus und die Unternehmenspolitik festzulegen, den Kundennutzen und die Wettbewerbsfähigkeit im Einklang mit der Strategie und Kultur des Unternehmens zu sichern sowie die Produktivität auf funktionaler und personeller Ebene zu fördern.

### 1. Organisationen und ihr Management

Grundsätzlich müssen alle Organisationen geführt werden – trotz Selbstorganisation und Agilität. Denn: Wie geführt wird, stellt die Tatsache, dass Organisationen geführt werden müssen, nicht infrage!

Drei Organisationsformen lassen sich unterscheiden:

1. Wirtschaftsunternehmen (kapitalmarktorientiert oder nicht).
2. Nicht-Wirtschaftsunternehmen (Verbände, Vereine, Bildungsinstitute, soziale Einrichtungen, gemeinnützige Gesellschaften usw.).
3. öffentliche Administration und Verwaltung.

Die Mehrzahl der genannten Organisationen wird nicht von den Gesellschaftern direkt geführt (bekannt als geschäftsführende Gesellschafter), sondern vom sogenannten fremden Management. Inhabergeführt sind meist nur Kleinst- und Kleinunternehmen.

In der Konsequenz heißt das: Die meisten Manager sind angestellte Führungskräfte ihrer jeweiligen Organisation und damit nicht zwingend unternehmerisch (im Sinne eines Gesellschafters) aktiv. Sie werden – wollen sie wirksam sein – aber im Sinne des Unternehmens denken und arbeiten müssen. Und das auch im Nicht-Wirtschaftsbereich oder in der öffentlichen Verwaltung. Unternehmerisch denken und handeln bedeutet für sie, nicht zwingend nach den Vorstellungen des Unternehmers zu denken und zu arbeiten, sondern nach dem, was das Beste und Richtige ist für das Unternehmen als Ganzes. Kurzum: Ein Manager ist nicht gleichzusetzen mit einem Unternehmer (Gesellschafter) oder einem Anleger (auch Investor genannt).

### 2. Lebensfähigkeit und Geschäftsmodell

Jede Organisation braucht zum Überleben ein sich immer wieder selbst anpassendes Geschäftsmodell. Ein grundsätzliches Modell, was die Organisation tut und was nicht. Und: wie sie sich weiterentwickelt. Ein solches Modell ist in seiner Beschreibung abstrakt, allgemein und dennoch verbindlich. Auch Nicht-Wirtschaftsunternehmen und die öffentliche Verwaltung brauchen ein Geschäftsmodell. Man wird es vielleicht so nicht nennen wollen, aber inhaltlich wird es trotzdem benötigt.

Die Entwicklung eines Geschäftsmodells ist keine einmalige Sache, sondern eine in regelmäßigen Abständen zu revidierende Angelegenheit (z.B. jährlich). Das Top-Management (Aufsichtsgremium oder Exekutive, abhängig von der Organisationsform) hat zu gewährleisten, dass die notwendigen Marktinformationen an die Organisation zur Weiterentwicklung des Geschäftsmodells herangetragen und entsprechend bearbeitet werden können.

|   | Begriff | Definition |
|---|---------|------------|
| 1 | Zukunftsbild | Wo könnten (!) wir in X Jahren stehen? |
| 2 | Identität[20] | Wer sind wir bzw. wer wollen wir sein? |
| 3 | Strategie | Wohin wollen wir planerisch in den nächsten 3 bis 5 Jahren? |
| 4 | Planung | Wie erreichen wir das? |
| 5 | Taktik | Welches Vorgehen macht am meisten Sinn? |

**Tabelle 1:** Grundbegriffe Lebensfähigkeit[21]

Tabelle 1 zeigt die Bestandteile, die ein Geschäftsmodell ausmachen. Viele verwechseln Geschäftsmodell mit Strategie, aber auch mit Vision oder Mission. Eine Vision sollte in keiner Organisation eine Rolle spielen. Sie ist in den meisten Fällen überflüssig. Zwar mag das innere Bild einer leuchtenden Zukunft (= Vision) inspirierend und motivierend sein. Für wichtiger halte ich ein gemeinsames realistisches Zukunftsbild: Wo könnten (!) wir uns vorstellen, dass wir uns in X Jahren befinden? Und was müssten wir dafür tun? Und ist das tatsächlich erreichbar oder lediglich ein Hirngespinst?[22] Letztlich zählt in gleich welcher Organisationsform eine klare Übersetzungsnotwendigkeit: Was soll langfristig gelten (= Geschäftsmodell) und was wollen wir mittelfristig erreichen (= Strategie)? Meines Erachtens ist es deshalb sinnvoller und praktikabler, sich über die Identität des Unternehmens zu verständigen. Sie klärt die Frage: „Wer wollen wir sein?" Sie kommuniziert das Geschäftsmodell in einer verständlichen Art und Weise. Wenn diese gemeinsame Identität der Unternehmenskommunikation (vgl. VIII. 5.7) dienen kann, sollte man sie auch als Instrument nutzen. Tabelle 2 listet unterschiedliche Beispielfragen auf, die Geschäftsmodell und Strategie zu beantworten haben.

---

20  Manche Führungskräfte sagen dazu auch „Mission".

21  Der erste, der sich grundlegend mit der Unterschiedlichkeit dieser Begriffe auseinandergesetzt hat, war Carl Philipp Gottlieb von Clausewitz, ein preußischer Generalmajor und Militärwissenschaftler des 18. Jahrhunderts. In seinem Werk „Vom Kriege" differenzierte er „Zweck", „Ziel", „Mittel", „Strategie" und „Taktik". Ich bin mir bewusst, dass es viele Führungskräfte gibt, die in der Praxis andere Begriffsinhalte mit Geschäftsmodell, Mission, Zukunftsbild, Strategie usw. verbinden. Ich schlage hier bewusst eine andere Sichtweise vor und lade die Leser ein, sich kritisch damit auseinanderzusetzen.

22  Ich bin mir bewusst, dass viele Führungskräfte die Ablehnung einer „Vision" nicht teilen und als veraltet empfinden. Als gemeinsamen Nenner aus vielen Diskussionen schlage ich daher den Begriff „Zukunftsbild" vor. Eine Vorstellung davon zu entwickeln, wo ein Unternehmen sich zu einem konkreten Zeitpunkt in der Zukunft bewegen könnte, das ist es, was viele meinen, wenn sie von „Vision" sprechen. Ein Zukunftsbild kann den ein oder anderen tatsächlich motivieren.

Obwohl viele Unternehmen ein klares Geschäftsmodell und eine überzeugende Strategie haben, fehlt es ihnen an einer entscheidenden Zutat: Herzblut und Hingabe. Meiner Meinung nach trennt sich hier die Spreu vom Weizen. Geschäftsmodell und Strategie müssen sinnvoll und überzeugend von Top-Management und Mitarbeitern gelebt werden. Dazu braucht es a) überzeugende Kommunikation, b) kompetente Führungskräfte, c) eine sinnstiftende Arbeitsatmosphäre und d) eine gewisse Leidenschaft – um nur ein paar Punkte zu nennen. Erfolg stellt sich jedenfalls ein, wenn es Organisationen gelingt, ein überzeugendes Geschäftsmodell mit einer auf das Umfeld passenden Strategie und mit der nötigen Prise Herzblut und Hingabe umzusetzen.

| | Kernelement | Geschäftsmodell | Strategie |
|---|---|---|---|
| 1 | Grundsatz | Was tun wir grundsätzlich und wofür stehen wir? | Was wollen wir in den nächsten 3 bis 5 Jahren erreichen? |
| 2 | Kundennutzen | Welchen allgemeinen Kundennutzen generieren wir? Welchen grundsätzlichen Kundenansatz fahren wir? In welchen Märkten bewegen wir uns?[23] | Welche Produkte, Dienstleistungen, Marken und Sortimente müssen wir in den nächsten Jahren anbieten, um einen Kundennutzen zu generieren? |
| 3 | Wettbewerb | Wie differenzieren wir uns grundsätzlich gegenüber dem Wettbewerb? | Wie stellen wir uns (tagesaktuell) dem Wettbewerb? Mit welchen Mitteln? |
| 4 | Kernaktivitäten | Welche Kernaktivitäten verfolgen wir? Was gehört nicht zu unseren Kernaufgaben? Welche Kooperationspartner bzw. welche Wertschöpfungskette brauchen wir? Welche Verkaufskanäle wollen wir wie bedienen? Wie bleiben wir im Geschäft (Stichwort: Aftersales)? | In den nächsten 3 bis 5 Jahren: Wie sorgen wir für einen effizienten Einkauf? Wie sorgen wir dafür, dass der Verkauf bzw. die Kundeninformation gut funktioniert? Welches Preis- und Bezahlmodell bieten wir an? Auf welcher Kalkulationsgrundlage beruht unsere Preispolitik? |
| 5 | Segmentierung | Wie segmentieren wir unser Geschäft zur Erhöhung der Lebensfähigkeit? | Welche strategischen Geschäftsfelder (SGF) bearbeiten wir mit welcher Priorität? |
| 6 | Finanzierung | Welche Finanzierungsformen gelten für unsere Organisation? | Wie finanzieren wir konkret unser Geschäft in den nächsten 3 bis 5 Jahren? |
| 7 | Haltung | Das tun wir nicht. | Das tun wir nicht mehr. |

**Tabelle 2:** Beispielfragen Geschäftsmodell versus Strategie

---

23  Hier ist zu klären, ob das Geschäftsmodell einen oder mehrere Ansätze fährt. Grundsätzlich möglich sind: Business-to-Business (B2B), Business-to-Customer (B2C), Customer-to-Customer (C2C), Customer-to-Business (C2B), Administration-to-Business (A2B) und Administration-to-Customer (A2C). Jeder dieser Ansätze hat Auswirkungen, welche rechtlichen Vorgaben einzuhalten sind, welches Qualitätsmanagement und welche Qualitätssicherung zu betreiben sind, wie man die unterschiedlichen Funktionsbereiche auszugestalten hat usw.

## 3. Unternehmensmodus

Wer die Lebensfähigkeit einer Organisation erhalten will, muss nicht nur ein Geschäftsmodell festlegen und permanent anpassen, er muss auch wissen, in welchem Zustand sich seine Organisation befindet. Dann kann er sie in den situativ notwendigen Verhaltensmodus versetzen.

Konkret: Das Top-Management definiert den Unternehmensmodus und kommuniziert ihn. Im Anschluss haben sich alle Aktivitäten der Organisation diesem Generalzustand unterzuordnen.[24] Was darüber hinaus an Maßnahmen vorzunehmen ist, muss kontext-, organisations- und fallbezogen entschieden werden.

Da sich eine Organisation im Normalfall immer im Wandel befindet, können fünf verschiedene Unternehmensmodi unterschieden werden. Sie sind eindeutig voneinander abzugrenzen:

1. explizites Wachstum
2. explizite Konsolidierung
3. expliziter Rückzug
4. Veränderungsmodus
5. Notfall

## 4. Unternehmenspolitik

Ein weiterer Baustein der Lebensfähigkeit einer Organisation ist die Gestaltung der sogenannten Unternehmenspolitik. Von allen Standards im Management zählt sie zu den schwierigsten Aufgaben und Verantwortungen. Die Unternehmenspolitik fordert von Managern, sich auf eine normative Ebene zu begeben. Sie sollen dort grundlegende Richtlinien entwickeln, entscheiden und kommunizieren.

> Zur ersten Einordnung ein paar Beispiele für Policies (nicht abschließend): (1) Angebots- und Preispolitik, (2) Spesenabrechnung, (3) Reiserichtlinie, (4) Richtlinie zur Annahme von Geschenken und Zuwendungen, (5) Umgang mit Kundenanfragen, (6) Probezeitregelung, (7) Zeiterfassung, (8) Unterschriftenberechtigung.

Unternehmenspolitik soll im Tagesgeschäft gewährleisten, dass die Mitarbeiter selbstorganisational, das heißt selbstständig, rechts- bzw. regelkonform und situationsgerecht Geschäftsvorgänge bearbeiten und erledigen können.

Darüber hinaus empfiehlt sich die Etablierung eines Richtlinienmanagements als Teil des Integrierten Managementsystems IMS (vgl. IV. 7.2.). Dabei handelt es sich um ein System, in dem alle Richtlinien systematisiert abgelegt sind. Eine Richtlinie

---

24    Vgl. Malik, Fredmund, Unternehmenspolitik und Corporate Governance – Wie sich Organisationen von selbst organisieren, Frankfurt am Main 2013, S. 278 ff.

ist eine Festlegung, wie organisatorisch gehandelt werden **soll/muss**.[25] Es empfiehlt sich, dieses Dokumentensystem prozessorientiert aufzubauen. Das heißt, es kann nachvollzogen werden, welche Dokumente sich in welchem Umsetzungsstand befinden (fehlend, in Erstellung, freigegeben, zu prüfen, in Kraft, veraltet). Auf Basis von Benutzerrechten können Mitarbeiter in diesem System jederzeit diese Richtlinien einsehen und nachlesen. Zugleich müssen sie bestimmte Kerndokumente in diesem System zur Kenntnis nehmen und diese Kenntnis explizit bestätigen. Selbstverständlich erfordert das Richtliniensystem eine fortwährende Schulung, ein kontinuierliches Training und ein stetiges Controlling der Umsetzung. Die Wirkung eines solchen Systems ist klar: Jeder weiß, welche Richtlinien in der Organisation wichtig sind, und die fortlaufende Anpassung stellt sicher, dass sie auch ernst genommen werden.

## 5. (Relativer) Kundennutzen

Der Kundennutzen und die Wettbewerbsfähigkeit einer Organisation sind immer höher zu werten als der Unternehmensnutzen und der Mitarbeiternutzen. Denn nur wenn der Kunde sich für ein Unternehmen entscheidet und gegen dessen Wettbewerb, bleibt das Unternehmen lebensfähig und kann seine Mitarbeiter bezahlen.

Die wichtigste organisatorische Aufgabe besteht also in der Maximierung des Kundennutzens. Man kann zwei Fälle unterscheiden:

**Fall 1**: Wettbewerb ist vorhanden; der Kunde kann wählen, welches Produkt bzw. welche Dienstleistung bzw. welche Mischung aus beiden er von welchem Wettbewerber in Anspruch nimmt.

**Fall 2**: Es gibt keinen Wettbewerb. Der Kunde hat keine Wahlmöglichkeit (z.B. öffentliche Wasserversorgung, hoheitliche Behördendienstleistungen).

In beiden Fällen ist zu klären: Was will der Kunde wirklich? Welche Qualität des Produkts/der Dienstleistung/der Mischung aus Produkt und Dienstleistung müssen wir dem Endkunden bieten, um seine Erwartungen zu erfüllen?

Man kann davon ausgehen, dass die meisten Nicht-Kunden gar nicht wissen, dass es eine Organisation gibt, die ihnen einen speziellen Kundennutzen bieten könnte. Das erklärt auch, warum das (Social) Marketing eine so große Bedeutung hat: Es hat sicherzustellen, dass Nicht-Kunden, potenzielle Kunden und bestehende Kunden erfahren, welchen Kundennutzen sie von der Organisation erwarten dürfen.

---

25  Die Verschärfung einer Richtlinie ist eine Leitplanke. Sie ist die Festlegung, innerhalb welchen organisatorischen Rahmens gehandelt werden **darf**.

Sobald Wettbewerb ins Spiel kommt, stellt sich die zusätzliche Frage: Wie schaffen wir einen besseren Kundennutzen als unser Wettbewerb? Damit der Kunde tatsächlich bei uns und nicht beim Wettbewerb kauft? Aber Vorsicht: Fehlender Wettbewerb ist kein Freifahrtschein dafür, dem Kunden einen für ihn nicht passenden Nutzen anzubieten. Im Falle einer Deregulierung oder im Falle, dass sich dem Kunden doch eine Wahlalternative bietet, wird der fehlende Kundennutzen ihn davon abhalten, das Produkt oder die Dienstleistung nochmals in Anspruch zu nehmen.

Für die Qualität eines Produkts oder einer Dienstleistung bedeutet das:

1. Es ist immer die Qualitätssicht des Kunden entscheidend. Selbstverliebtheit in die eigene Herstellkunst ist erlaubt, letztlich aber nicht der Bewertungsmaßstab.
2. Die Qualität der eigenen Leistung ist immer in Relation zu der Leistung möglicher oder tatsächlicher Wettbewerber/Marktteilnehmer zu bewerten (daher auch „relativer" Kundennutzen).
3. Die Qualität definiert sich durch das Produkt oder die Dienstleistung. Zur Qualität gehören auch Service und Image. Je nach Geschäftsmodell, Kundengruppen und tatsächlicher Ausführung können diese Dimensionen unterschiedlich wichtig sein.[26]
4. Zur Bewertung der eigenen Qualität gehört nicht der Preis. Erstens ist er separat zu bewerten und zweitens kann es Produkte/Dienstleistungen/Mischungen aus beiden geben, in denen der Kunde die Leistung ohne Bezahlung in Anspruch nehmen kann oder darf. Auch dann entsteht ein Kundennutzen oder nicht.[27]

Zur Bestimmung des Preises sollte man beachten:

- Es ist nur die Preiswahrnehmung des Kunden relevant und bewertbar. Man kann selbst den Eindruck haben, die Leistung billig anzubieten. Wenn die Mehrheit der Kunden das anders sieht, ist der Preis nicht passend.
- Immer ist auch der relative Preis wichtig: Wie sieht der Kunde meinen Preis im Verhältnis zum Wettbewerb?

Der relative Kundennutzen ist also das relative Preis-Leistungs-Verhältnis aus Sicht des Kunden.[28]

---

26  Gerade für Strategiediskussionen (vgl. XII. 3.) kann es hilfreich sein, zwischen Produkten bzw. Dienstleistungen des Unternehmens und den tatsächlichen Anwendungen zu differenzieren. Denn: Kundennutzen entsteht in der Regel nicht durch die Produkte bzw. Dienstleistungen, sondern erst durch die Anwendungen bzw. den Einsatz derselben. Mit diesem Kunsttrick, den viele nur für eine sprachliche Finesse halten, lässt sich erstaunlich viel Geld verdienen. Schließlich kann es sexyer sein, dem Kunden eine Lösung statt nur ein Produkt zu verkaufen.
27  An dieser Stelle sollte man einem falschen Sprichwort den Stecker ziehen: Einem geschenkten Gaul schaut man sehr wohl ins Maul. Kunden sind auch bei kostenlosen Produkten/Dienstleistungen/Mischungen aus beiden wählerisch und bilden sich ihr eigenes Qualitätsurteil.
28  Kundennutzen ist nicht gleichzusetzen mit Kundenzufriedenheit. Im besten Fall deckt sich beides!

Dazu ein einfaches **Beispiel:** Eine gut schmeckende Brezel ist Geschmackssache. Der eine mag sie kross und knackig beim Reinbeißen, ein anderer liebt sie hell und weich. Gehen wir im Folgenden von einer durchschnittlichen Qualität aus, die vielen Geschmäckern gerecht wird. Unter Normalumständen akzeptiert man einen Preis von 0,XX Euro für diese Brezel. XX steht für den regionalen Preis, der zu zahlen ist. Wer weniger als 0,XX Euro zahlt, muss damit rechnen, eine Qualität zu erhalten, die nicht seinen Vorstellungen entspricht. Man kann auch Glück haben, aber das wird kaum die Regel sein. Zahlt man mehr als die 0,XX Euro, fällt das auf. Entweder ist dann die Qualität so gut, dass man es zähneknirschend hinnimmt, oder es fällt ein Kommentar wie zum **Beispiel:** „Die war jetzt aber teuer", oder: „Der XYZ hat günstigere und gleich gute Brezeln." Und nicht übersehen sollte man, dass es auch eine Schmerzgrenze gibt, ab der man auch bereit ist, auf eine Brezel zu verzichten.[29]

Ein nachhaltiger Kundennutzen liegt übrigens immer dann nicht vor,

- wenn das Geschäftsmodell einseitig auf Geldverdienen oder Gewinn-Erwirtschaften ausgelegt ist,
- wenn Kunden systematisch vergrault statt hofiert[30] werden – ein gar nicht so selten anzutreffendes Phänomen,
- wenn eine Schmerzgrenze im Preis-Leistungs-Verhältnis überschritten wird, das Kunden als Unverschämtheit empfinden.

## 6. Wettbewerbsfähigkeit

> *„If you don't have a competitive advantage, don't compete."*
> *(Jack Welch)*

Regelmäßige Analysen und Bewertungen, ob die eigene Organisation auch tatsächlich Kundennutzen generiert, sind ein wichtiger Baustein zur Sicherstellung der Wettbewerbsfähigkeit. Zur Analyse empfehlen sich vor allem regelmäßige Vor-Ort-Gespräche des Managements mit Kunden sowie Kundennutzenanalysen (zur Durchführung siehe XII. 3.1). Die Kunden werden gezielt befragt – unabhängig von den Einschätzungen des Verkaufs oder des Marketings. Natürlich kann ein Manager auch Untersuchungen (intern oder extern gesteuert) durchführen lassen, gegebenenfalls muss er das sogar. Meiner Überzeugung nach tut gerade ein Top-Manager gut daran, sich ein eigenes Bild davon zu verschaffen, was die Kunden seiner Organisation wirklich umtreibt.

---

29  Für die Diskussion im Rahmen des Kundennutzens kann es hilfreich sein, zwischen einem Grundnutzen, Brauchbarkeit und Nützlichkeit zu unterscheiden. Der Grundnutzen bei einer Software ist beispielsweise, dass sie eine bestimmte Funktion hat. Die Software wird aber erst brauchbar, wenn es dafür konkrete Anwendungen gibt und Nutzer diese Brauchbarkeit erkennen. Nützlich ist die Software, wenn die Benutzeroberfläche bedienerfreundlich gestaltet ist.

30  Denken Sie an: „Der Kunde ist König".

Zur Bewertung der Wettbewerbsfähigkeit gehört auch die Analyse des Marktpotenzials, Marktvolumens und des absoluten und relativen Marktanteils. Marktpotenzial meint das grundsätzliche Potenzial, das sich als Marktchance für die Organisation anbietet. Marktvolumen ist das tatsächliche Volumen, das alle Wettbewerber miteinander generiert haben. Absoluter Marktanteil ist der gesamte Marktanteil innerhalb des Marktvolumens, den die Organisation mit allen Produkten und Dienstleistungen generieren konnte. Der relative Marktanteil ist nur der Marktanteil, wenn man eine bestimmte Leistung daraus in Relation zum wiederum relativen Marktvolumen nimmt. Letztgenannte Definition mag überraschen, da es andere Definitionsvorschläge dazu gibt. Aus praktischer Sicht macht es durchaus Sinn, siehe Beispiel.

> **Verkürztes Beispiel:** Das Marktpotenzial für einen Fahrzeugverkauf sind alle Führerscheinbesitzer. Das Marktvolumen sind alle Führerscheinbesitzer, die auch tatsächlich ein Fahrzeug besitzen oder in Kürze ein Auto kaufen werden (nicht wollen). Der absolute Marktanteil ist der Marktanteil eines Fahrzeugherstellers im gesamten Fahrzeugmarkt. Relativer Marktanteil ist der relevante Marktanteil zum Beispiel im Mittelklassesegment; hier wird der eigene Marktanteil nur in Relation zum relativen Markt der Mittelklassefahrzeuge bewertet.

Die Wettbewerbsanalyse wird nicht zum Selbstzweck durchgeführt, sondern muss zu Konsequenzen führen, die das Management diskutiert, bewertet und beschließt. Welche Konsequenzen sinnvoll sind, hängt davon ab, wie viele Wettbewerber es gibt und wie scharf der Wettbewerb ist. Tabelle 1 beschreibt mögliche Konsequenzen aus dieser Betrachtung.

| | Anzahl Wettbe- werber | Intensität Wettbe- werb | Mögliche Konsequenz | Impulse |
|---|---|---|---|---|
| 1 | Viele | Hoch | Nische oder Ausstieg | Erfordert eine klare Definition, wann und wie man aussteigt.<br>Konsequenzen eines Ausstiegs müssen klar sein (z.B. Garantieverpflichtungen).<br>Ggf. lohnt sich die Aufrechterhaltung des Geschäfts- modells mit deutlich niedrigerem Umsatz- oder Ab- satzpotenzial, sofern man eine unangefochtene Nische definieren und besetzen kann (vgl. auch Methode der EKS, XII. 3.). |
| 2 | Wenige | Hoch | Verteidi- gung | Gelingt, wenn kontinuierlich beste Qualität angeboten wird.<br>Mindestpreise müssen konsequent eingehalten wer- den, um die eigene (finanzielle) Überlebensfähigkeit sicherzustellen.<br>Verteidigung bedeutet zwar Kämpfen, aber nicht um jeden Preis. Im Zweifelsfall lässt man Gelegenheiten und Kunden lieber ziehen (wenn man sich das leisten kann). Nicht jede Gelegenheit ist mittel- und langfristig für die eigene Organisation gesund und nachhaltig. |
| 3 | Viele | Niedrig | Angriff | Gelingt nur, wenn beste Qualität zum passenden Preis angeboten wird.<br>Gelingt nur mit der richtigen Kommunikation und sehr intensivem Marketing in Richtung Kunde.<br>Wichtig sind die richtigen Distributionskanäle für den gezielten Angriff. |
| 4 | Wenige | Niedrig | Wachstum | Wenn möglich organisch wachsen, damit die eigene Organisation im Gleichschritt mithalten kann.<br>Ziel muss es sein, stets besser zu funktionieren, je mehr man wächst. |

**Tabelle 3:** Ableitungen aus der Wettbewerbsanalyse

Wer rastet, der rostet. Das gilt besonders dann, wenn Kundennutzen und Wettbe- werbsfähigkeit nicht ständig weiterentwickelt werden. So wie sich das Umfeld än- dert, ist auch die Organisation angehalten, sich fortlaufend zu entwickeln und anzu- passen. Wie das am besten zu bewerkstelligen ist, zeigt das Kapitel XII. „Entwickeln".

## 7. Effizienz

Nochmals zur Erinnerung: Effektivität bedeutet, die richtigen Dinge zu tun, und Ef- fizienz, die Dinge richtig zu tun. Auch wenn Produktivität im engen Sinne die Rela- tion von Output zu Input ist, schlage ich vor, die Begriffe Produktivität, Wirtschaft- lichkeit und Effizienz in einem gleichen Sinne zu sehen und auch zu verwenden.

Erst wenn das Geschäftsmodell, der Unternehmensmodus und die Unterneh- menspolitik feststehen, erst wenn Kundennutzen und Wettbewerbsfähigkeit ge- währleistet sind, macht es auch Sinn, sich um die Effizienz zu kümmern. Plakativ gesprochen: Lieber das Richtige machen und erst dann Fahrt aufnehmen als mit voller Geschwindigkeit gegen die Wand fahren. Effizienz kann durch Umsetzung auf vier Ebenen sichergestellt werden (vgl. Tabelle 4).

| | Ebene | Beschreibung | Beispiel |
|---|---|---|---|
| 1 | Funktionen | Produktivität in den jeweiligen Funktionsbereichen. Das Management sorgt dafür, dass die Gesamtstrategie und die aus den SGF-Strategien abgeleitete Funktionalstrategie im täglichen Geschäft (Linie oder Projekt) effektiv und effizient in Ergebnisse transformiert werden. | Vermeidung von offener oder verdeckter Verschwendung in der Produktion: a) Mitarbeiter müssen auf andere Zuarbeiten warten, b) es wird mehr hergestellt als nachgefragt wird, c) Fehler und Reparaturen entstehen, weil nicht präventiv gehandelt wird, d) die Transportwege sind zu lang und umständlich etc. |
| 2 | Finanzen | Sicherstellung einer ausreichenden Liquidität, sodass wirtschaftlich/profitabel gearbeitet wird und eine Rendite entstehen kann. | Möglichst hohe Auslastung der Vermögensgegenstände, z.B. Maschinen, Fahrzeuge usw. |
| 3 | Prozesse | Funktionsbereiche können durch regelmäßig angepasstes Prozessmanagement unterstützt werden. Die prozessuale Ebene stellt sicher, dass Ressourcen auf Basis reibungsloser Prozesse produktiv eingesetzt werden. | Ein für alle Funktionsbereiche abgestimmter Prozess der Stammdatenpflege erleichtert das gemeinsame Abarbeiten von Aufträgen. |
| 4 | Personen | Einen wesentlichen Hebel für Produktivität bildet die Umsetzung auf personaler Ebene. Ziel ist es, sich selbst (= Selbstmanagement) und andere produktiv einzusetzen. | Eine Tätigkeitsanalyse: Wie setze ich meine Zeit ein? Wo setze ich an, um meine eigene Produktivität zu erhöhen? |

**Tabelle 4:** Produktivität auf vier Ebenen

Bei aller berechtigten Sorge um die Effizienz dürfen die Effektivität und vor allem der Kundennutzen niemals aus dem Blick geraten. Denn: Was nützen der Organisation die letzten ausgequetschten Cents und Euros, wenn der Kundennutzen darunter leidet oder sogar das Falsche getan wird?

**Beispiel** für leidende Effektivität: Ein Krankenhaus entscheidet sich, die Prozesse rund um die Verpflegung der Patienten herum zu verbessern. Zwar werden die Abläufe straffer und besser durchorganisiert und sogar Kosten gespart, aber das Essen ist jetzt im Durchschnitt 90 Minuten unterwegs, bis der Patient es serviert bekommt.

**Beispiel** für leidenden Kundennutzen: Im gleichen Krankenhaus sollen die Verpflegungskosten reduziert werden. Am Ende beurteilen die Patienten das Essen deutlich schlechter als vorher. Eine gute Verpflegung ist aber ein Baustein zur Gesundung.

## 8. Fazit und Handlungsempfehlung

General Management ist keine einmalige, abzuschließende Angelegenheit. General Management bedeutet: Das Management muss all die genannten Themen regelmäßig aufgreifen und den Umgang damit an aktuelle Gegebenheiten anpassen. Je nach Geschäftsmodell, Kontext und Situation kann dies häufig, in wenigen Fällen auch selten notwendig sein. **Zur konkreten Umsetzung finden Sie Unterstützung und Anregung in den Kapiteln X. und XI.** Darüber hinaus empfiehlt sich ein Integriertes Managementsystem (vgl. IV. 7.2) und hier speziell ein Richtlinienmanagement. Damit ist zwar nicht gewährleistet, dass die Organisation an General-Management-Themen arbeitet. Ein solches System schafft aber die Rahmenbedingung, damit die Arbeit daran gelingen kann.

# IV. Compliance

Landläufig geht man davon aus, Compliance sei ein Geschäfte-Verhinderer. Das Gegenteil trifft zu: Compliance ist der Grundstock, der Geschäfte erst ermöglicht. Blender, korrupte Geschäftemacher, illegale Geschäftspraktiken wird es immer geben; dies darf aber nicht der Grund sein, in seiner eigenen Organisation ein solches Geschäftsgebaren zu dulden. Kurzum: Wer als integrer Geschäftsmann akzeptiert wird, kann nachhaltig und langfristig im Geschäft bleiben.

Neu ist die Thematik nicht. Management musste schon immer tugendhaft, redlich und verantwortlich sein. Während man früher vom ehrbaren Kaufmann sprach, nennt man das heute Compliance. Faktisch kommt kein Management mehr ohne ein wirksames Compliance-Management-System aus. Dieses muss gesetzeskonforme Mindestprozesse für P2P, O2C, Trade Compliance, Tax Compliance und die Ausgestaltung eines fairen Wettbewerbs definieren und in der Organisation durchsetzen. Das Management als Vorbild, die partnerschaftliche Zusammenarbeit im Top-Management und eine Konsequenz-Kultur sind Mindestanforderungen, die solch ein Compliance-Management-System zum Leben erwecken. Ein Compliance-Management-System ist Pflicht, nicht Kür.

## 1. Compliance und CMS

Der Begriff „ehrbarer Kaufmann" hat sich vor allem in Europa als Leitbild für tugendhaftes, verantwortliches Partizipieren am Geschäfts- und Wirtschaftsleben etabliert. Unter Compliance versteht man die Einhaltung von Gesetzen und Richtlinien durch Organisationen. Gelegentlich zählt man auch selbst definierte Verhaltensmaßregeln dazu. Compliance ist eine Managementfunktion mit Querschnittscharakter. Das heißt, alles Handeln des Managements hat immer und überall rechts- und regelkonform zu erfolgen. Damit berührt Compliance jeden Unternehmensbereich und steuert/kontrolliert ihn indirekt. Das Compliance-Management-System (CMS) ist ein System, das auf Basis von Maßnahmen und Prozessen (aufbau- und ablauforganisatorisch) sicherstellen will, dass rechts- und regelkonform und redlich in einer Organisation gearbeitet wird.

Zwei wesentliche Ziele werden mit einem CMS verfolgt:

1. Vermeidung von Strafen und Bußgeldern. Bußgelder oder Strafen sieht der Gesetzgeber dann vor, wenn das öffentliche Interesse an der Einhaltung von Gesetzen oder Regeln sehr hoch ist.
2. Verhinderung von Reputations- und Vermögensschäden. Reputationsschäden entstehen beispielsweise durch Datenschutzverstöße oder Diskriminierung; Vermögensschäden durch Kartellbildungen oder korruptes Vorgehen.

Compliance-Verstöße wird es vermutlich immer geben, solange Menschen aktiv in Organisationen arbeiten. Das Management hat aber die sogenannte organschaftliche Legalitätspflicht, für ein rechts- und regelkonformes Handeln der Mitarbeiter und der Organisation als Ganzes zu sorgen. Es bedeutet schlichtweg, Compliance-Verstöße durch geeignete Compliance-Strukturen zu verhindern. Eine Geschäftsleitung kann auch haften, wenn ersichtlich wird, dass kein angemessenes und effektives CMS implementiert wurde, das Compliance-Verstöße verhindert.[31] Und die Einführung eines Compliance-Management-Systems kann eine Vorsorgemaßnahme sein, um Bußgelder zu reduzieren.[32] Neben dieser Legalitätspflicht für ein CMS durch ein deutsches Gericht muss man europa- und weltweit damit rechnen, dass Compliance in Zukunft aus Rechtsgründen zum Denken und Handeln eines effektiven Managements gehören wird. Betriebswirtschaftlich mag Compliance Kosten verursachen. Aber Non-Compliance ist auf Dauer teurer als Compliance-Handeln. Einer vorsichtigen Einschätzung nach ist es zwei- bis dreimal teurer, sich nicht rechts- und regelkonform zu verhalten. Das liegt im Übrigen weniger an Bußgeldern oder Geldstrafen als an der Unterbrechung von Geschäftsprozessen.[33]

Eine gesetzliche Vorgabe für die Einrichtung und Ausgestaltung eines Compliance-Management-Systems gibt es nicht. Es gibt aber Rechtsfolgen und Sanktionsmöglichkeiten bei Regelverstößen (vgl. Tabelle 29 im Anhang).[34] Kurzum: Die faktische Verpflichtung für ein wirksames und angemessenes CMS ist gegeben.

Unweigerlich kommt dabei die Frage auf: Ist das CMS das Gleiche wie ein Risikomanagementsystem (RMS) oder das interne Kontrollsystem (IKS)? Und: Gibt es Schnittmengen zu anderen Systemen wie zum Beispiel einem Qualitätsmanagementsystem (QMS) oder einem Integrierten Managementsystem?

- Ein RMS dient der Risikofrüherkennung von operativen, gegebenenfalls produktbezogenen Risiken.
- Ein IKS soll eine den tatsächlichen Verhältnissen zutreffende Rechnungslegung (Vermögens-, Ertrags- und Liquiditätslage) sicherstellen.
- Ein QMS wird eingesetzt, um die Organisationsleistung in puncto Produktqualität und Prozessqualität fortlaufend zu prüfen und gegebenenfalls zu verbessern.
- Das CMS soll eine Organisation und seine Mitarbeiter vor Sanktionen und vor Risiken aus dem Verstoß gegen gesetzliche Anforderungen schützen.

---

31 LG München 1, Urteil vom 10.12.2013 – 5 HKO 1387/10, auch als das sogenannte Neubürger-Urteil bekannt.
32 Urteil des Bundesgerichtshofes vom 09.05.2017 – 1 StR 265/16.
33 Vgl. Niewarra, Kathrin/Segschneider, Dorette, Balanceakt Compliance: Recht und Gesetz ist nicht genug – Ein interdisziplinärer Leitfaden für Entscheider, Frankfurt am Main 2016, S. 66. Die Autorinnen beziehen sich auf eine Studie des Ponemon Institute (Michigan) zu den tatsächlichen Compliance-Kosten.
34 Kapitalmarktorientierte Unternehmen, Finanzdienstleister und Versicherungsunternehmen sowie Pharma- und Medizinunternehmen unterliegen strengeren Compliance-Vorschriften.

Es mag Organisationen geben, in denen man sich ein Nebeneinander solcher Systeme leisten kann (oder will). Will man die Effektivität und die Management-Aufmerksamkeit für solche Systeme erhöhen, kann sich jedoch eine konsequente Zusammenführung der genannten Systeme in ein einziges System empfehlen, in das sogenannte Integrierte Managementsystem (IMS). Das IMS (vgl. IV. 7.2) ist ein Gesamtsystem für alle zu überwachenden Elemente und Einzelsysteme (z.B. RMS, IKS) mit einheitlicher Struktur und damit die praktische Konsequenz einer effektiven Unternehmenspolitik (vgl. III. 3.). Man kann ein IMS als die Dokumentation der Vorgaben zu den einzelnen Prozessen einer Organisation verstehen, zum Beispiel Ausrichtung des Unternehmens, Regelung der Verantwortung, Benennung von Zielen, Verfahrens- und Arbeitsanweisungen, Verteilung der Aufgaben usw. Wie stark das CMS als Teil in dieses IMS integriert ist, muss das Management – abhängig von Organisation, Situation und Kontext – entsprechend entscheiden und festlegen.

Eine wertvolle Orientierung bietet der vom Institut der deutschen Wirtschaftsprüfer herausgegebene Prüfungsstandard IDW PS 980: „Grundsätze ordnungsgemäßer Prüfung von Compliance Management Systemen." Dieser Standard sieht sieben miteinander in Wechselwirkung stehende Grundelemente vor: (1) Kultur, (2) Ziele, (3) Risiken, (4) Programm, (5) Organisation, (6) Kommunikation, (7) Überwachung und Verbesserung.[35] Bereits die Aufzählung der genannten Punkte macht deutlich, dass Compliance tiefgreifende Auswirkungen auf die Organisationsstruktur und Kultur eines Unternehmens hat – sofern man sie wirksam gestaltet und diese Gestaltung auch zugelassen wird.[36]

## 2. Muss-, Soll- und Kann-Themen

Man kann es als Vorteil sehen, dass es weder international noch national detaillierte Vorgaben für ein CMS gibt. Es ermöglicht Organisationen, ihr CMS passgenau an den Kontext und die spezifische Situation anzupassen. Dennoch muss man wissen, was im Fokus stehen sollte. Und das ist bei der Fülle an Themen nicht zwingend klar und eindeutig. Gerade das Management muss sicherstellen, dass es alle relevanten Compliance-Themenfelder kennt und sinnvoll bearbeitet. Zusätzlich gilt es, blinde Flecken zu vermeiden: Compliance-Themen, die man aus Fahrlässigkeit nicht auf dem Schirm hat und die dennoch ein Risiko für die Organisation darstellen.

---

35  Vgl. IDW PS 980, Tz. 23; vgl. Tabelle 30 im Anhang. Diese Grundelemente werden nur im Überblick beschrieben; der Standard beschreibt eher die Vorgehensweise, wie man ein CMS angemessen überprüft.

36  In Ergänzung zum genannten Prüfungsstandard der IDW empfehlen sich weitere Prüfungsstandards desselben Hauses, insbesondere für die Kernprozesse P2P, O2C und Tax Compliance: (1) IDW-Standard PS 330: Abschlussprüfung bei Einsatz von Informationstechnologie, (2) IDW – RS FAIT 1: Grundsätze ordnungsmäßiger Buchführung bei Einsatz von Informationstechnologie. (3) IDW – RS FAIT 2: Grundsätze ordnungsmäßiger Buchführung bei Einsatz von Electronic Commerce. (4) IDW – RS FAIT 3: Grundsätze ordnungsmäßiger Buchführung beim Einsatz elektronischer Archivierungsverfahren. (5) IDW – RS FAIT 4: Anforderungen an die Ordnungsmäßigkeit und Sicherheit IT-gestützter Konsolidierungsprozesse. (6) IDW – RS FAIT 5: Grundsätze ordnungsmäßiger Buchführung bei Auslagerung von rechnungslegungsrelevanten Prozessen und Funktionen einschließlich Cloud Computing.

Die Entwicklung eines vollumfänglichen Compliance-Risikokatalogs wäre eine Sisyphus-Aufgabe und würde die Angemessenheit eines CMS nicht unterstützen. Man sollte daher unterscheiden zwischen Muss-, Soll- und Kann-Themenfeldern und darauf aufbauend einer vertikalen und horizontalen Bearbeitung.

„Muss" bedeutet: Sanktionen oder Reputationsschäden sind hoch und gegebenenfalls existenzgefährdend. „Soll" heißt: Sanktionen oder Reputationsschäden könnten gefährlich werden. „Kann" bedeutet: Man muss sich um dieses Themenfeld mittel- bis langfristig kümmern, kann es sich aber vorläufig leisten, es nicht zu priorisieren. Die nachfolgende Tabelle zeigt an einem Beispiel, wie sich Muss, Soll- und Kann-Themen unterscheiden. Es handelt sich um ein Nicht-Wirtschaftsunternehmen, konkret ein Krankenhaus. Je nach Branche, Organisationstyp etc. muss man die entsprechenden Themenfelder und Bewertungen anpassen.

| | Themenfelder eines beispielhaften Nicht-Wirtschaftsunternehmens | Bewertung |
|---|---|---|
| 1 | Fairer Wettbewerb | Muss |
| 2 | Einsatz gegen Korruption und Geldwäsche | Muss |
| 3 | Einhaltung von Außenhandelsbestimmungen | Muss |
| 4 | Einhaltung von (internationalen) Steuerbestimmungen | Muss |
| 5 | Gewährleistung Datenschutz und Geschäftsgeheimnisse | Muss |
| 6 | Schutz des Vermögens der Organisation | Muss |
| 7 | Einhaltung von Menschenrechten, Arbeits- und Sozialstandards | Muss |
| 8 | Einhaltung von Produktsicherheit und Umweltschutz | Muss |
| 9 | Gewährleistung von IT-Sicherheit und Betriebsgeheimnissen | Muss |
| 10 | Gewährleistung von Urheberrecht und gewerblichem Rechtsschutz | Soll |
| 11 | Einhaltung Deutscher Corporate Governance Kodex | Kann |
| 12 | Kontinuierliche Arbeit an Nachhaltigkeitsstandards | Kann |

**Tabelle 5:** Mögliche Themenfelder Compliance (Beispiel)

Anmerkung: Im vorliegenden Beispielfall (Krankenhaus) spielten die Themen Urheberrecht und gewerblicher Rechtsschutz genauso wenig eine Rolle wie die Notwendigkeit, CSR aktiv zu berichten.

Je nach Organisationsgröße kann es erforderlich sein, Compliance-Themen nicht nur vertikal, sondern zusätzlich auch horizontal zu bearbeiten.

Die vertikale Bearbeitung der Compliance bedeutet eine inhaltliche, tiefgehende Auseinandersetzung mit dem Thema. Sie umfasst zwei Schritte:

1. **Was?** Identifikation und Entscheidung, welche Compliance-Themenfelder für die Organisation relevant und wie sie zu priorisieren sind.
2. **Zustand?** In welchem Zustand befindet sich das zu bearbeitende Themenfeld? Was ist umgesetzt? Welche Lücken gibt es? Wie schnell sind sie zu schließen?

Die horizontale Bearbeitung klärt die Frage, wer innerhalb der Organisation für die Umsetzung der Compliance verantwortlich ist. Dabei wird man – gerade bei größeren Organisationen – feststellen, dass dies übergeordnet noch einfach möglich ist. Je tiefer man aber in die Organisationseinheiten eintaucht, desto weniger klar und eindeutig wird es. Denn Verantwortliche für die Compliance braucht es auf allen Ebenen: im Gesamtkonzern, in den Tochterunternehmen und in den Bereichen/Abteilungen.

## 3. Compliance-Prozesse

Eine der wirksamsten Arten, Compliance durchzusetzen, besteht in einer konsequenten prozessorientierten Ausgestaltung und Integration in die bestehenden Prozesse. Prozesse stellen die Architektur der Ablauforganisation dar (vgl. XII. 4.) – sie von ihrer Konzeption an rechts- und regelkonform anzulegen, muss das Ziel sein. **Rechtliche und Compliance-Prozesse** sorgen als Querschnittsfunktion dafür, dass alle anderen Prozesse in angemessener und wirksamer Form rechtlich konform laufen. Die wesentlichsten fünf Compliance-Prozesse hierfür sind:

1. Procure-to-Pay (P2P)
2. Order-to-Cash (OTC oder O2C)
3. Trade Compliance
4. Tax Compliance
5. fairer Wettbewerb

In einem Überblick (vgl. Abbildung 8) kann man eine erste Vorstellung über die Zusammenhänge der Prozesse gewinnen. Hier wird gezeigt, wie – schematisch – eine Angebotsanfrage (1) zur Produktion (12) und Lieferung (13a) im Zusammenspiel mit einem Lieferanten (6, 8, 9, 10a, 10b, 15b) läuft, die schlussendlich in den Zahlungseingang (16b) mündet. Die fünf Kernprozesse des CMS sind dabei als Querschnittsprozess (grün) gekennzeichnet. Sie stellen sicher, dass alle Prozesse rechts- und regelkonform laufen. Unterstützt werden diese Kernprozesse des CMS durch weitere Prozesse wie das Risikomanagement, das Vertragsmanagement, durch Datenschutz und -sicherheit sowie durch Dokumentation und Akten.

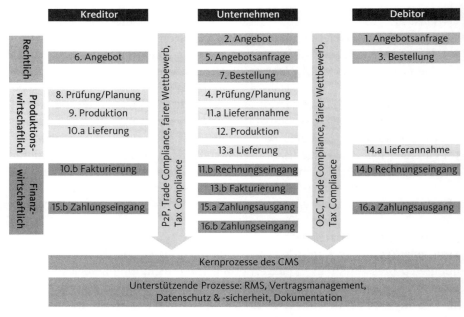

**Abbildung 8:** Schematische Darstellung der prozessorientierten Compliance

## 3.1 Procure-to-Pay bzw. Order-to-Cash

Bei den Kernprozessen Procure-to-Pay (P2P) bzw. Order-to-Cash (OTC oder O2C) geht es darum, Transparenz, Sicherheit, Effektivität und Effizienz bei folgenden Prozessen herzustellen:

- P2P: von der Bestellanforderung einer Organisation bis hin zur Buchung von Eingangsrechnungen und der Auslösung entsprechend darauf basierender Auszahlungen
- O2C: vom Eingang einer Bestellung bis hin zur Buchung von Ausgangsrechnungen und der Prüfung des Eingangs darauf basierender Einzahlungen

Bei beiden Prozessen steht die Vermeidung möglicher wirtschaftskrimineller Handlungen mit im Fokus.[37] Dazu müssen für die Organisation passende technische und organisatorische Maßnahmen vor allem im ERP-[38] und Banking-System implementiert werden.[39]

---

37   Bestechung, Korruption, Schmiergeldzahlungen, Geldwäsche, Betrug, Schwarzgeld, Untreue, Zusammenarbeit mit Sanktionsleuten, Scheinselbstständigkeit.

38   Ein Enterprise-Resource-Planning-System (ERP-System) ist ein unterstützendes IT-System mit dem Ziel, Ressourcen (Personal, Finanzen, Roh- und Hilfsstoffe usw.) rechtzeitig und bedarfsgerecht zu planen und gezielt zu steuern. Für Produktionsunternehmen ist eine der Kernfunktionalitäten des ERP-Systems die Materialbedarfsplanung (Material Requirements Planning, kurz: MRP). Sie soll sicherstellen, dass alle erforderlichen Materialien für die Produktion in der richtigen Menge, an der richtigen Stelle und zur richtigen Zeit vorhanden sind.

39   Eine vollautomatisierte Verarbeitung von Eingangsrechnungen (auch „Dunkelbuchen" genannt) sollte möglichst vermieden werden. Zumindest sind fortlaufende Kontrollprozesse zu gewährleisten.

Berücksichtigt werden sollte die gesamte Prozesskette von der Stammdatenerfassung über die Bestellabwicklung, den Wareneingang bzw. -ausgang bis hin zur Rechnungsprüfung und Verbuchung. Zu klären sind der genaue Ablauf der Zahlungsabwicklung, welche Benutzerberechtigungen sinnvoll sind und wie die digitale Belegarchivierung gesetzeskonform gestaltet werden soll.

### 3.2 Trade Compliance

Ein weiterer Kernprozess der Compliance ist die Sicherstellung einer jederzeit gesetzeskonformen Trade Compliance. Sie ist notwendig, weil **jede** Organisation – auch wenn sie nur regional oder national arbeitet – gezwungen ist, die geltenden Gesetze und Regelungen von Zoll und Außenwirtschaft (z.B. Exportkontrolle, Terrorismusbekämpfung (vgl. V. 1.1) etc.) einzuhalten.

In der EU gilt die Freiheit des Verkehrs von Personen, Waren, Dienstleistungen und Kapital:[40]

1. **Freier Personenverkehr**: Jeder EU-Bürger darf sich frei innerhalb der EU bewegen, sich überall niederlassen und überall in der EU eine Arbeit annehmen. Es werden nur noch die Außengrenzen, nicht aber die Binnengrenzen kontrolliert.
2. **Freier Warenverkehr**: Unionswaren[41] unterliegen keiner zollamtlichen Überwachung, das heißt sie können sich frei innerhalb der EU bewegen; für sie gibt es weder Grenzkontrollen, noch müssen für sie Zölle entrichtet oder handelspolitische Vorgaben eingehalten werden.
3. **Freier Dienstleistungsverkehr**: Jeder EU-Bürger sowie jede juristische Person, die sich in der EU niedergelassen hat, hat das Recht, im eigenen und in einem anderen Mitgliedsstaat der EU Dienstleistungen zu erbringen oder solche Leistungen in Anspruch zu nehmen.
4. **Freier Kapitalverkehr**: Natürliche und juristische Personen haben die freie Wahl, das Kapital innerhalb der EU zu transferieren und damit überall im Binnenmarkt Finanzdienstleistungen in Anspruch zu nehmen.

Dieser grundsätzlichen Freiheit im Binnenmarkt steht jedoch eine nicht überschaubare Menge an Außenwirtschaftsbestimmungen (im Wesentlichen: Zoll und Handelspolitik) gegenüber, die den freien Verkehr von Personen, Waren, Dienstleistungen und Kapital in das Nicht-EU-Ausland, auch Drittländer genannt, eingrenzen, erschweren oder unmöglich machen. Zwar gibt es auch hier eine Fülle an Erleichterungen durch Freihandelsabkommen und politische sowie behördliche

---

40   Diese durch die Verträge von Lissabon erreichten Freiheiten sind eigentlich heute nicht mehr wegzudenken, werden aber massiv durch protektionistische Maßnahmen und Gegenbewegungen in Frage gestellt.
41   Unionswaren sind gem. Artikel 5 Nr. 23 UZK Waren, die entweder Ursprungswaren der EU sind und somit vollständig im Zollgebiet der Union gewonnen oder hergestellt wurden, oder Waren, die außerhalb des Zollgebiets der Union – also in einem Drittland – hergestellt oder gewonnen wurden und die ordnungsgemäß in das Zollverfahren „zollrechtlich freier Verkehr" überführt worden sind.

Gestaltungen. Aber: Jede Organisation ist gezwungen, sich intensiv mit der Trade Compliance auseinanderzusetzen, um einerseits gesetzeskonform zu arbeiten und andererseits einen reibungslosen Ablauf der internationalen Logistik sicherzustellen, wenn sie im Import oder Export davon abhängig ist.

Trade Compliance umfasst primär alle Pflichten, die beim Import (in das Inland) und Export (in das Ausland) von Waren oder Dienstleistungen bzw. beim Wissens- oder Kapitaltransfer aus gesetzlichen Gründen zu erfüllen sind. Daneben meint Trade Compliance auch die Prüfung **aller (!)** Geschäftsvorfälle auf Gesetzeskonformität mit den nationalen und internationalen Außenwirtschaftsbestimmungen.

Konkret ist jeder Geschäftsvorfall daraufhin zu prüfen, ob gegen ihn irgendwelche gesetzlichen oder handelspolitischen Bestimmungen sprechen. Neben der Sanktionslistenprüfung (vgl. V. 1.1) ist bei Geschäftsvorfällen mit Auslandsbezug eine Import- oder Exportprüfung vorzunehmen. Diese Prüfung umfasst die Frage, ob es länder-, waren- oder dienstleistungsspezifische Verbote oder Vorschriften gibt, die bei diesem Geschäftsvorfall einzuhalten sind. Und: Auch bei reinem Inlandsbezug kann durch Reihen- oder Dreiecksgeschäfte[42] eine solche Prüfung erforderlich sein. Neben sehr gut ausgebildeten Fachkräften, die europäische Behörden inzwischen selbst voraussetzen, erfordert dies in der Praxis eine gut ausgeprägte Software-Unterstützung und eine entsprechende Management-Aufmerksamkeit, beispielsweise in Form von unternehmenspolitischen Vorgaben (z.B. Arbeits- und Organisationsanweisungen) und regelmäßigen Kontrollen. Je intensiver ein Geschäftsmodell international ausgerichtet ist, desto mehr Mindestkenntnisse über Zollverfahren (z.B. vereinfachte Zollanmeldungen, aktive/passive Veredelung, Zolllage usw.), die Zusammenarbeit mit Behörden (z.B. zugelassener Wirtschaftsbeteiligter) und die Berücksichtigung von Warenursprung und Präferenzen sind erforderlich. Und die kaufmännische Sorgfaltspflicht ist jederzeit zu wahren (z.B. Erklärungen gegenüber Behörden wie Intrastat, Zusammenfassende Meldung, ordnungsgemäße Abführung von Einfuhrumsatzsteuer usw.).

### 3.3 Tax Compliance

Steuern[43] gleich welcher Art gehören – in der Regel – nicht zu den größten Auszahlungspositionen einer Organisation. Trotzdem sollte das Management diesen

---

42 Ein Reihengeschäft liegt vor, wenn mehrere Unternehmer (meist drei oder vier) Verträge über denselben Liefergegenstand schließen und eine unmittelbare Warenbewegung vom ersten Unternehmer an den letzten Abnehmer erfolgt. **Beispiel:** A schließt mit C einen Vertrag über die Lieferung der Ware X. A kauft die Ware bei B und lässt sie von B direkt an C liefern. Ein Dreiecksgeschäft ist eine Unterform des Reihengeschäfts. Wieder schließen mehrere Unternehmer Verträge über denselben Vertragsgegenstand. Die unmittelbare Warenbewegung erfolgt vom ersten Unternehmer an den letzten Abnehmer. Im Unterschied zum klassischen Reihengeschäft handeln die beteiligten Unternehmer unter der Umsatzsteuer-Identifikationsnummer eines jeweils anderen Mitgliedstaates der EU, was auch eine je nach Fall zu beurteilende Umsatzsteuerverrechnung zur Folge hat.

43 „Steuern sind Geldleistungen, die nicht eine Gegenleistung für eine besondere Leistung darstellen und von einem öffentlich-rechtlichen Gemeinwesen zur Erzielung von Einnahmen allen auferlegt werden, bei denen der Tatbestand zutrifft, an den das Gesetz die Leistungspflicht knüpft; die Erzielung von Einnahmen kann Nebenzweck sein" (§ 3 Abs. 1 AO, Deutschland).

Auszahlungen aus Compliance-Sicht und auch aus Sicht der finanziellen Führung (vgl. IV.) eine erhöhte Aufmerksamkeit schenken. Steuergesetze und -verordnungen müssen eingehalten und sonstige steuerliche Pflichten erfüllt werden. Die Nichtbeachtung kann zu einer Erhöhung der Steuerlast oder steuerrechtlichen Haftungs- und Strafrisiken führen. Erlaubt ist aber die Nutzung gesetzgeberischer Spielräume: Organisationen sollen schließlich nur die Steuern bezahlen, die rechtlich auch vorgeschrieben sind. Im Folgenden ein paar Steuerspezifika, die das Management kennen sollte:

| | Thema | Beschreibung | Beispiel bzw. Konsequenz |
|---|---|---|---|
| 1 | Wahl der Rechtsform | Rechtsform legt Eigentums-, Rechts- und Haftungsverhältnisse, aber auch zu zahlende Steuern fest. | Juristische Personen, wie z.B. Kapitalgesellschaften, unterliegen der Körperschaftssteuer. |
| 2 | Einkunftsart | Gewerbe- oder freiberufliche oder landwirtschaftliche Tätigkeit mit Konsequenz der Soll- oder Ist-Besteuerung. | Gewerbebetriebe unterliegen der Gewerbesteuer, juristische Personen ggf. der Körperschaftssteuer. |
| 3 | Steuerarten | Man unterscheidet geläufig (1) Besitzsteuern, wie z.B. Einkommensteuer, Gewerbesteuer und Körperschaftssteuer, (2) Verkehrssteuern, wie z.B. Umsatzsteuer, Grunderwerbssteuer, und (3) Verbrauchssteuern, wie z.B. Energiesteuer. | Die meisten Organisationen kommen in Berührung mit Einkommensteuer, Lohnsteuer, Umsatzsteuer und Sozialabgaben.[44] Je nach Rechtsform, Geschäftsmodell oder Einkunftsart können noch weitere Steuerarten hinzukommen. |
| 3 | Unterschied: Bilanz versus EÜR | Es gibt handels- und steuerrechtliche Vorschriften, wie der Gewinn ermittelt werden muss. Entweder als Einnahmen-Überschuss-Rechnung (kurz: EÜR) oder in Form einer Bilanz. | Ist man steuerrechtlich verpflichtet, eine Bilanz zu erstellen, ist auch eine entsprechende, ordnungsgemäße Buchführung sicherzustellen. |
| 4 | Einhaltung Termine und Fristen | Steuern müssen rechtzeitig voraus- oder nachbezahlt werden. Steuererklärungen und weitere Erklärungen (wie z.B. Zusammenfassende Meldung oder Intrastat) müssen fristgerecht eingereicht werden. | Es braucht eindeutige Prozesse mit klaren Verantwortlichkeiten und exakten Terminübersichten, um die vorgegebenen Termine und Fristen jederzeit einzuhalten. |
| 5 | Liquiditätswirkung | Steuern sind Auszahlungen. Das Management muss alle möglichen Steuern – je nach Geschäftsmodell – berücksichtigen. Gleichzeitig muss es rechtzeitig Rücklagen bilden für mögliche Nachzahlungen oder zur Zwischenfinanzierung von Steuerrückzahlungen.[45] | Steuerzahlungen (als Auszahlungen) sind immer kurzfristig fällig. Umso wichtiger ist eine saubere Liquiditätsplanung (vgl. V. 1.7). Hierin sollten alle Steuerauszahlungen eingeplant und berücksichtigt werden. |

---

44 Sozialabgaben (wie z.B. Beiträge zur gesetzlichen Kranken-, Renten- oder Arbeitslosenversicherung) sind zwar keine Steuern, werden aber ausnahmsweise hier mitberücksichtigt.

45 In Deutschland dauert es beispielsweise im Durchschnitt fünf Wochen, bis Unternehmen ihre zu viel gezahlte Umsatzsteuer zurückerhalten (Quelle: World Bank Group. PWC (Hrsg.). Paying Taxes 2018. S. 103). Die steuerliche Belastung liegt in Deutschland bei 48,9 Prozent der Gewinne, die insgesamt an den Fiskus gehen (vgl. ebd. S. 91). Im europäischen Durschnitt sind es nur 40,6 Prozent.

| | Thema | Beschreibung | Beispiel bzw. Konsequenz |
|---|---|---|---|
| 6 | Steuerliche Bearbeitung | Die Verantwortung für die korrekte steuerliche Bearbeitung kann bei der leistenden oder bei der empfangenden Organisation liegen. | Für die korrekte Rechnungsstellung ist die leistende Organisation verantwortlich, für die korrekte umsatzsteuerliche Bearbeitung die empfangende Organisation. |
| 7 | Steuerliche Konsequenzen | Viele Geschäftsvorfälle ziehen nicht nur steuerliche, sondern darüber hinaus auch weitere Konsequenzen (Melde- und Belegpflichten, Auswirkungen auf Transport usw.) nach sich. | **Beispiel 1:** Ein innergemeinschaftlicher Warenverkehr muss in einer Zusammenfassenden Meldung sowie an Intrastat gemeldet werden. **Beispiel 2:** Für eine möglichst reibungslose umsatzsteuerliche Bearbeitung in einem Reihengeschäft empfiehlt sich die Transportabwicklung durch die erste liefernde/leistende Organisation. |
| 8 | Betriebsstätten | Eine Organisation wird im Ausland beschränkt steuerpflichtig, wenn sowohl nach dem nationalen ausländischen Recht als auch nach dem DBA eine Betriebsstätte vorliegt. | Die Gründung von ausländischen Betriebsstätten sollte im Management-Fokus stehen, um unnötige Doppelbesteuerung oder erhöhten administrativen Aufwand im Bereich Steuern zu vermeiden. |
| 9 | Interne Bearbeitung | Jede Organisation sollte ausreichend interne Kompetenz für die Steuerarten vorhalten, für deren Abgabe sie verantwortlich gemacht werden kann. | Intensive Weiterbildung der internen Buchhaltungs- und Finanzleute. Externe Berater, wie z.B. Steuerberater, sollten nur im Bedarfsfall hinzugezogen werden. |
| 10 | Verrechnungspreise | Der zwischen zwei verschiedenen Bereichen oder Gesellschaften einer Organisation bzw. eines Konzerns verrechnete Preis für den innerbetrieblichen Austausch von Gütern oder Dienstleistungen. | Verrechnungspreise müssen erhöhte Management-Aufmerksamkeit genießen. Nur im Rahmen legaler Gestaltungsspielräume lassen sich – bei international tätigen Organisationen – Doppelbesteuerungen vermeiden bzw. Steuern minimieren. |
| 11 | Informationsquellen für Finanzbehörden | Finanzbehörden kommen über kurz oder lang jeglichem illegalen Handeln auf die Schliche. Legale Steuergestaltungsmöglichkeiten sind aber erlaubt. | Durch die zunehmende Vernetzung der Datenströme erhalten Finanzbehörden sehr guten Einblick in die tatsächliche Datenlage und können Steuererklärungen und sonstige Erklärungen plausibilisieren.[46] |

**Tabelle 6:** Steuerspezifika für Unternehmen

---

[46]  Das Steuergebaren einer Organisation lässt sich – nach Insiderangaben mehrerer Finanzbehörden – am besten anhand folgender Informationsquellen erschließen: Ex-Ehepartner, die Konkurrenz sowie zerstrittene Freunde.

Ein Tax Compliance Management System (TCMS) ist gesetzlich nicht vorgeschrieben, aber empfehlenswert. Einer Organisation steht es grundsätzlich frei, die organisatorischen Prozesse betreffend Steuern so zu regeln, wie es zu ihr passt. Trotzdem sollte man sich bewusst machen, dass die Finanzverwaltung den Organisationen zunächst Vertrauen entgegenbringt. Die jüngsten rechtlichen Entwicklungen (Etablierung des Zugelassenen Wirtschaftsbeteiligten, englisch Authorized Economic Operator, kurz AEO, sowie in Zukunft des Zertifizierten Steuerpflichtigen) unterstreichen das. Das heißt konkret: Haben Unternehmen zum Beispiel den AEO-Status, geht die Finanzverwaltung von einer korrekten Steuerzahlung aus und zieht sich auf notwendige Betriebsprüfungen oder Stichproben zurück. Gleichzeitig müssen Unternehmen aber jederzeit diesen Status rechtfertigen, zum Beispiel in Form von gelebten Arbeits- und Organisationsanweisungen und einer ausreichenden Kommunikation mit den Finanzbehörden.

### 3.4 Fairer Wettbewerb

Die Wirtschaftsordnung in der EU geht von einem freien Wettbewerb aus, weshalb jede Organisation gezwungen ist, nationale und europaweite Kartellgesetze zu beachten. Die Wahrscheinlichkeit einer Entdeckung bzw. Aufdeckung von Kartellverstößen ist sehr hoch. Das liegt unter anderem an den großzügig ausgelegten Möglichkeiten der Behörden, an Informationen über mögliche Kartellverstöße zu kommen. Zu nennen sind beispielsweise Beschwerden von Kunden oder Wettbewerbern, (anonyme) Hinweise von (ehemaligen) Mitarbeitern, Wettbewerbern, Marktteilnehmern, ein anonymes Online-Hinweisgebersystem beim Kartellamt und sogenannte Sektor-Untersuchungen, bei denen Strukturen und Wettbewerbsbedingungen in bestimmten Wirtschaftszweigen analysiert werden.

Das Kartellrecht befasst sich mit der Freiheit des Wettbewerbs. Insbesondere das deutsche Gesetz gegen Wettbewerbsbeschränkungen (GWB) und der Vertrag über die Arbeitsweise der Europäischen Union (AEUV) versuchen, die Freiheit und Wirksamkeit von Märkten und die Funktionsfähigkeit des Wettbewerbs zu sichern. Aufgabe des Managements ist es, dafür zu sorgen, dass die kartellrechtlichen Vorschriften in der gesamten Organisation eingehalten werden. Dies wird gewährleistet durch unternehmenspolitische Vorgaben, regelmäßige Kontrollen und striktes Vorleben/Verhalten insbesondere des Top-Managements. Zu den wesentlichen Inhalten zählen (**unvollständige Liste!**):

- Zu den Kernbeschränkungen des Kartellverbots zählen Preisabsprachen, Markt-, Gebiets-, Kundenaufteilungen, Angebotsabsprachen und eine vertikale Preisbindung.
- Verboten sind vertikale oder horizontale Vereinbarungen, Beschlüsse und/oder Handlungsweisen, die einen normalen Wettbewerb unterbinden. Kein wettbewerbsschädliches Verhalten liegt vor, wenn der Marktanteil von zwei

Konkurrenten weniger als zehn Prozent beträgt oder wenn eine angemessene Verbraucherbeteiligung vorliegt.

- Freigestellt kraft Gesetzes (nicht auf Basis eines Antrages) sind Kooperationen, sofern der summierte Marktanteil eine wesentliche Schwelle nicht überschreitet. In der Konsequenz bedeutet das eine Selbstüberprüfungspflicht der einzelnen Unternehmen (kraft Gesetzes).
- Eine marktbeherrschende Stellung wird auf Basis des Marktanteils bewertet. Dieser wird berechnet anhand zeitlicher, räumlicher und/oder sachlicher Kriterien. Verboten ist ein missbräuchliches, diskriminierendes Verhalten eines Unternehmens mit marktbeherrschender Stellung. Eine marktbeherrschende Stellung liegt in der Regel dann vor, wenn ein einzelnes Unternehmen oder mehrere Unternehmen einen maßgeblichen Einfluss auf den Markt einnehmen kann/können oder Kunden eine hohe Abhängigkeit von einem oder mehreren Unternehmen haben. Bei einer marktbeherrschenden Stellung von zwei Unternehmen sind beiderseitige Absprachen zu preispolitischen Instrumenten/Maßnahmen sowie Territorien-Absprachen, Quotenregelungen usw. verboten.
- Einkaufs-, Logistik- und ähnliche Kooperationen sind erlaubt, wenn die daraus erzielten Effizienzgewinne auch dem Verbraucher weitergereicht werden.
- Als kartellrechtsrelevante Absprachen (Grauzone) werden gesehen: ein Informationsaustausch, insbesondere von sensiblen Geschäftsinformationen, Alleinvertriebsverträge und ein Marktmissbrauch (Verdrängungspreise, Preisdiskriminierung, Lieferverweigerung).
- Ebenfalls als Grauzone wird der Austausch von Zahlen, Daten und Fakten bewertet, außer sie sind öffentlich zugänglich.
- Kartellverstöße führen nicht nur zu Sanktionen für Unternehmen (z.B. Geldbußen bis zu zehn Prozent des jährlichen Gesamtumsatzes der Unternehmensgruppe), sondern auch zu Sanktionen für Mitarbeiter.
- Bei Verbandstreffen sollten kartellrechtlich kritische Themen nicht zur Sprache kommen. Wenn doch, empfiehlt sich ein bewusster Umgang damit (z.B. sofortiger Widerspruch, Widerspruch zu Protokoll geben, Verlassen der Tagung, Information des Vorgesetzten, Geschäftsführers oder Compliance-Beauftragen), da in der Regel Kartellvereinbarungen allen Mitgliedern angelastet werden, außer sie können das Gegenteil beweisen.

Eine erhöhte Aufmerksamkeit zur Vermeidung von Kartellverstößen ist also notwendig. Dies gelingt beispielsweise, wenn das Top-Management eindeutige Verhaltensregeln festlegt, an die sich alle Mitarbeiter der Organisation halten müssen. In der Praxis hat sich hierfür der Begriff „Code of Conduct" etabliert. Ebenso wichtig sind regelmäßige Schulungen, Audits und gesetzlich demnächst erforderlich auch die Implementierung eines sogenannten Hinweisgebersystems (auch als Whistleblowing-System bekannt), das Mitarbeiter belohnt, wenn sie Regelverstöße an die Geschäftsleitung melden.

## 4. Unterstützende Prozesse

### 4.1 Risikomanagement

Jegliches Handeln ist mit Risiko verbunden. Gewisse Risiken kann man getrost eingehen (sie sind vielleicht sogar eine Chance),[47] manche sind gefährlich und wieder andere kann man sich überhaupt nicht leisten. Daher ist der Einsatz eines Risikomanagementsystems unausweichlich. Ein RMS unterstützt nicht nur im Rahmen eines CMS, es kann auch in vielen anderen wertschöpfenden oder unterstützenden Prozessen hilfreich sein. Es dient der Identifizierung und Bewertung von Risiken, um proaktiv, angemessen und wirksam zu handeln zu können. Reaktivität ist häufig die schlechtere Alternative, da die Einflussmöglichkeiten und Gestaltungsspielräume vielleicht nur noch eingeschränkt vorhanden sind. Proaktivität bedeutet, sich von vornherein zu überlegen, wie man mit dem Risiko umgehen will bzw. kann. Es gibt vier Möglichkeiten:

1. Man geht das Risiko erst gar nicht ein (= **Vermeidung**). **Beispiel:** Man lehnt ein Geschäft ab, weil man die unregelmäßigen Zahlungsvorgänge seines Debitors nicht mehr akzeptiert.
2. Das Risiko wird akzeptiert (= **Akzeptanz**). **Beispiel:** Man geht das Geschäft trotzdem ein und akzeptiert, dass die Zahlung mit deutlichem Verzug eingeht.
3. Man begrenzt das Risiko oder den Schaden (= **Begrenzung**). **Beispiel:** Einbau einer Feuerschutztüre, um die Brandausweitung zu begrenzen.
4. Wenn es möglich und wirtschaftlich sinnvoll ist, verlagert man das Risiko auf Dritte (= **Überwälzung**). **Beispiel:** Man schließt eine entsprechende Versicherung ab und akzeptiert deren Bedingungen zur Begrenzung eines möglichen Schadens.
5. Das Risikomanagement unterstützt die Compliance, indem es neben den gesetzlich erforderlichen Risikokontrollen (z.B. im Rahmen von Trade oder Tax Compliance) zusätzlich auch weitere Risiken in Betracht zieht, die direkt oder indirekt auf die regel- und gesetzeskonforme Handlungsweise eines Unternehmens Einfluss haben.

### 4.2 Vertragsmanagement

Nur wer seine vertraglichen Verpflichtungen kennt, ist auch in der Lage, angemessen zu handeln. Daher sollten Aktivitäten, die mit der Entwicklung, Verwaltung und Abwicklung der Verträge zusammenhängen, sinnvoll in einem Vertragsmanagement zusammengefasst werden. Ziel ist die Koordination zumindest folgender Vertragsprozesse:

1. die Gestaltung allgemeiner Verträge, z.B.: Allgemeine Geschäftsbedingungen (AGB), Standardverträge, Vertragsbedingungen, Rahmenverträge, Einzelverträ-

---

47   Im Chinesischen ist das Zeichen für Risiko (Wej-ji) ein Zeichen, das sich aus Chance und Gefahr zusammensetzt. Positive und negative Aspekte werden damit verbunden.

ge, Geheimhaltungsverträge, Kooperationsverträge, Instandhaltungs- und Wartungsverträge, Handelsvertreterverträge, Abo-Verträge, Dienstleistungsverträge, Versicherungsverträge, Miet- und Leasingverträge, Lohnfertigungsverträge, Lizenzverträge usw.

2.  die Gestaltung hochsensibler Verträge, z.B. Gesellschaftsverträge, Arbeitsverträge, Intercompany-Verträge

3.  die revisionssichere und transparente Vertragsablage, -historie und -archivierung bei gleichzeitiger Sicherstellung der jederzeitigen benutzergerechten Einsichtnahme. Sichtbar müssen beispielsweise sein: Firma (Kreditor, Debitor), Vertragsart, Status, Vertragsbeginn, Vertragsende, Kündigungsfrist, Wiedervorlage, genehmigt von, eingepflegt von, Bemerkungen

4.  das Vertragscontrolling: Vertragsprüfung und -genehmigung, Vertragsrevision, -änderung, -fristen, -laufzeiten

### 4.3 Datenschutz und -sicherheit

International sind Datenschutz- und -sicherheitsbestimmungen unterschiedlich geregelt. Sie werden auch unterschiedlich interpretiert und ausgelegt. Im Folgenden konzentrieren wir uns daher auf europäisch geprägte Denk- und Vorgehensweisen.

Auszug aus der europäischen Datenschutz-Grundverordnung (EU-DSGVO): Jede Person hat das Recht auf Schutz der sie betreffenden personenbezogenen Daten. Dabei sollte die Verarbeitung personenbezogener Daten im Dienste der Menschheit stehen. Gleichzeitig ist der freie Verkehr von personenbezogenen Daten in der EU weder eingeschränkt noch verboten.[48] In diesem Sinne ist Datenschutz der organisatorische und technische Schutz personenbezogener Daten vor Missbrauch, unberechtigter Einsicht, Verwendung, Änderung oder Verfälschung. Dazu muss jede betroffene Organisation sicherstellen, dass alle Datenverarbeitungsvorgänge (off- wie online) ordnungsgemäß durchgeführt werden (können).

Datensicherheit definiert sich als Gesamtheit aller organisatorischen und technischen Maßnahmen, die Verlust, Verfälschung/Manipulation, unberechtigte Kenntnisnahme oder Aneignung von Daten verhindern sollen.

Die für Datenschutz und Datensicherheit erforderlichen technischen und organisatorischen Maßnahmen sind spezifisch auf die jeweilige Organisation abzustellen. Welche Anforderungen aus der EU-DSGVO erfüllt und in welchem Umfang die einzelnen Anforderungen konkret berücksichtigt werden müssen, variiert. Schon

---

48    Vgl. Europäisches Parlament/Rat, Verordnung (EU) 2016/679 vom 27. April 2016 zum Schutz natürlicher Personen bei der Verarbeitung personenbezogener Daten, zum freien Datenverkehr und zur Aufhebung der Richtlinie 95/46/EG (Datenschutz-Grundverordnung), S. 1 ff.

bei kleinen und mittleren Organisationen[49] gibt es erhebliche Unterschiede. Dies potenziert sich bei mittleren und großen Organisationen und insbesondere bei Konzernen. Hier ist externe Unterstützung sinnvoll und anzuraten. Unabhängig von der Organisationsgröße sollten Führungskräfte Folgendes im Blickfeld haben:[50]

- die Benennung eines Datenschutzbeauftragten (DSB) intern oder extern: Er unterstützt das Top-Management durch Unterrichtung und Beratung, durch Überwachung der Einhaltung der Datenschutzvorschriften und der Zusammenarbeit mit Aufsichtsbehörden, um nur einige Tätigkeiten aufzuzählen
- ein Verzeichnis von Verarbeitungstätigkeiten, die (auch) personenbezogene Daten betreffen
- die Information und Verpflichtung von Beschäftigten, die mit personenbezogenen Daten umgehen, die EU-DSGVO einzuhalten
- die Weitergabe von Informationen über die Datenverarbeitung an die betroffenen Personen
- die Löschung der personenbezogenen Daten, wenn die gesetzliche Verpflichtung zur Aufbewahrung endet
- die Anpassung der EDV mit aktuellen Betriebssystemen, aktuellen EDV-Programmen, Passwortschutz, regelmäßigen Datensicherungen, Virenscannern und bewusster Gestaltung von Benutzerrechten im EDV-System
- Auftragsdatenverarbeitungs-Verträge mit externen Dienstleistern
- gesetzliche Meldepflichten bei Datenschutzverletzungen (z.B. Diebstahl, Hacking, Fehlversendung, Verlust von Geräten mit unverschlüsselten Kunden- oder Beschäftigtendaten)
- gegebenenfalls Datenschutz-Folgeabschätzungen, wenn ein hohes Risiko bei der Verarbeitung personenbezogener Daten besteht
- Hinweisschilder bei Videoüberwachung

## 4.4 Dokumentation und Akten

Für eine wirksame Compliance ist es unter Umständen notwendig, dass Manager wesentliche Geschäftsvorfälle, die mit Compliance-Prozessen in Zusammenhang stehen, nachvollziehbar für Dritte dokumentieren bzw. dokumentieren lassen. Dabei geht es weniger um eine mögliche Schadenersatzforderung. **Beispiel:** Gesellschafter oder Anteilseigner könnten bei gravierenden Versäumnissen Schadenersatz verlangen. Es geht vor allem darum, auch Monate oder Jahre später zu verstehen, wie sich manche Dinge entwickelt haben. Da die Verweildauer heutiger Manager auf bestehenden Stellen nicht allzu lang ist (sie entwickeln sich weiter, die Organisationen entwickeln sich weiter), ist es gerade für Nachfolger wichtig, sich schnellstmöglich ein Bild über die Ausgangslage zu verschaffen. Und auch

---

49  Z.B. Vereine, Kfz-Werkstätten, Handwerksbetriebe, Steuerberater, Produktionsbetriebe, Arztpraxen, Genossenschaftsbanken, Online-Shops, Bäckereien, Beherbergungsbetriebe, Einzelhändler.
50  Die nachfolgenden Ausführungen sind stark angelehnt an die Empfehlungen des Bayerischen Landesamtes für Datenschutzsicherheit (www.lda.bayern.de; letzter Abruf 18.07.2019).

wer seiner Stelle treu bleibt, ist gegebenenfalls froh, wenn er später nachvollziehen kann, wie eine Situation war bzw. was sich im Hintergrund abgespielt hat.

Aus praktischer Sicht empfiehlt es sich, Aktennotizen bei Compliance-relevanten Geschäftsvorgängen zu schreiben, an den dafür notwendigen Verteilerkreis zu schicken und revisionssicher der Ablage (vgl. X. 2.1) zuzuführen. In ganz besonderen Fällen kann es auch angebracht sein, die Aktennotizen auf jeder Seite zu signieren, am Schluss zu unterschreiben und auch den Erhalt vom Verteilerkreis gegenzeichnen zu lassen. Das ist nicht die Regel, kann aber bei hochkritischen Fällen essenziell sein.

## 5.  Compliance und wirksames Management

Compliance ist auch deshalb Pflichtbestandteil im Management, weil Führungskräfte Vorbilder sind oder zumindest Vorbildcharakter haben. Die positive Nachricht: Manager können dadurch die Wahrscheinlichkeit erhöhen, dass im Alltag rechts- und regelkonform gehandelt wird. Die wichtigste Regel dafür lautet: Wenn man Wasser predigt, sollte man auch Wasser trinken. In der Compliance-Fachsprache spricht man hier vom „Tone from the Top". Compliance bedeutet im Übrigen nicht zwingend Verzicht. Man könnte, um im Bildvergleich zu bleiben, auch schreiben: „Wein predigen" und „Wein trinken" – sofern es rechts- und regelkonform verläuft. Die meisten Menschen haben ein (sehr) feines Gespür, ab wann es nicht mehr passt. Definitiv passt es nicht mehr, wenn die Organisation oder Menschen innerhalb oder außerhalb der Organisation vorsätzlich, grob fahrlässig und manchmal sogar schon bei einfacher Fahrlässigkeit zu Schaden kommen. Analog zum Hippokratischen Eid für Ärzte gilt für Manager die Pflicht, **niemandem zu schaden und willkürliches Unrecht zu vermeiden. Dies sollte eine der Hauptmaximen von Führungskräften sein und sich stetig stärker manifestieren. (Wer es auf den Punkt gebracht haben will: Gutes tun und Schlechtes unterlassen.)**

Neben dem „Tone **from** the Top" (Wasser predigen, Wasser trinken) kommt noch eine zweite Perspektive hinzu: „Tone **at** the Top". Es ist sehr zu begrüßen, a) wenn hart im Top-Management gerungen wird, b) wenn Dissens gelebt wird, der konstruktiv bleibt und zu einem Konsens führt und c) wenn auch der Manager vielleicht nicht alle seine Führungskollegen gut leiden kann (das ist menschlich normal; man muss nicht mit jedem auch seine Freizeit verbringen wollen). Trotzdem empfehle ich, es sich zur Pflicht zu machen, gewisse Grundregeln „at the Top" einzuhalten. Sie sind Grundregeln für ein effektives Team-Miteinander und spiegeln sich früher oder später in die Organisation hinein (gemäß dem Motto „Der Fisch stinkt vom Kopf her"). Mindestregeln sind:

- Eine Führungskraft mischt sich nicht in den Verantwortungsbereich einer anderen ein; wenn es passt, kann sie das Thema ansprechen oder das direkte Ge-

spräch mit dem Verantwortlichen suchen. Die Verantwortung bleibt aber bei der anderen Führungskraft.
- Kommentare und insbesondere Bewertungen über den Führungsstil, die Arbeit des Führungskollegen, sind, wenn möglich, zu vermeiden.
- Diskussionen im Top-Management dringen nicht nach außen. Es gilt die Maxime des nach außen gelebten Konsenses. Intern kann heiß, hitzig und kontrovers diskutiert werden.
- Compliance-Anforderungen werden nach außen immer konsequent und eindeutig vertreten. Gerade gegenüber Mitarbeitern müssen Führungskräfte die Compliance-Linie vertreten – so unsinnig sie manchmal erscheinen mag. Schnell entsteht sonst das Bild bei Mitarbeitern: „Sogar der Chef sieht das als schwachsinnig an. Wieso sollte ich mich also daran halten?"

Eine wesentliche Voraussetzung für die partnerschaftliche Zusammenarbeit im Top-Management ist, dass die Aufgaben von Aufsichts- und Exekutivorgan schriftlich fixiert sind.[51] Dann ist möglichst klar und eindeutig definiert, wer wofür (nicht) verantwortlich ist. Das verringert – in deutlichem Maße – ein ansonsten bestehendes Konfliktpotenzial (**Beispiel 1:** Einmischung des Aufsichtsorgans in das operative Tagesgeschäft. **Beispiel 2:** Wahrnehmung von Aufsichtstätigkeiten durch das Exekutivorgan).

## 6. Warum es zu Compliance-Verstößen kommt

Die Realität zeigt, dass Compliance-Verstöße immer wieder vorkommen. Gleich vorweg: In der Mehrheit sind es Einzelpersonen, die sich nicht an Gesetze und Regeln halten. In den selteneren Fällen sind es kriminelle Vereinigungen. Es sind Menschen, die nicht redlich handeln, die Unrecht zulassen oder die Schäden fahrlässig bzw. vorsätzlich anderen oder der Organisation zufügen. Einer der ersten Forscher, der sich intensiv mit den Hintergründen solch doloser Handlungen auseinandersetzte, war Donald R. Cressey, ein amerikanischer Soziologe und Kriminologe. Er entwickelte das sogenannte Betrugs-Dreieck, in der Compliance-Welt auch als Fraud Triangle bekannt. Es beschreibt, dass die Wahrscheinlichkeit doloser Handlungen dann steigt, wenn drei Faktoren gegeben sind. Im Folgenden mit eigenen Worten beschrieben:

1. Es gibt eine **Gelegenheit**.
2. Jemand ist ausreichend motiviert, diese Gelegenheit zu ergreifen (**Motivation**).
3. Der Täter kann (zur Beruhigung seines eigenen Gewissens) seine Tat vor sich selbst und/oder vor anderen rational begründen oder zumindest neutral darstellen (**Rechtfertigung**).

---

51    Vgl. hierzu Anhang 5.

Das Fraud Triangle wurde zum Fraud Diamond weiterentwickelt[52] und enthält dann einen vierten Faktor, der Compliance-Verstöße ermöglicht: die **Fähigkeit zur Tat**. Jemand besitzt bestimmte Kenntnisse oder Manipulationsmöglichkeiten, die andere nicht haben. Meines Erachtens gibt es noch einen weiteren Faktor: Es kann zu einem Compliance-Verstoß auch kommen, weil eine **Unkenntnis** vorliegt und die betroffene Person unzureichend über den (aktuellen) rechtlichen Stand der Dinge informiert ist, sie also unwissend und unabsichtlich den Compliance-Verstoß begeht. Deshalb ist es so wichtig, dass Manager sich immer wieder mit dem Thema Compliance auseinandersetzen.

## 7. Handlungsempfehlungen
### 7.1 Konsequenzen
Die Einrichtung eines CMS ist der erste wesentliche Schritt, damit eine Organisation und ihre Akteure korrekt handeln können. Wenn dennoch Compliance-Verstöße auftreten, dann müssen Konsequenzen gezogen werden. Verantwortlich dafür ist das Management. Welche Art von Konsequenz es ziehen muss oder kann, ist kontext- und fallbezogen zu entscheiden (vgl. auch XIV. 5.).

Compliance ist wichtig. Ein Compliance-Management-System ist Pflicht. Es entbindet aber Führungskräfte nicht davon, Mut zu haben, aktiv unternehmerisch zu handeln und ihre Urteilskraft jederzeit und fortwährend weiterzuentwickeln.

Compliance ist und darf nie der Grund sein, weshalb Führungskräfte sich etwas nicht trauen. Fadenscheinige (angebliche) Compliance-Gründe taugen nicht als Argumente für Zaghaftigkeit und Stagnation. Das würde eher von mangelhafter **Führungskraft** zeugen!

### 7.2 Integriertes Managementsystem[53]

> *„Nichts ist endgültig geregelt, was nicht gerecht geregelt ist."*
> *(Abraham Lincoln)*

Ein Integriertes Managementsystem führt die Compliance-Prozesse mit den unterstützenden Prozessen und vielen weiteren zusammen. Man kann ein IMS darüber hinaus so verstehen, dass es die Vorgaben einer Organisation dokumentiert, zum Beispiel die Ausrichtung des Unternehmens, die Regelung der Verantwortung, Ziele, Verfahrens- und Arbeitsanweisungen, die Aufgabenverteilung usw.

---

52   Vgl. Wolfe, David T./Hermanson, Dana R., The Fraud Diamond – Considering the Four Elements of Fraud, in: The CPA Journal. Vol. 74, Nr. 12, Dezember 2004, S. 38–42.
53   Klassischerweise kennt man ein Integriertes Managementsystem nur im Zusammenhang mit den Themen Qualitäts-, Umwelt- und Energiemanagement sowie Arbeitssicherheit. Die hier vorgestellten Überlegungen gehen deutlich darüber hinaus.

Das IMS hält Führungskräfte dazu an, wichtige und zentrale Dokumente an einem Ort zu pflegen und miteinander zu teilen. Daneben ist die Dokumentation auch ein erster Schritt, um Themen wie Compliance in der Organisation zu implementieren – wenn sie mit entsprechenden EDV-gestützten Arbeitsabläufen hinterlegt wird.

Empfehlenswert ist es, eine Person oder eine Organisationseinheit (z.B. den Funktionsbereich Qualitätsmanagement) mit der regelmäßigen Pflege und Weiterentwicklung der möglichst EDV-gestützten Arbeitsplattform zu beauftragen. Die Verantwortlichen sollten sich in regelmäßigen, vorher festgelegten Abständen darum kümmern, dass die notwendigen Dokumentationen und Richtlinien immer wieder zur Kenntnis genommen werden und sich auf einem aktuellen Stand befinden. Daneben kann man den Jahreszyklus dazu benutzen, um die Entwicklungs- und Umsetzungswerkzeuge immer wieder zu schulen und selbst weiterzuentwickeln.

Tabelle 7 und Tabelle 8 geben eine Anregung, welche Management- und welche Funktionsbereichs-Richtlinien ein IMS mindestens enthalten sollte. Neben diesen Richtlinien lassen sich selbstverständlich weitere Dokumentationen, Arbeitsanweisungen, Qualitätsanforderungen, Produktinformationen, Sicherheitsdatenblätter etc. hinterlegen.

| | Managementbereich | Richtlinien |
|---|---|---|
| 1 | General Management | • Geschäftsmodell<br>• Gültiger Unternehmensmodus<br>• Bearbeitung von Kundenanfragen<br>• Umgang mit Wettbewerbern/Wettbewerbsinformationen |
| 2 | Finanzielle Führung | • Liquiditätsmanagement<br>• Forderungsmanagement<br>• Arbeits- und Organisationsanweisung Steuern<br>• Arbeits- und Organisationsanweisung Investitionen<br>• Unterschriftenrichtlinie |
| 3 | Kommunikation | • Sitzungsmanagement<br>• E-Mail-Richtlinie |
| 4 | Entwicklung | • Unternehmenspolitische Leitplanken und grundsätzliches Geschäftsmodell<br>• Strategieentwicklung und -kommunikation<br>• Personalentwicklung<br>• Unterschriftenregelung |

**Tabelle 7:** Beispielhafte Management-Richtlinien in einer Organisation

| | Funktionsbereich | Richtlinien |
|---|---|---|
| 1 | Marketing/Unternehmenskommunikation/ Verkauf | • Marken<br>• Patente<br>• Angebots- und Preispolitik<br>• Umgang mit Social Media<br>• Umgang mit Kundenanfragen |
| 2 | EDV | • ITK-Richtlinie<br>• Social-Media-Richtlinie<br>• Informationssicherheit bei Auslandsreisen |
| 3 | Logistik | • Incoterms-Richtlinien |
| 4 | Produktion | • Energiemanagement (Energieplanung, energetische Bewertung, Energieprogramme)<br>• Produktsicherheit (z.B. Lebensmittelsicherheit), inkl. Aussagen zu Rückverfolgbarkeit, Gefahrenanalysen<br>• Arbeitssicherheit<br>• Umweltmanagement |
| 5 | Compliance/Personal | • Personalpolitik<br>• Personal- und Führungskräfteentwicklung<br>• Umgang mit Konflikten<br>• Reiserichtlinie und Spesenabrechnung<br>• Annahme von Geschenken und Zuwendungen<br>• Probezeitregelung<br>• Zeiterfassung<br>• Unterschriftenregelung |

**Tabelle 8:** Beispielhafte Funktionsbereichs-Richtlinien in einer Organisation

# V. Finanzielle Führung

*„Wer alles bloß des Geldes wegen tut, wird bald des Geldes wegen alles tun."*
*(aus Italien)*

Finanzielle Führung stellt sicher, dass die Organisation jederzeit zahlungsfähig (= liquide) bleibt, dass die Organisation die passenden finanziellen Gewinne erzielt, um in die weitere Lebensfähigkeit investieren zu können, und dass Finanzierungen durch Kapitalgeber die notwendige Rentabilität erreichen, um weitere Finanzierungen zu rechtfertigen.

In Bezug auf den Kundennutzen, die Wettbewerbsfähigkeit und die Produktivität entsteht hier ein Henne-Ei-Problem. Ohne Vor-Finanzierung (vgl. V. 1.3) kein organisationales Handeln. Aber auch: ohne vernünftiges, effektives Handeln keine (Vor-)Finanzierung und Sicherstellung bzw. Erreichung von Liquidität, Profitabilität und Rentabilität. Tabelle 9 fasst die wichtigsten Punkte zusammen, auf die es in der finanziellen Führung ankommt.

Die finanzielle Führung braucht Kontrolle, Controlling (und Konsequenzen). Häufig wird finanzielle Führung sogar mit Kontrolle und Controlling verwechselt. Ich lade Sie ein, die beiden Themen bewusst zu trennen (auch wenn sie eine große Schnittmenge haben). Anregungen, Impulse und weitere Ausführungen zu Kontrolle, Controlling (und Konsequenzen) finden Sie in Kapitel XIV.

| | Finanzielle Führung | Standard |
|---|---|---|
| 1 | Liquidität | • Kontinuierlich Stammdaten pflegen<br>• Kontinuierlich Transaktionsdaten pflegen<br>• Bewusstsein für Vor-Finanzierung entwickeln<br>• Finanzierung sicherstellen<br>• Zahlungseingang ermöglichen<br>• Forderungsmanagement betreiben<br>• Liquiditätsplanung durchführen<br>• Ggf. Währungsmanagement durchführen |
| 2 | Profitabilität | • Kosten- und Leistungsrechnung durchführen<br>• Kapazitätsauslastung sicherstellen<br>• Kostenmanagement betreiben |
| 3 | Rentabilität | • Investitionen tätigen<br>• Folgekosten abschätzen<br>• Investitionsrechnung durchführen<br>• Investitionscontrolling betreiben |

**Tabelle 9:** Standards der finanziellen Führung im Überblick

# 1. Liquidität

Liquidität meint die Fähigkeit einer Organisation, ihre fälligen Zahlungen jederzeit fristgerecht begleichen zu können. Im Rahmen des Liquiditätsmanagements fallen weitere Begriffe, die ich in der folgenden Tabelle erläutere:

| | Fachbegriff | Definition | Beispiel/Erklärung |
|---|---|---|---|
| 1 | Liquidität | Jederzeitige und uneingeschränkte Zahlungsfähigkeit. | Alle bestehenden und in Zukunft anfallenden Rechnungen werden in voller Höhe fristgerecht bezahlt. |
| 2 | Auszahlung | Abgang liquider Mittel pro Periode. | Bezahlung einer Rechnung vom Bankkonto. |
| 3 | Einzahlung | Zugang liquider Mittel pro Periode. | Kunde bezahlt Rechnung in bar. |
| 4 | Ausgaben | Geldwert der Einkäufe von Sachgütern und Dienstleistungen. | Kauf eines Rohstoffes auf Ziel, d.h. spätere Bezahlung. |
| 5 | Einnahme | Geldwert der Verkäufe von Sachgütern und Dienstleistungen. | Verkauf eines Produktes und Zahlung des Kunden zu einem späteren Zeitpunkt. |
| 6 | Cashflow | Saldierung von Einzahlungen und Auszahlungen innerhalb einer Periode zur Beurteilung der Innenfinanzierungskraft. | Zahlungsmittel, die am Schluss einer Periode zur Verfügung stehen für Investitionen, Schuldentilgung oder Gewinnausschüttung. |
| 7 | Forderung | Zahlungs- oder Leistungsanspruch gegen einen Forderungsschuldner. | Mit jeder Einnahme, die keine Einzahlung ist, entsteht eine Forderung. Bei der Hausbank hat man ein Geldguthaben. Es ist lediglich eine Forderung gegen die Bank. |
| 8 | Währung | Die von Staaten anerkannten Geldarten bzw. die gesetzlichen Zahlungsmittel eines Landes. | Euro, US-Dollar, Schweizer Franken, Britisches Pfund usw. |
| 10 | Finanzierung | Kapitalbeschaffung für die Organisation. Sie ist eine Zahlungsreihe, die mit einer Einzahlung beginnt. | Kapitalgeber zahlt in einer Organisation Geld ein und finanziert sie damit. |
| 11 | Betriebsstätte | Betriebsstätte ist jede feste Geschäftseinrichtung, in der die Geschäftstätigkeit eines Unternehmens ganz oder teilweise ausgeübt wird.[54] | Zweigniederlassung, Geschäftsstelle, Fabrikationsstätte, Werkstätte. Keine Betriebsstätte liegt vor, wenn das Unternehmen dort nur vorbereitende oder Hilfstätigkeiten ausführt, beispielsweise Lagerung, Ausstellung usw. |

**Tabelle 10:** Grundbegriffe der Liquidität[55], [56]

---

54  In Anlehnung an Art. 5 Abs. 1 OECD-MA. Achtung: Auch ständige Vertreter oder entsandte Mitarbeiter können zur Begründung einer Betriebsstätte führen.
55  In enger Anlehnung an: Däumler, Klaus-Dieter/Grabe, Jürgen, Kostenrechnung 1 – Grundlagen, Herne 2013, S. 7–24.
56  Detaillierte Ausführungen zu den Begriffen Ein- und Auszahlung, Einnahmen und Ausgaben sowie Erträgen und Aufwendungen (Themenbereich Profitabilität) finden sich im Anhang (vgl. Anhang 6.).

## 1.1 Stammdaten pflegen

Stammdaten sind Grunddaten, die Informationen über betrieblich relevante Objekte enthalten. In der Regel sind das: Debitoren, Kreditoren, Artikel/Produkte, Kontakte (die nicht Debitoren oder Kreditoren sind), Konten, Anlagegüter und Mitarbeiter. Stammdaten werden hauptsächlich in ERP-Systemen, CRM-Systemen und HR-Systemen gepflegt. Daneben existieren Transaktionsdaten, die alle aktuellen Aktionen der Objekte erfassen.

> **Beispiel Stammdaten:** Lieferadresse eines Kunden. **Beispiel Transaktionsdaten:** konkrete Bestelldaten für ein Produkt X beim Lieferanten Y.

Die Korrektheit und Vollständigkeit der Stammdaten ist für eine effektive und effiziente Prozessgestaltung in der ganzen Wertschöpfungskette zentral. Korrekte und vollständige Stammdaten ermöglichen beispielsweise eine saubere Planung und gewährleisten reibungslose Abläufe. So können solche Daten sicherstellen, dass sich das richtige Produkt zum richtigen Zeitpunkt am richtigen Ort befindet. Oder eine unkomplizierte Zollabwicklung ermöglichen. Oder passende Informationen für die Liquiditätsplanung bereitstellen. Die kontinuierliche Pflege der Stammdaten ist also ein Muss. Ein paar Beispiele verdeutlichen das mit direktem/indirektem Bezug zur Liquiditätssicherung einer Organisation:

1. Eine Rechnung hat bis auf ganz wenige Ausnahmen umsatzdeklaratorische Wirkung. Das heißt, eine Rechnung ist ein offizielles Umsatzsteuerdokument mit der Wirkung einer Umsatzsteuerpflicht oder -befreiung. Die Rechnungsstellung erfordert deshalb erhöhte kaufmännische Sorgfalt.[57] Korrekte und vollständige Stammdaten ermöglichen rechtlich einwandfreie Geschäftsvorgänge im Hinblick auf die Umsatzsteuer.
2. Ähnliches gilt bei Zoll und Außenhandel. Rechnungen haben in der Regel zolldeklaratorischen Charakter. Das heißt, eine Rechnung ist ein offizielles Zolldokument mit der Wirkung einer Zollpflicht oder -befreiung. Auch hier gilt eine besondere kaufmännische Sorgfaltspflicht.[58] Korrekte und vollständige Stammdaten gewährleisten rechtlich einwandfreie Geschäftsvorgänge im Hinblick auf Zoll und Außenhandel.

---

57 Ganz penibel ist in der finanziellen Führung auf die kaufmännische Sorgfalt bei Reihengeschäften (umgangssprachlich auch Streckengeschäfte genannt) und Dreiecksgeschäften zu achten.
58 Aus zollrechtlichen Gründen sollte man bereits Angebote mit besonderer kaufmännischer Sorgfalt erstellen, da auch sie bindende Kraft mit zolldeklaratorischem Charakter entwickeln können. Empfehlung: Jedes Vertragswerk ab dem Angebot immer mit dem Zusatz versehen: „vorbehaltlich eventueller Genehmigungspflichten und nach Vertragsschluss geänderter gesetzlicher Verbote, wie Embargos, Sanktionen und Ausfuhrverboten". Mit diesem Zusatz ist man zolldeklaratorisch auf der sicheren Seite.

3. Insbesondere im X2B-Geschäft, also bei Geschäften mit Geschäftskunden, ist bei der Anlage der Stammdaten eine Sanktionslisten-Prüfung[59] und spätestens bei der Rechnungserstellung eine Überprüfung der Umsatzsteuer-Identifikationsnummer[60] verpflichtend. Korrekte und vollständige Stammdaten schaffen die Sicherheit, dass mit dem potenziellen Debitor eine Geschäftsbeziehung aufgenommen werden darf.

4. Daneben empfiehlt sich bei den Debitoren-Stammdaten die Durchführung einer Kreditwürdigkeitsprüfung (ab einem Forderungsvolumen > x Euro).[61] Ist der potenzielle Debitor grundsätzlich in der Lage, etwaige Forderungen in voller Höhe zu begleichen? Die Kreditwürdigkeitsprüfung liefert jedoch lediglich eine Absicherungsinformation; der Debitor kann trotzdem während der Geschäftsbeziehung insolvent gehen. In der Regel wird die Kreditwürdigkeitsprüfung durch erfahrene und etablierte Dienstleister durchgeführt, deren Einschätzungen inzwischen als sehr valide zu bewerten sind. Hauptgrund für Kreditwürdigkeitsprüfungen: Geht eine Organisation insolvent, erhalten Gläubiger oftmals nur einen Bruchteil ihrer Forderungen zurück: 2,5 bis 5 Prozent der Forderungen bei Geschäftskunden (und 1,5 Prozent bei Privatkunden), so der Erfahrungswert. Korrekte und vollständige Stammdaten geben eine erste vorläufige Sicherheit über die Zahlungsfähigkeit des potenziellen Debitors.

## 1.2 Transaktionsdaten pflegen

Eine weitere Grundvoraussetzung für Liquidität ist die kontinuierliche Pflege der Transaktionsdaten (häufig spricht man auch von Bewegungsdaten). Mit ihnen werden aktuelle Geschäftsvorfälle von Objekten wie Debitoren, Kreditoren, Artikeln/Produkten, Kontakten oder Mitarbeitern erfasst. Klassisch werden diese Transaktionsdaten in ERP-, CRM- oder HR-Systemen gepflegt.

Die wesentlichen Transaktionsdaten stammen aus der Finanz-, Kreditoren-, Debitoren-, Material-, Anlagen- und Lohnbuchhaltung. Zusätzlich berücksichtigt werden sollten Buchungen aus der Materialwirtschaft (z.B. die Entnahme von Rohstoffen). Wo immer möglich sollte man die Transaktionsdaten automatisiert oder

---

59  Eine Sanktionslistenprüfung dient der Bekämpfung des internationalen Terrorismus. Den in den Sanktionslisten genannten Personen, Organisationen oder Einrichtungen dürfen weder direkt noch indirekt Gelder oder wirtschaftliche Ressourcen zur Verfügung gestellt werden. Grundsätzlich muss daher jeder Geschäftskontakt (streng genommen unmittelbar nach der Kontaktaufnahme) geprüft werden, ob er in den Listen auftaucht. Wenn nein, ist ein Geschäftskontakt erlaubt. In der X2C-Praxis, also allen Geschäften mit Privatkunden, ist eine solche Prüfung oftmals unmöglich, vor allem wenn es um bare Geschäfte des Einzelhandels geht. Sobald aber größere Einzahlungen oder Einnahmen getätigt werden, ist die Sanktionslistenprüfung verpflichtend – die Prüfung auf Geldwäsche muss dann gegebenenfalls nach gesetzlichen Vorschriften ebenfalls durchgeführt werden.

60  Die Prüfung der Umsatzsteuer-Identifikationsnummer dient dem Nachweis der Unternehmereigenschaft des Leistungsempfängers. Ist der Nachweis erbracht, kann eine Lieferung – bei Vorliegen der weiteren Voraussetzungen – steuerfrei behandelt werden. Bei sonstigen Leistungen ist durch Nachweis der Unternehmereigenschaft des Leistungsempfängers eine Verlagerung der Steuerschuldnerschaft auf den Leistungsempfänger möglich.

61  x steht für den Betrag, den das Top-Management, abhängig von den Rahmenbedingungen der Organisation, vorgibt.

EDV-gestützt erfassen. Dabei gilt die Regel: **keine Buchung ohne Beleg und ausreichendes Verständnis des Geschäftsvorfalls.**

> **Beispiel 1:** elektronische Eingangserfassung der Rechnungen mittels Dokumentenscanner und anschließende Erkennung und Zuordnung zu den jeweiligen Buchungskonten. **Beispiel 2:** Erfassung der Maschinendaten und Übermittlung an ein MES-System.[62] **Beispiel 3:** Erfassung der Ausgangslogistik mit RFID-Technologie und anschließende Erkennung und Zuordnung zu den jeweiligen Buchungskonten.

Die Transaktionsdaten gewinnen an Bedeutung, wenn ein diskontinuierlicher Wertschöpfungsprozess vorliegt. Das ist der Fall, wenn ein Produktionsprozess zur Herstellung einer abgegrenzten Stoffmenge führt. Oftmals spricht man auch von einem Batch-Prozess. Dabei ist die Chargenverwaltung (Status und Nachverfolgung) oft zwingend erforderlich, aus internen, oft auch aus rechtlichen Gründen.

Zur Pflege der Transaktionsdaten gehört auch eine regelmäßige Überprüfung, ob die zugrunde liegenden Strukturerfassungssysteme (z.B. Kostenartentypen, Kontenpläne, Kostenstellen usw.) noch aktuell sind oder angepasst werden müssen.

### 1.3  Die Vor-Finanzierung

Die Notwendigkeit zur Vor-Finanzierung jeglichen organisationalen Handelns gehört zu den wichtigsten betriebswirtschaftlichen Grundgesetzen, auch wenn das in dieser Deutlichkeit nur sehr wenige Fachbücher herausarbeiten. Vor-Finanzierung ist die Finanzierung mindestens des Zeitraums zwischen fakturiertem Verkauf und Zahlungseingang und maximal der Zeitraum zwischen Aufnahme der Tätigkeit der Organisation und der Erreichung der Gewinnschwelle. Auf die Liquidität hat diese Vor-Finanzierung eine erhebliche Auswirkung, unabhängig davon, ob man sie durch eigenes Geld oder durch Kredit finanziert.[63] Bei Fremdfinanzierung werden Zinsen an den Kapitalgeber gezahlt; das schmälert die Liquidität der Organisation. Bei Eigenfinanzierung wird die Vor-Finanzierung in (mögliche) Forderungen gebunden. Das Geld kann dann nicht anders verwendet werden,[64] zum Beispiel zur Tilgung von Schulden, für andere Investitionen usw. Die betriebswirtschaftliche Konsequenz ist,  dass das Management die Finanzierung sicherstellen  (vgl. V. 1.4) und für raschen Zahlungseingang sorgen muss (vgl. V. 1.5). Dazu gehören auch das Forderungsmanagement (vgl. V. 1.6) und die Liquiditätsplanung, damit keine zahlungsrelevanten Geschäftsfälle vergessen werden, vor allem atypische oder seltene Zahlungen (vgl. V. 1.7).

---

62   Ein MES-System ist ein Fertigungsmanagementsystem, das in der Regel direkt an ein ERP-System angebunden ist. Es dient der Prozessautomatisierung sowie der Steuerung und Kontrolle der Produktion in Echtzeit.

63   Je nach Steuergesetzgebung kann es betriebswirtschaftlich sinnvoll sein, die Vor-Finanzierung mit einem Kredit zu finanzieren. Denn Zinszahlungen werden – sofern sie zur Erzielung von Einkünften dienen – als Betriebsausgaben anerkannt und mindern den Steuergewinn. Vgl. beispielsweise § 4h EStG (Deutschland).

64   Betriebswirtschaftlich spricht man von Opportunitätskosten. Das sind entgangene Erlöse. Sie entstehen, indem andere Opportunitäten (= Möglichkeiten) nicht wahrgenommen werden.

## 1.4 Die Finanzierung

In den wenigsten Fällen wird eine Organisation ohne Geld auskommen können.[65] In den meisten Organisationen wird dagegen relativ schnell und relativ viel Geld benötigt.

> **Beispiele:** (1) Mitarbeiter müssen bezahlt werden. (2) Zur Herstellung von Produkten sind Maschinen und Werkzeuge notwendig. (3) Absatzmärkte müssen aufgebaut und entwickelt werden. (4) Steuern und Gebühren fallen an.

Die Finanzierung einer Organisation sichern Eigen- und Fremdkapitalgeber. Eigenkapitalgeber sind gleichzusetzen mit Gesellschaftern und Anteilseignern (vgl. II. 6.). Personen, die in der Regel langfristig ihre Anteile am Unternehmen halten, die ihr Geld in eine Organisation stecken und damit rechnen müssen, später eventuell nicht mehr darauf zurückgreifen zu können. Außer sie können und wollen ihre Anteile am Unternehmen verkaufen oder geben das Geschäft auf – was keine einfache Sache ist. Die Varietät der Eigenkapitalgeber ist sehr groß. In vielen Fällen sind Privatpersonen die unmittelbaren Anteilseigner. Von den rund 3,5 Millionen Unternehmen allein in Deutschland dürften sich die meisten in privater Hand befinden – so eine Einschätzung des Deutschen Sparkassen- und Giroverbands. Dazwischen tummeln sich institutionelle Anleger (z.B. Banken, Versicherungen, Fonds, Private Equity) unter den Anteilseignern.

> Zur Orientierung: Die durchschnittliche Eigenkapitalquote[66] im deutschen Mittelstand betrug im Jahr 2016 im Median 28,3 Prozent. Damit ist sie innerhalb von drei Jahren um 8,6 Prozentpunkte gestiegen.[67]

Fremdkapitalgeber haben den Vorteil, dass sie in der Regel kürzer oder in einem mittleren Zeithorizont mit der Organisation durch die Gewährung von finanziellen Mitteln verbunden sind. Sie erhalten im Normalfall das geliehene Kapital zu 100 Prozent zurück, und zwar verzinst. Unter den Fremdkapitalgebern finden sich nur wenige Privatpersonen und sogenannte Family Offices (das sind Gesellschaften mit dem Zweck der Verwaltung von privatem Großvermögen einer oder mehrerer Eigentümerfamilien). Die Mehrheit der Fremdkapitalgeber ist in der Finanzbranche beheimatet: Banken, Versicherungen, Fonds, Private Equity, Pensionskassen, Vermögensverwalter usw. Als Randerscheinung nicht unerwähnt bleiben sollten öffentliche Kapitalgeber (Staatsfonds, Subventionen, Forschungsgelder usw.).

---

[65]    Es gibt solche Fälle, zum Beispiel rein ehrenamtliche Nachbarschaftshilfe.
[66]    Die Eigenkapitalquote ist das Verhältnis des Eigenkapitals am Gesamtkapital, das der Organisation zur Verfügung steht.
[67]    Vgl. Deutscher Sparkassen- und Giroverband, Diagnose Mittelstand 2018, Aufschwung fortsetzen – Zukunftsfähigkeit für Mittelstand sichern, Berlin 18.12.2017. S. 4.

Neben den klassischen Finanzierungsformen (Lieferantenkredit, Kontokorrentkredit, Investitionskredit, Dokumentenakkreditiv)[68] haben sich in den letzten Jahren zunehmend auch alternative Formen (z.B. stille Beteiligung, Crowdfunding,[69] Factoring, Leasing, Mezzanine-Kapital, Schuldscheindarlehen, Unternehmensanleihen, Rückmietverkauf[70]) etabliert, und das nicht nur in der Großkonzernwelt. Hinter all diesen Finanzierungsformen steht die Finanzindustrie, also Vermögensverwalter, Pensionskassen, Staatsfonds, Private Equity, Hedgefonds, Family Offices, Banken, Versicherungen usw. Sie alle befinden sich in einem erbitterten Konkurrenzkampf um die besten Anlagemöglichkeiten und Renditen, „und das, obwohl sie selbst untereinander vielfach verflochten sind. Da konkurrieren Vermögensverwalter mit Pensionsfonds, Private-Equity-Firmen mit Staatsfonds".[71] Diesen Konkurrenzkampf sollte man für seine eigene Organisation nutzen. Aber: „Letztlich hängt die Wahl der alternativen Finanzierungsform von unternehmenspolitischen Leitplanken und Überlegungen im Rahmen eines Gesamtfinanzierungskonzepts ab. Auch hier gilt die Devise des strukturierten, geplanten und gezielten Vorgehens, um Risiken, Nebenwirkungen und Unwägbarkeiten bewusst(er) eliminieren zu können. Denn jede Finanzierungsalternative hat nicht nur Vor-, sondern auch Nachteile."[72]

Wesentliche Kernaufgaben der finanziellen Führung:

- Sie muss festlegen, in welchem Rahmen das Unternehmen finanziell unabhängig bleiben soll – gerade wenn Fremdkapital notwendig ist, um ein Geschäft auf- oder umzubauen. Diese Entscheidung schränkt möglicherweise manche Finanzierungsmöglichkeiten ein, sichert aber andererseits die Chance für unabhängiges unternehmerisches Handeln.
- Sie muss Kapitalgeber finden und sie dann auch halten – je nach Ausgangslage können das nur Eigen- oder Fremdkapitalgeber sein oder auch eine Mischung aus beiden. Die Entscheidung der Eigenkapitalgeber stützt sich meistens auf eine qualifizierte Bewertung des Geschäftsmodells, die aktuellen betriebswirtschaftlichen Zahlen (wenn schon vorhanden), die Beurteilung des Managements und – nicht zu unterschätzen – häufig auf das Bauchgefühl. Fremdkapitalgeber misstrauen dem Bauchgefühl: Sie führen meist eine sogenannte

68  Das Dokumentenakkreditiv hat sich als Sicherungsinstrument für Zahlungen im internationalen Handel etabliert. Dabei verpflichtet sich ein ausländisches Kreditinstitut, nach Weisungen des ausländischen Auftraggebers bei Vorlage bestimmter Dokumente innerhalb eines bestimmten Zeitraums eine Zahlung an den inländischen Zahlungsempfänger zu leisten.
69  Crowdfunding, auch Crowdlending, Crowdfinanzierung oder Schwarmfinanzierung genannt, ist eine Finanzierungsform, bei der viele (kleine) Investoren ein Finanzierungsvorhaben unterstützen.
70  Beim Rückmietverkauf, bekannter als Sales-and-Lease-Back, handelt es sich um eine Sonderform des Leasings. Eine Organisation verkauft einen Vermögensgegenstand, meist eine Immobilie, an eine Leasinggesellschaft und least sie im gleichen Zug zur weiteren Nutzung zurück.
71  Jakobs, Hans-Jürgen, Wem gehört die Welt? Die Machtverhältnisse im globalen Kapitalismus, München 2016, S. 639.
72  Griesbeck, Markus, Neue Kreditwürdigkeitsprüfung für eine Neue Welt – Die Zukunftspotenziale des Mittelstands treffsicher einschätzen, Frankfurt am Main 2013, S. 70.

Kreditwürdigkeitsprüfung durch, die standardisiert (vor allem bei Banken) oder individuell erfolgt.

- Sie sorgt für gezielte und regelmäßige Finanzkommunikation, die auch Credit Relations oder Investor Relations genannt wird. Gemeint ist damit eine laufende und systematische Kommunikation über vergangenheitsorientierte Daten, aber auch über Risiken und Zukunftsaussichten. Denn jeder Anleger will zu Recht informiert sein, ob er mit seinem Investment richtig liegt oder auch nicht. So selbstverständlich eine regelmäßige Finanzkommunikation auch klingen mag, die Praxis zeigt, dass viele Führungskräfte und Unternehmer sie vernachlässigen.
- Sie sorgt für die Einhaltung der Meldepflichten bei Zahlungsverkehr im Außenwirtschaftsverkehr. Zwar sind Zahlungen ins Ausland oder der Erhalt von Zahlungen aus dem Ausland in der Regel ohne Beschränkungen möglich. Gemäß §§ 63ff. Außenwirtschaftsverordnung gibt es aber Meldepflichten ab einer Bagatellgrenze (die 12.500 € pro Zahlung, Stand 2019 beträgt). Verstöße werden als Ordnungswidrigkeit geahndet.

## 1.5 Zahlungseingänge

Rechtzeitig für Zahlungseingänge zu sorgen, sollte in Organisationen selbstverständlich sein. Aber gerade kleinen Unternehmen und manchem Selbstständigen ist die finanzielle Administration ein notwendiges Übel. Sie überlassen diese notgedrungen (aufgrund fehlender Kompetenz) Steuerkanzleien oder verlassen sich (fast blind) auf externe Buchführungsexperten. Finanzielle Führung geht anders: Sie sorgt selbst für einen schnellstmöglichen Zahlungseingang. Das lässt sich einfach erklären. In der Regel muss eine Organisation in finanzielle Vorleistung gehen. Je schneller Zahlungen eingehen, desto schneller und leichter kann die Organisation selbst Rechnungen bezahlen, die anfallen. Man spart sich unnötige Kontokorrentzinsen. Und nebenbei erwirbt man sich das Außenbild eines professionell Handelnden. Was muss man also tun, um den Zahlungseingang zu beschleunigen?

Zunächst einmal sind Wareneingangs- und Warenausgangskonten sowie Rechnungseingangs- und -ausgangskonten zu führen. Manche Organisationen sind gesetzlich nicht zur Buchhaltung verpflichtet. Gerade solchen Organisationen fällt es schwer, diese zusätzlichen Mühen zu akzeptieren. Die Empfehlung lautet dennoch: Führen Sie solche Konten! Nur wer eine Übersicht darüber hat, welche Waren/Dienstleistungen die Organisation verlassen haben, wird inhaltlich richtige Rechnungen erstellen. Die Rechnungseingangs- und -ausgangskonten geben jederzeit

Überblick darüber, welche Rechnungen wann zu bezahlen sind und welche Forderungen von bereits gestellten Rechnungen noch ausstehen.[73]

Der Zahlungseingang beschleunigt sich, wenn ausgestellte Rechnungen inhaltlich richtig sind. Hierfür empfiehlt sich ein regelmäßiger und strenger Abgleich mit den gesetzlichen Vorschriften[74] sowie deren strikte Einhaltung. Je weniger Rechnungen aus formellen Gründen von Rechnungsempfängern abgelehnt bzw. zur Korrektur zurückgegeben werden, desto schneller gehen die Zahlungen ein.

Die Rechnungsstellung gehört normalerweise nicht zu den Kernkompetenzen einer Organisation. Trotzdem empfiehlt es sich, sie immer in den eigenen Händen zu halten. Da der Rechnungsaussteller letztlich für eine ordnungsgemäße Ausstellung der Rechnung verantwortlich ist, sollte das Unternehmen diese Verantwortung nicht aus der Hand geben.[75]

Unterschätzt wird die bewusste Gestaltung der Zahlungsbedingungen. Es gibt Organisationen, die mehr als 50 Zahlungsbedingungen akzeptieren. Sinnvoller ist es, sich in der eigenen Organisation auf möglichst wenige Zahlungsbedingungen zu einigen und diese dann konsequent in der Kommunikation mit den Kunden um- und durchzusetzen.

Ein altes und probates Mittel ist die Schaffung von Zahlungsanreizen, zum Beispiel die Gewährung von Skonto. Skonto ist ein Preisnachlass auf den Rechnungsbetrag (in der Regel nur für die Material- und Herstellkosten), wenn die Zahlung innerhalb einer bestimmten Frist erfolgt. Ebenfalls probat und altbewährt sind Zahlungsabschläge (Vorauszahlungen) oder in Einzelfällen sogar die Vorauskasse, das heißt der Kunde bezahlt, bevor er sein Produkt bzw. seine Dienstleistung erhält.

## 1.6 Forderungsmanagement

Auch wenn eine Organisation alle Vorkehrungen für den rechtzeitigen Zahlungseingang getroffen hat, bleiben trotzdem manche Forderungen unbezahlt. Ein effektives Forderungsmanagement ist deshalb Pflicht. Im Konzert aller Maßnahmen der Liquiditätssteuerung zählt es zu den wichtigsten Umsetzungsinstrumenten.

---

73  Daneben sollte man auf Conto-pro-Diverse-Konten (CpD-Konten) so weit wie möglich verzichten. Ein CpD-Konto dient in der Buchhaltungspraxis als Sammelkonto, auf dem Zahlungen von und an Geschäftspartner gebucht werden, für die eigene Debitoren- oder Kreditorenkonten nicht separat geführt werden. Diese Praxis ermöglicht zwar einen effizienten Buchhaltungsprozess, ist gleichzeitig aber aus Compliance-Sicht als kritisch einzustufen. Kann man nicht auf CpD-Konten verzichten, sollte zumindest ein Vier-Augen-Prinzip etabliert sein.

74  In Deutschland: § 14 Abs. 4 UStG, in Österreich: § 11 Abs. 3 UStG, in der Schweiz: Art. 26 Nr. 2 MWSTG.

75  Die Empfehlung beinhaltet auch eine Vermeidung von sogenannten Self-Invoicing-Prozessen (in der Praxis häufig auch als Gutschriftsverfahren bekannt), bei denen Kunden die Rechnungserstellung für den Lieferanten übernehmen und im Anschluss die Rechnung bezahlen.

Forderungsmanagement ist zuallererst eine kaufmännische Angelegenheit. Kaufmännisch deshalb, weil Forderungsmanagement ein guter, um nicht zu sagen perfekter Anknüpfungspunkt für die Kommunikation mit den Kunden ist. Diese Beziehungspflege ist zwischen Vertrieb und dem Forderungsmanagement (meist in der Buchhaltung angesiedelt) gemeinsam abzustimmen und umzusetzen. Wer in die Kommunikation mit seinen Debitoren geht, erhöht die Chance, zu verstehen, weshalb der Kunde nicht bezahlt. Das können lapidare Gründe sein, zum Beispiel dass die Rechnung untergegangen ist, aber auch gravierende Gründe wie eine vorübergehende Zahlungsunfähigkeit. Die Kommunikation ermöglicht einen Konsens und Lösungen, zum Beispiel Stundung, Zahlungsaufschub usw. und verhindert einseitige Schlussfolgerungen. Findet die Kommunikation nicht statt, könnte der Gläubiger den falschen Eindruck gewinnen, dass der Debitor seinen Zahlungsverpflichtungen sowieso nicht nachkommen will, weshalb sich ein Nachhaken nicht lohne. Umgekehrt könnte der Debitor zu dem möglicherweise falschen Schluss kommen, dass sein Gläubiger auf den Zahlungseingang nicht angewiesen sei. Kommunikation ist also Pflicht und Grundvoraussetzung im Forderungsmanagement.

Nur wenn die kaufmännischen Ansätze letztlich nicht fruchten, kann der Einsatz von Juristen sinnvoll und erforderlich sein. Anders ausgedrückt: Inkassounternehmen und Anwaltskanzleien haben dann ihre Berechtigung, wenn die Möglichkeiten des Managements ausgereizt sind.

Je wirksamer das Forderungsmanagement, desto wahrscheinlicher sind ein früher Zahlungseingang und ein geringer Finanzierungsaufwand. Dazu ein paar eindrucksvolle Zahlen, die in den letzten Jahren nur geringfügig gestiegen sind (von Ausnahmen und bestimmten Branchen abgesehen):

- Die Forderungslaufzeit liegt weltweit durchschnittlich bei 66 Tagen, wobei die Spannweite von 43 Tagen (Neuseeland) bis 92 Tage (China) reicht.[76]
- Die Forderungslaufzeit variiert von Branche zu Branche. Sie ist am kürzesten im Einzelhandel (28 Tage), in der Lebensmittelindustrie (46 Tage) und im Transportwesen (49 Tage). Am längsten ist sie in der Baubranche (85 Tage), im Maschinenbau (87 Tage) und in der Elektronikbranche (91 Tage).[77]
- „Ein Forderungsausfall kommt ein Unternehmen in mehrfacher Hinsicht teuer zu stehen. Zunächst entgehen ihm Umsätze und Einzahlungen. Hinzu kommen Kosten, wenn man überfällige Forderungen einzutreiben oder Restforderungen noch zu retten versucht, zum Beispiel für Mahnwesen, Inkassobüros oder Gericht. Nicht zuletzt muss der Forderungsausfall durch Zusatzumsätze

---

[76]   Vgl. Euler Hermes Allianz Economic Research, Payment Behaviour, Paris 03.05.2018, S. 7. Die Studie umfasst eine Stichprobe, bei der 20 Branchen und 36 Länder berücksichtigt wurden.
[77]   Vgl. ebd.

möglichst kompensiert werden."[78] Die Autoren dieser Ausführungen unterstellen in Beispielrechnungen, dass Umsatzsteigerungen von 8 bis 30 Prozent notwendig sind, um einen Forderungsausfall von 1 Prozent zu kompensieren. Auch wenn man solchen Beispielrechnungen kritisch gegenübersteht: Sie zeigen die Notwendigkeit, Kreditwürdigkeitsprüfungen im Vorfeld ernst zu nehmen (vgl. V. 1.) und Forderungsmanagement konsequent zu betreiben.

Es gibt wichtige und hilfreiche Unterstützungsinstrumente für ein effektives Forderungsmanagement. Dazu gehört zum Beispiel eine interne Richtlinie Forderungsmanagement. Sie klärt, warum das Forderungsmanagement wichtig ist und was genau wie durch wen in welchen Fällen umgesetzt wird. Die zielgerichtete Kommunikation der Richtlinie in die betroffenen Abteilungen sichert eine Umsetzung im gemeinsamen Sinne.

Darüber hinaus gibt es Sicherungsinstrumente gegen Forderungsausfälle, etwa den Eigentumsvorbehalt (z.B. in AGB festlegen), Warenkreditversicherung, Factoring,[79] Excess-of-Loss-Versicherung, Vorkasse, Bürgschaften (Bank, Hermes-Deckungen).[80]

Effektives Forderungsmanagement ist einer der wichtigsten Schlüssel zur Sicherstellung der Liquidität und rechtfertigt daher erhöhte Management-Aufmerksamkeit – auch um eine Insolvenz zu vermeiden.

### 1.7 Liquiditätsplanung

Standard in der finanziellen Führung ist eine Liquiditätsplanung, die alle erwarteten Ein- und Auszahlungen erfasst. Sie wird mindestens monatlich, gegebenenfalls auch häufiger (wöchentlich) vorgenommen. Zur täglichen Kontrolle empfiehlt sich die Planung nur in Ausnahmefällen; die eingeräumten Dispositionskredite sollten aber täglich geprüft werden, um unnötige Zinszahlungen durch gezielte Gegenmaßnahmen zu vermeiden. Dabei werden – wenn möglich und sinnvoll – Ist- und Planwerte einander gegenübergestellt und überprüft. Die Darstellung der Ist-Situation soll zeigen, ob ein Einzahlungsüberschuss gegenüber einem Ausgabenüberschuss erreicht werden konnte. In Verbindung mit den eingeräumten Kreditlinien lässt sich dann errechnen, ob eine Über- oder Unterdeckung in der Liquidität besteht. Im Anhang findet sich ein Grundschema für die monatliche Liquiditätsplanung (vgl. Anhang 7.).

---

78   Vgl. Erichsen, Jörgen/Treuz, Jochen, Professionelles Liquiditätsmanagement – Praxisleitfaden für Unternehmer und Berater, Herne 2016, S. 48

79   Beim Factoring handelt es sich um eine gewerbliche, wiederkehrende Übertragung von Forderungen eines Unternehmens vor Fälligkeit an ein Kreditinstitut oder eine darauf spezialisierte Organisation. Verbleibt das Risiko des Forderungsausfalls (auch Delkredererisiko genannt) beim Unternehmen, spricht man von unechtem Factoring. Geht das Risiko auf den Factor über, handelt es sich um echtes Factoring.

80   Hermes-Deckungen sind eine Exportkreditversicherung des Staates Bundesrepublik Deutschland, die dieser für Exporteure und Kreditinstitute anbietet, um Exporte zu ermöglichen.

Liquiditätsplanung ist keine Gewähr, dass alle Ein- und Auszahlungen in der Zukunft tatsächlich so stattfinden. Es ist aber bei Weitem besser, eine Orientierung zu haben, als im Nebel herumzustochern.

Liquiditätsmanagement wird erforderlich, wenn es zu Abweichungen zwischen Plan und Ist im Controlling der Liquidität kommt. Ziel ist die Abwendung einer Zahlungsunfähigkeit. Hierzu können verschiedene Alternativen herangezogen werden: (1) Begrenzung oder Aufschiebung/Stundung der Ausgaben, (2) Erhöhung der Einzahlungen (z.B. Preiserhöhungen, stille oder offene Einlagen usw.), (3) klassische oder alternative Finanzierungsmöglichkeiten, (4) ein Kontokorrent- oder ein sonstiges bereits vorhandenes Kreditlimit usw.

### 1.8 Währungsmanagement

Die Liquidität einer Organisation wird auch beeinflusst durch Fremdwährungsgeschäfte, sofern sie davon betroffen ist. Fremdwährungsgeschäfte sind Geschäfte, bei denen die Organisation in Fremdwährung fakturiert oder Rechnungen mit Fremdwährungsbetrag erhält. Zu den wichtigsten Fremdwährungen zählen der US-Dollar, der Euro (außerhalb der EU), das britische Pfund und der japanische Yen.[81]

Manager sollten im Hinterkopf behalten, dass spätestens seit der Finanz- und Weltwirtschaftskrise 2007 bis 2009 diese wichtigsten Währungen strukturelle Probleme haben. Diese Probleme sind zurückzuführen auf die enorme (strukturelle) Staatsverschuldung, die zunehmende private Verschuldung, die unkonventionelle Geldpolitik und zum Teil die demografische Entwicklung.[82]

Fremdwährungen werden nicht nur realwirtschaftlich gehandelt, sondern vor allem auf den Devisenmärkten. Auf diesen finanzwirtschaftlichen Märkten handeln größere Organisationen, Kreditinstitute, private Devisenhändler, Devisenmakler, Handelshäuser und Zentralbanken mit Devisengeschäften, also Geschäften mit Buchgeld in Fremdwährung.[83]

Die Notwendigkeit eines gesteuerten Währungsmanagements steigt, je mehr Geschäftsvorfälle in Fremdwährung abgewickelt oder je höhere Fremdwährungsbeträge fakturiert oder gezahlt werden sollen. Zunächst muss die Liquiditätsplanung (vgl. V. 1.6) für einen Überblick über die Mehr- oder Minderausgaben und Mehr- oder Mindereinnahmen in der Fremdwährung (im Vergleich zur eigenen Währung)

---

81  Der US-Dollar gilt seit Jahren als die Welt-Leitwährung. So werden fast alle Rohstoffe in US-Dollar gehandelt oder internationale M&A in US-Dollar abgewickelt.

82  Vgl. Jacobs, Hans-Jürgen, Wem gehört die Welt? Die Machtverhältnisse im globalen Kapitalismus, München 2016, S. 72.

83  Weltweit haben Fremdwährungskredite, vor allem in den Schwellenländern, zugenommen, von einer Billion US-Dollar im Jahr 2000 auf über 3,5 Billionen US-Dollar 2018. 2007/2008, bei Ausbruch der Weltwirtschafts- und Finanzkrise, bewegte sich dieses Kreditvolumen noch bei knapp 1,7 Billionen US-Dollar (Quelle: BIZ-Wirtschaftsbericht 2018, https://www.bis.org/publ/arpdf/ar2018_ov_de.pdf letzter Aufruf: 18.07.2019).

sorgen. Immer dann, wenn sich ein Ungleichgewicht zwischen Fremd- und Heimatwährung ergibt, kommt das Währungsmanagement zum Zuge.

Es hat zwei Risiken zu bewerten und daraus Folgemaßnahmen abzuleiten. Die Risiken sind: (1) Wechselkursrisiko und (2) Paritätsänderungsrisiko. **Wechselkursrisiko** meint das Risiko, dass die Fremdwährung gegenüber der Heimatwährung steigt oder fällt. Beispiel: Der US-Dollar steigt gegenüber dem Euro (z.B. 1,10 US-Dollar für 1 Euro neu statt 1,00 US-Dollar für 1 Euro). Fakturiert ein deutsches Unternehmen in einem ausländischen Markt in US-Dollar, so entsteht dadurch ein Verlust in Höhe von 0,10 US-Dollar, wenn der Kaufvertrag beim Wert von 1,00 US-Dollar abgeschlossen wurde. **Paritätsänderungsrisiko** ist das Risiko, dass ein festgelegter Tauschwert zwischen Fremd- und Heimatwährung aufgegeben wird. Beispiel aus der jüngsten Vergangenheit war die Entscheidung der Schweizerischen Nationalbank, Anfang des Jahres 2015 den Euro-Franken-Kurs freizugeben, der bis dahin stabil bei einem Mindestkurs von 1,20 Schweizer Franken für 1 Euro lag. Die Folge waren erhebliche Verwerfungen am Devisen-, aber auch in realwirtschaftlichen Märkten, die mit dem Schweizer Franken zu tun hatten.

Eine Kurssteigerung oder Aufwertung der Fremdwährung ist für den Gläubiger oder Exporteur eine Gewinnchance. Im Gegenzug ist sie eine Verlustgefahr für den Schuldner oder Importeur. Währungsmanagement meint die bewusste, gezielte und gesteuerte Absicherung gegen diese Verlustgefahren beispielsweise durch Kurssicherung, Glattstellung oder Covering.[84] Wer sich einen Überblick über die Fremdwährungsgeschäfte verschafft und seine Organisation gegen die genannten Risiken absichert, leistet einen erheblichen Beitrag zur gezielten Liquiditätsgestaltung.

Das Währungsmanagement sollte engen Bezug haben zur operativen Mittelfristplanung (vgl. XII. 3.). Mithilfe mehrerer Szenarien zeigt sie auf, wie das Gesamtergebnis bei einer ungewöhnlich starken Wechselkursänderung beeinflusst wird. Daneben ergänzt die unterjährige Steuerung das Währungsmanagement. Die Kostenrechnung (vgl. V. 2.1) sollte in der Abweichungsanalyse um die Dimension Wechselkurs ergänzt werden. Konkret ergibt sich der Umsatz- oder Kostenbetrag in einer nationalen Währung aus drei Faktoren: Preis mal Menge mal Wechselkurs. Diese drei Faktoren sollten in der Abweichungsanalyse in Beziehung gesetzt werden. Dann zeigt sich, welche Auswirkung eine deutliche Änderung des Wechselkurses auf die Absatzmanage und den Umsatz hat. Das ermöglicht ein **rechtzeitiges** Eingreifen, um zumindest größeren Schaden abzuwenden oder um größeren Profit daraus zu erzielen.

---

84    Beispielinstrumente sind Devisenkassa-, -termin- und/oder -optionsgeschäfte.

## 2. Profitabilität

Liquidität sichert die jederzeitige Zahlungsfähigkeit einer Organisation, aber nicht, dass diese auch profitabel und wirtschaftlich arbeitet, also grundsätzlich einen betrieblichen Erfolg (= Gewinn) aus eigener Kraft erwirtschaftet. Profitabilität ist Voraussetzung für die (Über-)Lebensfähigkeit einer Organisation. Um weiterhin in die Zukunft investieren zu können, muss ein Mindestgewinn erzielt werden, der diese Investitionen ermöglicht. Die Profitabilität beruht auf zahlreichen Faktoren, von denen Tabelle 10 einige erläutert.

| | Fachbegriff | Definition | Beispiel/Erklärung |
|---|---|---|---|
| 1 | Profitabilität | (1) Ziel des wirtschaftlichen Handelns und (2) grundsätzliche Möglichkeit zur Erzielung eines betrieblichen Erfolgs aus eigener Kraft. | Zum Bilanzstichtag erzielt die Organisation einen Gewinn in Höhe von 200 €. |
| 2 | Aufwendungen | Zur Erfolgsermittlung periodisierte Ausgaben einer Periode. | Im Jahr 20XX gab die Organisation 1.000 € aus. |
| 3 | Erträge | Zur Erfolgsermittlung periodisierte Einnahmen einer Periode. | Im Jahr 20XX nahm die Organisation 1.200 € ein. |
| 4 | Kosten | In einer Periode bewerteter Input von Betriebsmitteln oder Dienstleistungen im Wertschöpfungsprozess. | Kalkulatorische (nicht steuerliche!) Abschreibung einer Maschine für die bewertete Periode. |
| 5 | Leistung | In einer Periode bewerteter Output von Produkten oder Dienstleistungen im Wertschöpfungsprozess. | Mehrbestände aus der Produktion zu einem bestimmten Zeitpunkt. |
| 6 | Einzelkosten | Kosten, die einem Kostenträger (z.B. Produkt, Dienstleistung) direkt zugeordnet werden können. | **Beispiel:** Materialeinzelkosten. |
| 7 | Gemeinkosten | Kosten, die einem Kostenträger (z.B. Produkt, Dienstleistung) nicht direkt zugeordnet werden können. | **Beispiel:** Versicherungsprämien, Lizenzgebühren. |
| 8 | Fixe Kosten | Kosten, die auch bei einer Änderung der Ausbringungsmenge konstant bleiben. | **Beispiel:** Leasingrate für eine Produktionsmaschine. |
| 9 | Variable Kosten | Kosten, die bei einer steigenden Ausbringungsmenge steigen und mit einer fallenden Ausbringungsmenge fallen. | **Beispiel:** Stromverbrauch einer Produktionsmaschine. |

**Tabelle 11:** Grundbegriffe der Profitabilität[85]

---

85 In enger Anlehnung an: Däumler, Klaus-Dieter/Grabe, Jürgen, Kostenrechnung 1 – Grundlagen, Herne 2013, S. 7–24.

Zur externen Beurteilung der Profitabilität reicht eine Rechnung Erträge minus Aufwendungen aus. Zur internen Beurteilung empfiehlt sich aber zusätzlich die Rechnung: Leistungen minus Kosten. Diese interne Beurteilung ermöglicht Vor- und Nachkalkulationen und diverse Kostenrechnungen (z.B. Kostenarten-, Kostenstellen- oder Kostenträgerstückrechnung, Prozesskostenrechnung, die individuell/situativ sinnvoll sein kann, oder Deckungsbeitragsrechnung). Denn Profitabilität wird sich nur einstellen, wenn das Management die wichtigsten Kenngrößen permanent im Auge hat. Erst dann kann es durch gezielte Maßnahmen steuern.

## 2.1 Kosten- und Leistungsrechnung

Eine Kosten- und Leistungsrechnung umfasst im ersten Schritt, dass die Stamm- und Transaktionsdaten einer Organisation erfasst werden (vgl. V. 1.1 und V. 1.2). Es folgen drei weitere:

1.  Die Kostenartenrechnung erfasst und gliedert die Kosten in Einzel- und Gemeinkosten nach Periode.
2.  Die Kostenstellenrechnung verteilt die Kosten auf die einzelnen Kostenbereiche der Organisation. Dabei berücksichtigt sie, wo die Kostenarten angefallen sind (direkte Verteilung) und verrechnet die Gemeinkosten zwischen den Kostenstellen.
3.  Die Kostenträgerrechnung ermittelt die Kosten für einen Kostenträger (z.B. Produkt, Dienstleistung, Kunde, Absatzweg, Absatzregion usw.). Sie kann entweder für alle Kostenträger (Kostenträgerzeitrechnung) oder für den einzelnen Kostenträger (Kostenträgerstückrechnung) durchgeführt werden.

Eine Kosten- und Leistungsrechnung ist ab einer gewissen Unternehmensgröße zwingend. Unterliegt die Organisation gesetzlich der Buchführungspflicht, lässt sich die Kosten- und Leistungsrechnung leicht durchführen, wenn man das Gesamtkonstrukt systematisch konzipiert und implementiert.

Empfehlenswert ist nicht nur eine Ist-Kostenrechnung, sondern auch eine Plan-Kostenrechnung. Die Ist-Kostenrechnung beschreibt im Nachhinein, ob in der Vergangenheit wirtschaftlich gearbeitet wurde (= Nachkalkulation). Die Plan-Kostenrechnung dient zur Kostenkontrolle, bei der vorgegebene Kosten (= Plan-Kosten) mit den tatsächlichen Kosten (= Ist-Kosten) verglichen werden.[86]

Je nach Geschäftsmodell und Situation der Organisation können weitere Kostenrechnungen sinnvoll eingesetzt werden, zum Beispiel:

---

86   Zur Vollständigkeit: Die Vorkalkulation ist das Ergebnis der Rechnung, welche Kosten eine Kostenträgereinheit verursacht und zu welchem Mindestpreis ein Produkt bzw. eine Dienstleistung im Verkauf gerade noch angeboten werden kann.

- Die Prozess-Kostenrechnung: Sie ist eine Weiterentwicklung der klassischen Kostenrechnung, mit dem Ziel, die Gemeinkosten noch stärker zu planen, zu steuern und zu kontrollieren.
- Die Lebenszyklus-Kostenrechnung (im Englischen bezeichnet als „product life cycle costing") betrachtet die Kostenrechnung speziell mit dem Fokus auf ein Produkt bzw. eine Dienstleistung, und zwar von seiner Erstellung bis hin zur Nachbetreuung (**Beispiel:** Anschaffungskosten, Einrichtung und Inbetriebnahme, Energiekosten, Betriebskosten, Ausfallzeitkosten, Instandhaltungs- und Reparaturkosten, Umweltkosten sowie Kosten für Stilllegung und Entsorgung). Die klassische Kostenrechnung konzentriert ihre Anstrengungen dagegen auf eine Abrechnungsperiode.
- Die Ziel-Kostenrechnung (im Englischen bezeichnet als „target costing") ist eine Kostenrechnung, die möglichst genau die Kosten ermittelt, die maximal auf einem Nachfragemarkt erzielt werden können.

## 2.2 Vergleich Bilanz zur Überschussrechnung

Eine Kostenrechnung findet häufig nur in Organisationen statt, die zum Betriebsvermögensvergleich zwischen Anfang und Ende des Wirtschaftsjahres, das heißt zur Bilanzerstellung, verpflichtet sind. Wenn eine Organisation lediglich eine Einnahmenüberschussrechnung (EÜR) durchführt, unterbleibt die Kostenrechnung häufig. Viele Organisationen sehen es als Vorteil, wenn sie steuerrechtlich lediglich die EÜR durchführen müssen und auf eine Bilanz verzichten können. Dieser Verzicht bedeutet aber eine unzureichende Darstellung der Vermögens-, Finanz- und Ertragslage. So bleiben in der EÜR unberücksichtigt:

1. Forderungen und Verbindlichkeiten: Erst wenn eine Warenlieferung oder Dienstleistung durchgeführt wurde und der Zahlungseingang dafür erfolgt ist, wird der Zufluss in der EÜR verbucht. Analog bei der Verbindlichkeit: Nicht schon mit ihrer Entstehung, sondern erst mit dem Zahlungsausgang findet dieser Abfluss Eingang in die EÜR.
2. Bestandsveränderungen: **Beispiel:** Wenn ein Dienstleistungsunternehmen zum Ende eines Wirtschaftsjahres bereits einige verkaufsfertige Dienstleistungen entwickelt hat, jedoch noch keine konkreten Verkaufsaufträge vorhanden sind, bleibt diese Tatsache in einer EÜR unberücksichtigt. In einer Bilanz würden solche unfertigen und fertigen Erzeugnisse (auch Halb- und Fertigfabrikate) sehr wohl berücksichtigt. Je nachdem, ob eine Bestandsveränderung positiv (d.h. der Bestand an unfertigen und fertigen Erzeugnissen hat zugenommen) oder negativ ist (d.h. der Bestand hat abgenommen), spricht man von Bestandsmehrung (= Ertrag) oder von Bestandsminderung (= Aufwand). Eine Kostenrechnung, die Bestandsveränderungen berücksichtigt, kann also eine präzisere Einschätzung der Ausgangslage einer Organisation abgeben.
3. Rechnungsabgrenzungsposten, Rückstellungen und Wertberichtigungen: Unter Rechnungsabgrenzung versteht man eine saubere Zuordnung in der

kaufmännischen Buchführung nach der jeweiligen Periode. **Beispiel:** Der Zahlungsausgang erfolgte zwar schon in 20X1, eigentlich ist die Ausgabe der Rechnungsperiode aber 20X2 zuzuordnen. Unter Rückstellungen versteht man Verbindlichkeiten, die in ihrem Bestehen und in ihrer Höhe ungewiss sind, aber mit hinreichend großer Wahrscheinlichkeit erwartet werden können. **Beispiel:** Rückstellungen für Steuerzahlungen oder für Garantieverpflichtungen. Unter einer Wertberichtigung versteht man die Anpassung des Buchwertes eines Vermögenspostens an seinen tatsächlichen niedrigen Wert. **Beispiel:** Man weiß mit hinreichend großer Wahrscheinlichkeit, dass eine Forderung gegenüber einem Kunden uneinbringlich ist und korrigiert dies mit einer Wertberichtigung auf null Euro.

Während Forderungen und Verbindlichkeiten, Bestandsveränderungen, Rechnungsabgrenzungsposten, Rückstellungen und Wertberichtigungen in der Bilanz berücksichtigt werden und in der EÜR nicht, werden Abschreibungen sowohl in der Bilanz als auch in der EÜR vorgenommen.

> **Beispiel:** Ein Handelsunternehmen kauft einen Verkaufstresen in Höhe von 10.000 Euro. Dies führt zu einer Auszahlung im Jahr 20X1. Bilanziell bedeutet das einen Aktivtausch: Das Anlagevermögen steigt um 10.000 Euro, während gleichermaßen das Umlaufvermögen um diesen Betrag sinkt. In der Gewinn- und Verlustrechnung (GuV) würde das Ergebnis ohne Abschreibung verfälscht: Der Gewinn schmälert sich im Jahr 20X1 sofort um die 10.000 Euro, obwohl dieser Verkaufstresen auch die nächsten X Jahre noch genutzt werden kann. Hierfür gibt es den betriebswirtschaftlichen Kniff der Abschreibungen. Der Verkaufstresen wird auf einen Zeitraum X abgeschrieben, das heißt, die 10.000 Euro werden gleichmäßig auf den Abschreibungszeitraum X verteilt. Angenommen, es wären 10 Jahre, bedeutet das von 20X2 für 10 Jahre eine Belastung der GuV von lediglich 1.000 Euro. Diese gleichmäßige Verteilung verfälscht die GuV all der genannten Jahre nicht mehr.

Eine Abschreibung ist damit die Verteilung einer einmaligen Ausgabe auf eine Anzahl von Jahren. Am Rande erwähnt: Eine Teilwertabschreibung, wie sie in der Bilanz möglich ist, kann in der EÜR nicht durchgeführt werden.

## 2.3 Kapazitätsauslastung

Die Vermögensgegenstände im Anlagevermögen auf der Aktivseite der Bilanz sollten eine möglichst hohe Kapazitätsauslastung generieren. Je besser ein Vermögensgegenstand ausgelastet ist, desto mehr Umsatz bzw. Absatz kann damit auch erschlossen werden.

**Beispiel 1:** Ein Taxiunternehmen hat fünf Fahrzeuge, darunter einen Kleinbus. Während die vier Limousinen jeden Tag gut ausgelastet sind, ist das fünfte Fahrzeug, der Kleinbus, häufig nur am Wochenende durchgängig im Einsatz. Mögliche Ansätze zur Erhöhung der Kapazitätsauslastung: Einsatz als Zubringerbus für die Schule, Angebot zur Verleihung des Busses im Stadtquartier usw.

**Beispiel 2:** Eine große Gewerbeimmobilie wird nicht zu 100 Prozent genutzt. Der Gewerbebetrieb entscheidet sich dazu, einen Co-Working-Space für Start-up-Unternehmer, Kleinunternehmer, Kreative usw. anzubieten.

## 2.4 Kostenmanagement

*„Die Menschen wissen nicht, dass die größte Einnahmequelle in der Sparsamkeit liegt."*
*(Cicero)*

Die Pflege der Transaktionsdaten sowie die Durchführung der Kosten- und Leistungsrechnung (Ist- und Plan-Kostenrechnung) sind beste Voraussetzungen für die finanzielle Führung in puncto Profitabilität bzw. Wirtschaftlichkeit. Ziel ist es, Kosten nicht als gegeben zu betrachten, sondern als eine steuerbare Größe. Ein effektives Kostenmanagement umfasst zahlreiche Maßnahmen.

Zunächst sollte die Identifikation der wesentlichen Kostentreiber und deren konsequente Bearbeitung im Fokus der Aufmerksamkeit des Managements stehen, und zwar für jede Art der Kostenrechnung.

**Beispiel:** Die Energiekosten werden als die drittgrößte Kostenposition in einem Handelsunternehmen (Hintergrund: Kühlung) identifiziert. Das Management entscheidet sich zur Einführung eines Energiemanagementsystems, das vom Einkauf des Stroms bis zur Minimierung des Stromverbrauchs regelmäßig an dieser Kostenposition arbeitet.

Bei einer Vollkostenrechnung werden alle entstandenen Kosten umfänglich auf die Kostenträger verrechnet. Die Umlage der Gemeinkosten in der Vollkostenrechnung erfolgt in der Regel zwar sachlich, verbleibt aber doch willkürlich – auch weil es keinen objektiven Maßstab zur Verteilung geben kann. Die Teilkostenrechnung rechnet deswegen den Bezugsobjekten (z.B. Produkten, Kostenstellen, Regionen usw.) nur die entstandenen Einzel- oder variablen Kosten zu. Für die finanzielle Steuerung einer Organisation in manchen Funktionsbereichen (vgl. XI.) ist die Teilkostenrechnung in Form der sogenannten Deckungsbeitragsrechnung daher am sinnvollsten. Als Deckungsbeitrag definiert sich der erzielte Preis minus die zugerechneten Teilkosten. Ziel ist es, dass möglichst viele Funktionsbereiche selbstverständlich erkennen, welche Kosten sie verursachen und wie sie selbst zur Wirtschaftlichkeit beitragen können.

**Beispiel eines Produktionsbetriebs:** Der Verkauf bekommt monatlich eine Deckungsbeitragsrechnung zugesandt. Anhand der einzelnen Kostenpositionen kann er nachvollziehen, welcher Deckungsbeitrag pro verkauftem Artikel/pro verkaufter Dienstleistung übrig geblieben ist. Eine mögliche Struktur: Kunde, Artikel, Verkäufer, Absatzmenge, Umsatz, Materialkosten, Umsatzkosten, Frachtkosten, sonstige Kosten, Deckungsbeitrag.

Ein wesentlicher Baustein für ein wirkungsvolles Kostenmanagement ist die sogenannte „Grüne-Wiese-Methode", auch bekannt als Zero-Base-Budgeting. Statt einer einseitigen, jährlichen Fortschreibung der Kosten (insbesondere der Gemeinkosten) konzipiert man die Kosten von null auf: Wie wäre unsere Kostensituation optimal ausgestaltet? Und was können bzw. müssen wir dafür tun?

## 3. Rentabilität

Die Begriffe Rentabilität und Profitabilität werden in der Praxis häufig synonym gebraucht. Sie meinen inhaltlich auch etwas Ähnliches, weshalb eine scharfe Trennung schwierig ist. Ein stark vereinfachtes Beispiel (ohne Berücksichtigung von Steuern, Verzinsungen usw.) verdeutlicht das:

| Jahr | 1 | 2 | 3 | 4 | 5 | ... | 12 |
|---|---|---|---|---|---|---|---|
| Zahlungsmittelbestand Anfang | 0 | 50 | 65 | 80 | 95 | ... | 200 |
| Erträge | 100 | 30 | 30 | 30 | 30 | ... | 30 |
| Aufwendungen | 50 | 15 | 15 | 15 | 15 | ... | 15 |
| Zahlungsmittelbestand Ende | 50 | 65 | 80 | 95 | 110 | ... | 215 |
| Profitabilität | -50 | 15 | 15 | 15 | 15 | ... | 15 |
| Rentabilität | 0 | -35 | -20 | -5 | 10 | ... | 115 |

**Tabelle 12:** Vereinfachtes Beispiel Rentabilität, alle Angaben in Euro

**Beispiel** in Tabelle 12: Im ersten Jahr nimmt eine Organisation ihre Tätigkeit auf. Ein Finanzierungsgeber zahlt 100 Euro ein. 50 Euro werden im Jahr 1 für eine Investition ausgegeben. In den Folgejahren belaufen sich die Auszahlungen auf je 15 Euro. Die Organisation arbeitet in den Jahren 2 bis 5 wirtschaftlich/profitabel und kann jeweils 15 Euro Gewinn erwirtschaften. Die eigentliche Gewinnschwelle wird erst im Jahr 5 erreicht, weil sich hier zum ersten Mal eine positive Rentabilität in Höhe von 10 Euro errechnen lässt. Rechnet man bei diesem Beispiel weiter, erfolgt die 100-prozentige Rückzahlung der Finanzierung aus dem Jahr 1 im Jahr 12.

Rentabilität setzt Profitabilität voraus und geht einen Schritt weiter. Sie meint die Fähigkeit, aus dem eingesetzten Kapital langfristig eine Verzinsung zu generieren. Damit ist häufig verbunden, dass das eingesetzte Kapital lange Zeit gebunden ist (im fiktiven Beispiel 12 Jahre, bis es vollständig – ohne Verzinsung – wieder frei verfügbar ist). Wenn man das Beispiel weiterführt, beginnt im Jahr 13 die zusätzliche Verzinsungsphase (Rentabilität von 15 Prozent p.a.).

| | Fachbegriff | Definition | Beispiel/Erklärung |
|---|---|---|---|
| 1 | Investition | Kapitalverwendung der Organisation. Sie ist eine Zahlungsreihe, die mit einer Auszahlung beginnt. | Kauf einer neuen Maschine, um Produkte produzieren zu können. |
| 2 | Rentabilität | Betriebswirtschaftlicher Maßstab zur Erfolgskontrolle. | Wie viel Gewinn konnte mit dem eingesetzten Kapital erwirtschaftet werden? |

**Tabelle 13:** Grundbegriffe der Rentabilität[87]

## 3.1 Investitionen

Es ist offensichtlich, dass ohne Investition und Vor-Finanzierung ein organisationales Handeln prinzipiell nicht möglich ist. Investition wird häufig verstanden als Investition in Sachgüter, wie Maschinen, Geschäftseinrichtungen, Gebäude usw. Man kann Investition aber auch weiter fassen: Investition in kluge und umsetzungsfähige Menschen, Investition in Forschung und Entwicklung usw. Tabelle 14 zeigt typische Investitionsarten und -beispiele:

| | Investitionstyp | Beschreibung | Beispiel/Erklärung |
|---|---|---|---|
| 1 | Basisinvestition | Grundlegende Investition, ohne die ein organisationales Handeln nicht möglich ist. | Erstellung eines Betriebsgebäudes. |
| 2 | Ersatz-, Erweiterungs-, Anpassungsinvestition | Vergrößerung oder Verkleinerung des Leistungspotenzials. | Aufstockung eines Betriebsgebäudes. |
| 3 | Außerordentliche oder Sonderinvestition | Ungeplante oder durch rechtliche Vorgaben notwendige Investition. | Beseitigung eines Wasserschadens. |
| 4 | ROI-Investition | Die Investition erwirtschaftet innerhalb eines kurzen Zeitraums das eingesetzte Kapital wieder und ist im Anschluss weiterhin rentabel. | Kauf eines Dokumentenscanners inkl. verarbeitender Software, der eine teilautomatisierte Rechnungseingangsverarbeitung ermöglicht. |

**Tabelle 14:** Investitionstypen

Von den Investitionen sollte man die Aufwendungen zur Instandhaltung unterscheiden. Sie dienen dazu, getätigte Investitionen in einem funktionsfähigen Zustand zu erhalten und bei einem Ausfall wiederherzustellen. Zur Instandhaltung

---

[87]    In enger Anlehnung an: Däumler, Klaus-Dieter/Grabe, Jürgen, Kostenrechnung 1 – Grundlagen, Herne 2013, S. 7–24.

gehören auch eine vorbeugende Kontrolle und Wartung, die unnötige Ausfälle und Verschleiß verhindern sollen. Betriebswirtschaftlich sollte man der Instandhaltung eine erhöhte Aufmerksamkeit widmen: Regelmäßige Instandhaltung kann unnötige Neu- oder Ersatzinvestitionen vermeiden und verhindert v.a. einen gefährlichen Substanzverzehr.

Damit das Management effektive Investitionen tätigen kann, muss es zuvor die Investitionspolitik des Unternehmens in Grundzügen festlegen. Was ist unsere Mindest-Investitionsquote? Wofür geben wir Investitionsbudgets aus und wofür nicht? Wie stellen wir sicher, dass weitere Investitionen unterbleiben, wenn sich eine Investition als nicht zielführend herausstellt? Eine mögliche investitionspolitische Festlegung wäre: „Unser Unternehmen investiert bis zum Vierfachen des EBIT. Dabei werden ROI-Investitionen höher gewichtet als Ersatz-, Erweiterungs- oder Anpassungs-Investitionen."

### 3.2 Folgekosten

So banal es klingt: Eine Investition ist schnell getätigt. Welche Folgekosten sie aber produziert, das ist nicht immer offensichtlich. Folgekosten sind Kosten, die nötig sind, um etwas in einen betriebsbereiten Zustand zu bekommen bzw. diesen zu erhalten.

> **Beispiel:** Ein Dienstleistungsunternehmen kauft sich einen 3D-Drucker. Bei dieser Investition sollten Folgekosten wie Stromverbrauch, Werkstoffe, Verschleißmaterialien usw. mitberücksichtigt werden.

Bei vielen Investitionen ist es nicht notwendig, sich über die Folgekosten Gedanken zu machen. Eine Folgekostenabschätzung ist aber immer dann sinnvoll bzw. erforderlich, wenn

- die kurz-, mittel- und langfristigen Folgekosten für eine nachvollziehbare Investitionsrechnung benötigt werden oder
- Folgen im Sinne von Chancen, Risiken und Gefahren eruiert werden müssen. Dazu das nachdenkliche **Bonmot** eines unbekannten Autors:

> CFO asks his CEO: "What happens if we invest in developing our people and then they leave the company?" CEO answers: "What happens if we don't, and they stay?"

### 3.3 Investitionsrechnung

Es gibt nicht wenige Führungskräfte, die der Überzeugung sind, dass man über Investitionen nach dem Bauchgefühl entscheidet und sie nicht zwingend durchrechnen muss. Das Gegenteil ist der Fall.

Dazu ein **Beispiel:** „Nehmen Sie Stellung zu folgendem Satz, der in einer Wirtschaftszeitung sinngemäß folgendermaßen veröffentlicht wurde: ‚Die Goldmünze X war vor zehn Jahren für 350 Euro am Bankschalter zu haben. Heute nehmen sie die Banken für 810 Euro zurück. Differenz: 460 Euro. Das sind 130 Prozent oder 13 Prozent pro Jahr.'"[88] Übernimmt man diese Information ungeprüft, wäre man versucht, eine solche Goldmünze wegen ihrer hohen Rendite zu verkaufen (wenn man in ihrem Besitz ist). Bei genauer Berechnung wird man jedoch feststellen, dass der Journalist nicht in der Zinseszinsrechnung geübt ist. Korrekt wäre die Rendite 8,75 Prozent, denn

$r = (\frac{810}{350})0{,}1 - 1 = 0{,}0875 = 8{,}75$ Prozent.

In der organisationalen Praxis ist es entscheidend, effektiv und professionell zu prüfen, ob sich Investitionen langfristig rechnen und rentieren können. Die finanzielle Führung im Bereich Rentabilität umfasst daher die Bewertung, Entscheidung und Steuerung, in welchem Umfang welche Investitionen und Instandhaltungsmaßnahmen getätigt werden müssen. Und wie sie finanziert werden können, zum Beispiel durch den laufenden Cashflow (= Eigenfinanzierung) oder durch Fremdkapital.

Im zweiten Fall wird eine klassische Kosten- und Leistungsrechnung ausreichen, im ersten Fall empfiehlt sich zusätzlich der Einsatz von Methoden der Investitionsrechnung. Zu nennen sind hier:

* statische Methoden, wie die Kostenvergleichsrechnung, Gewinnvergleichsrechnung oder Rentabilitätsrechnung
* Amortisationsrechnung
* Annuitätenmethode
* Kritische-Werte-Rechnung, auch als Break-Even-Analyse bekannt, sowie
* dynamische Methoden, wie die Kapitalwertmethode und die interne Zinsfuß-Methode

Ergebnisse solcher Investitionsrechnungen sind keine Gewähr, dass die getroffenen Annahmen und Prognosen auch tatsächlich so eintreffen. Es ist aber eine sachlichere und nachvollziehbare Weise, effektiv mit dem zur Verfügung gestellten Kapital umzugehen, als das Bauchgefühl. Und Investitionsrechnungen sind nur der Anfang der Reise.

### 3.4 Investitionscontrolling

Ein nachgeschaltetes Investitionscontrolling sollte selbstverständlich sein. Es beurteilt einerseits, ob die getroffenen Annahmen und Prognosen tatsächlich so eingetroffen sind. Und wenn nicht, hilft es dem Management in der Steuerung und

---

88  Däumler, Klaus-Dieter/Grabe, Jürgen, Grundlagen der Investitions- und Wirtschaftlichkeitsrechnung, Herne 2014, S. 107. Die Ursprungsquelle wird von den Autoren nicht genannt.

Nachjustierung: Wie kann trotzdem ermöglicht werden, dass die Investition sich rentabel entwickelt? Zur Unterstützung des Investitionscontrollings dienen einige Kennzahlen (vgl. Tabelle 15).

| | Fachbegriff | Definition | Beispiel/Erklärung |
|---|---|---|---|
| 1 | Return on Investment | Verhältnis von Gewinn plus Zinsaufwand minus Steuern zum eingesetzten Kapital. | 100 Euro Kapital eingesetzt und 10 Euro Gewinn erwirtschaftet nach Zinsen und Steuern (= 10 % ROI). |
| 2 | Umsatzrentabilität | Verhältnis von Gewinn zu Umsatz in einer Periode. | Pro erwirtschaftetem Umsatz von 1 Euro konnten 10 Cent Gewinn erwirtschaftet werden. |
| 3 | Eigenkapitalrentabilität | Verzinsung des Eigenkapitals einer Organisation in einer Periode. | 100 Euro Eigenkapital eingesetzt und 10 Euro Gewinn erwirtschaftet. |
| 4 | Gesamtkapitalrentabilität | Effizienz des Gesamtkapitaleinsatzes einer Investition in einer Periode. | 100 Euro Gesamtkapital eingesetzt und 10 Euro Gewinn erwirtschaftet. |

**Tabelle 15:** Grundbegriffe der Rentabilität[89]

Die wichtigste Kennzahl ist der Return on Investment (kurz: ROI). Sie wurde von Donaldson Brown 1919 entwickelt, als er Ingenieur bei der Firma DuPont de Nemours war. Durch ihn wurde das DuPont-Schema bekannt, das eine erste Orientierung bietet, welche Haupteinflussfaktoren auf den ROI einwirken (vgl. Abbildung 9).

Das DuPont-Schema ist wertvoll, weil es die grundsätzlichen Zusammenhänge in der finanziellen Führung klärt. Es greift dabei auf Kennzahlen zurück, die es in eine Kennzahlen-Pyramide überführt. Dabei entsteht ein Grundgerüst für ein Controlling-System. Kennzahlen dienen dabei der Quantifizierung und Messung einer Größe oder eines Zustandes (**Beispiel:** Umsatzrentabilität als Verhältnis von Gewinn zu Umsatz). Weiteres zu Kennzahlen in XIV. 5.

---

89    In enger Anlehnung an: Däumler, Klaus-Dieter/Grabe, Jürgen, Kostenrechnung 1 – Grundlagen, Herne 2013, S. 7–24.

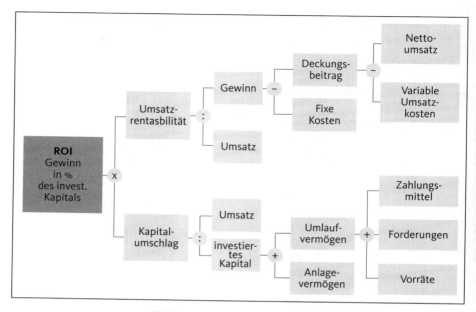

**Abbildung 9:** DuPont-Kennzahlensystem[90]

## 4. Zusammenfassung

Jedes organisationale Handeln hat früher oder später eine finanzielle Auswirkung auf die Liquidität, auf die Profitabilität oder auf die Rentabilität. Ziel muss es sein, dass Führungskräfte sich dieser Auswirkungen bewusst sind. In der Regel handeln sie nicht mit ihrem eigenen Geld, sondern mit Finanzmitteln, die ihnen Kapitalgeber vertrauensvoll zur Verfügung gestellt haben. Das rechtfertigt eine intensive Auseinandersetzung mit den hier angesprochenen Unternehmenszielen (Liquidität, Profitabilität, Rentabilität). Neben den genannten Werkzeugen (Liquiditätsplanung, Währungsmanagement, Kostenmanagement, Investitionscontrolling) braucht es darüber hinaus vernünftiges Kontrollieren, Controlling und Konsequenzen. Diesen Themen ist Kapitel XIV. gewidmet.

Finanzielle Führung ist nicht für jede Führungskraft von Relevanz. Insbesondere im Top-Management müssen diese kaufmännischen Werkzeuge aber regelmäßig aufgegriffen, adressiert und angepasst werden. Je nach Geschäftsmodell, Kontext und Situation kann dies häufig oder selten der Fall sein. Zur organisationalen Umsetzung empfiehlt es sich, die finanzielle Führung in das Integrierte Managementsystem (vgl. IV. 7.2) und hier speziell in das Richtlinienmanagement zu integrieren.

---

90    Wöhe, Günter/Röring, Ulrich, Einführung in die Allgemeine Betriebswirtschaftslehre, München 2016, S. 203.

# Teil 3: Selbstmanagement, Kommunikation und Management von Personen

# VI. Achtsamkeit

*„Genieße mäßig Füll und Segen, Vernunft sei überall zugegen, wo Leben sich des Lebens freut. Dann ist Vergangenheit beständig, das Künftige voraus lebendig. Der Augenblick ist Ewigkeit." (Johann Wolfgang von Goethe)*

Nicht nur die kaufmännische Kompetenz macht eine gute Führung aus, sondern auch Qualitäten, die mit der Persönlichkeit des Managers zusammenhängen. Es geht darum, Menschen zu lenken und sich dabei selbst nicht zu verlieren. Gerade, weil Manager häufig großem äußerem, aber auch innerem Druck ausgesetzt sind, ist es wichtig, dass sie ihren inneren Halt nicht verlieren. Und damit sind wir bei der Achtsamkeit. Achtsamkeit ist eine der wesentlichen Voraussetzungen für Leistungsfähigkeit und -bereitschaft. Für Manager, die ihre eigene Gesundheit erhalten wollen, sind fünf Punkte entscheidend: Sie brauchen (1) eine passgenaue mentale Einstellung, (2) ausreichend Schlaf, (3) ausreichend Entspannung und Bewegung, (4) eine ausgewogene Ernährung) und (5) partnerschaftliche Beziehungen.

Achtsamkeit ist zurzeit ein viel diskutiertes Thema, dennoch ist sie mehr als eine Modeerscheinung. Wichtig ist, dass jeder für sich selbst herausfindet, was ihm wirklich guttut und was weniger. Deshalb können die folgenden Empfehlungen nur eine Richtschnur sein. Wichtig ist, dass man sich selbst innerlich damit wohlfühlt.

Folgende Überzeugungen liegen meinem Verständnis der Achtsamkeit zugrunde (vgl. auch Abbildung 10):

- Mit der Zeugung entsteht ein gebrechliches Gerüst aus Körper, Geist und Seele.[91]
- Nach der Geburt erhalten wir einen Namen. Der ist manchmal mehr Programm, als wir vermuten.
- Besonders die ersten neun Jahre prägen unsere wesentlichen Einstellungen, Normen und Werte, kurz unseren Grundcharakter. Eine gewisse Stabilität kehrt in das Gerüst aus Körper, Geist und Seele ein.
- Spätestens ab dem frühen Erwachsenenalter haben wir die Möglichkeit, Verantwortung für uns selbst zu übernehmen. Nicht andere sind verantwortlich oder tragen Schuld an unserem Leben, sondern wir selbst können das Zepter in der Hand halten und gestalten, entwickeln und lenken. Das ist die vielleicht wichtigste Erkenntnis im Leben eines Menschen!
- Nicht nur der Körper braucht Pflege (= Körperpflege), auch unser Geist und unsere Seele brauchen Zuwendung, Aufmerksamkeit und Wertschätzung. Für den

---

91  Dies ist eine stark westlich geprägte Sichtweise. Nach östlicher Perspektive gibt es einen gebrechlichen Körper, den ein Bewusstsein umhüllt. Dieses Bewusstsein ist in einen größeren Prozess eingebettet.

Geist ist mentale Klarheit und für die Seele eine integre Haltung – man könnte auch „Reinheit" sagen – erforderlich.

- Jeder Mensch ist immer in Beziehung mit anderen, auch wenn er allein mit sich selbst ist. Beispielsweise denkt er an andere und andere denken an ihn.
- Körper, Geist und Seele können sich bis ins hohe Alter weiterentwickeln – mehr oder weniger. Behauptungen, dass Körper, Geist und Seele mit zunehmendem Alter dazu nicht mehr in der Lage sind, bringen eher den Unwillen zum Ausdruck, sich weiterzuentwickeln.
- Der Mensch ist ein vergängliches Lebewesen. Der Körper wird wieder zur Asche.

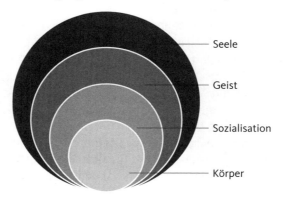

**Abbildung 10:** Modell „Selbst"

Dieses Modell ist keine finale Beschreibung des Menschen. Wenn wir das Modell aber vorläufig akzeptieren, hat dies Konsequenzen. Ich habe mir erlaubt, sie in Ich-Form zu beschreiben. Verbunden damit ist die Möglichkeit, innerlich zu prüfen, ob Sie das genauso sehen und innerlich akzeptieren:

- Ich bin für mich ganzheitlich verantwortlich: für meinen Körper, für meinen Geist und für meine Seele.
- Ich nehme mich, meine Mitmenschen und meine Arbeit wichtig, weiß aber auch um unsere Vergänglichkeit.
- Ich kann mich jederzeit weiterentwickeln, wenn ich das will.[92]
- Ich bin verantwortlich für meine Beziehungen. Die Menschen in meinem Umfeld haben ebenfalls Verantwortung für sich selbst und ihren Körper, ihren Geist und ihre Seele.
- Die Verantwortung für meine Beziehungen ist gleichzusetzen mit einer wertschätzenden Grundhaltung für mein Gegenüber: Ich bin ok und du bist es auch. Ich schätze dich und du schätzt mich auch.

---

92     Es ist eine Ausrede, wenn jemand sagt: „Das kann ich nicht." Dahinter steht die Haltung: „Ich will das nicht." Oder: „Ich sehe keinen Sinn darin." Menschen beweisen immer wieder, dass sie etwas erreichen können, wenn sie es tatsächlich wollen. Und das ist unabhängig vom Alter. Warum sollte man als Rentner nicht eine neue Sprache erlernen können?

## 1. Mentale Einstellung

Mentale Einstellung findet auf zwei Ebenen statt: a) indem man sich auf entscheidende Situationen inhaltlich und mental angemessen vorbereitet und b) sich mental so programmiert, dass man innerlich gegen mögliche Komplikationen oder gar das eigene Scheitern gewappnet ist.

> **Beispiel** für a) angemessene Vorbereitung: Ein Abteilungsleiter hat eine Entscheidungsvorlage in einer Sitzung zu präsentieren. Er hat inhaltlich alles perfekt vorbereitet: den Inhalt der Vorlage, Antworten auf mögliche Fragen der Sitzungsteilnehmer. Im Vorfeld hat er wesentliche Stakeholder und Entscheider informiert und mit ihnen die Sachlage durchdiskutiert usw. Er weiß, dass er alles in seiner Macht Stehende getan hat. Wirklich alles? Sie werden zustimmen, dass es jetzt auch auf die Art und Weise der Präsentation, seine Reaktion auf die Fragen und Meinungen der Sitzungsteilnehmer und Weiteres ankommt. Dabei wird ihm auch eine mentale Vorbereitung helfen, bei der er sich gedanklich mit dem Folgenden auseinandersetzt und mögliche Ereignisse vorwegnimmt, um sie im Moment des Eintretens bewusst gestalten zu können. Um nur ein paar Hinweise zu geben: Was ist mir heute wichtig? Wie erreiche ich die beste Entscheidung für unser Unternehmen? Was kann ich tun, damit die Beteiligten innerlich zustimmen? Wie gehe ich damit um, wenn meine Vorschläge nicht akzeptiert werden? Habe ich Alternativen? Weiß ich, was ich zu tun habe, wenn XYZ eintritt?

Das Beispiel zeigt im Ansatz, wie wichtig eine Vorbereitung sein kann – und zwar inhaltlich und mental. Hebt man das eine Stufe höher, sind wir beim Thema b) mentale Programmierung. Wie sehe ich mich selbst? Wie möchte ich sein? Was ist mir wichtig? Mit welcher Haltung gehe ich grundsätzlich mit mir selbst, aber auch mit anderen um?

Sehr gute Führungskräfte haben diese und ähnliche Fragen möglichst früh für sich geklärt und leben danach – im Bewusstsein, dass sie ihre Ideale nie vollständig erreichen werden. Trotzdem ist diese mentale Festigung spürbar und wird von anderen als Charisma empfunden. Diese Menschen haben sich den Luxus gegönnt und ihre mentale Einstellung **passgenau**[93] gewählt. Der kürzeste mentale Einstellungs-Code dazu lautet: *„Tu, was du kannst, mit dem, was du hast, wo immer du bist"* (Theodore Roosevelt). Tabelle 16 zeigt das Beispiel der mentalen Einstellung einer Top-Führungskraft. Dahinter steht der idealistische Kerngedanke: Ein Mensch definiert den Wert bzw. die Normvorstellung, die er für richtig hält, und gleichzeitig seine innere Haltung dazu. In regelmäßigen Abständen (Empfehlung: Wiedervorlage) nimmt er sich die Zeit, seine mentale Einstellung zu überprüfen: Was gelingt mir? Was gelingt mir weniger? Worauf möchte ich in den nächsten Tagen/Wochen bewusst achten?

---

93    Passgenau meint: Es muss auch realistisch umsetzbar sein. Oder anders gesprochen: Man muss zumindest so ehrlich zu sich selbst sein und wissen, dass manche Verhaltensänderung deutlich länger dauert, als es im ersten Moment scheint.

Vielen Führungskräften gelingt es auf diese oder ähnliche Weise, sich bewusst zu definieren. Sie sind dann nicht „Opfer ihrer Umstände", sondern bewusste Gestalter, Entwickler und Lenker ihrer Zukunft,[94] gemäß dem Motto: Das, was ich sein möchte, strahle ich aus.

|   | Wert/Normvorstellung | Innere Haltung dazu |
|---|---|---|
| 1 | Jeder Mensch ist gut, wie er ist. | Ich verzichte auf Bewertungen. |
| 2 | Jeder Mensch hat Recht. | Ich respektiere die Meinungen anderer. |
| 3 | Das Leben ist kein Selbstzweck. | Ich gebe mein Bestes für meine Ziele und Aufgaben. |
| 4 | Jeder Mensch verdient Wertschätzung. | Ich bin wertschätzend und klar. |
| 5 | Es darf mir gutgehen. | Ich tue, was mir guttut, und sage, wenn ich etwas brauche. |
| 6 | Jeder Mensch ist Mensch und kein Opfer/Täter. | Ich verzichte auf Selbstmitleid. |
| 7 | Es ist immer alles da. | Ich sehe, was jetzt da ist. Ich beeinflusse nur das, was ich selbst beeinflussen kann. |
| 8 | Jeder Mensch darf gesund und glücklich sein. | Ich bin ein gesunder, glücklicher und zufriedener Mensch. |
| 9 | Der Körper zeigt die Seele. | Ich strahle meine Haltungen aus. |
| 10 | Jeder Mensch darf geliebt sein. | Ich liebe meine Mitmenschen und die meisten lieben mich. |
| 11 | Fröhlichkeit und Heiterkeit sind feste Bestandteile des Lebens. | Ich bin gerne fröhlich, heiter und gelassen. |
| 12 | Jeder Mensch kann nur sich selbst kontrollieren und steuern. | Ich bin für meine Selbststeuerung verantwortlich und nicht für die von anderen. |

**Tabelle 16:** Beispiel mentale Einstellung

## 2. Schlaf

Genauso wichtig wie eine **passgenaue** mentale Einstellung ist ein **erholsamer** Schlaf. Tabelle 17 zeigt, wie viel Zeit wir in etwa für Schlaf aufwenden.

Jeder Mensch hat pro Jahr 8.760 Stunden (= 24 Stunden pro Tag mal 365 Tage) zur Verfügung. Geht man von einer durchschnittlichen Schlafenszeit von 8 Stunden pro Tag aus, verbringen wir also rund ein Drittel unserer Zeit im Bett. Schon allein dieses „Investment" ist Grund genug für eine intensivere Auseinandersetzung mit dem Schlaf.

---

94  Mehr dazu bei: Sprenger, Reinhard K., Die Entscheidung liegt bei Dir! Wege aus der alltäglichen Unzufriedenheit, Frankfurt am Main 2016.

| Zeit in Stunden | Tag | Jahr abs. in h | Jahr rel. in % |
|---|---|---|---|
| Zur Verfügung (365 Tage) | 24 | 8.760 | 100,0 |
| Ø Arbeitszeit (230 Arbeitstage) | 9 | 2.070 | 23,63 |
| Ø Schlafenszeit (365 Tage) | 8 | **2.920** | **33,33** |
| Ø Freie Zeit (365 Tage mal 7 Stunden plus 135 Tage mal 16 Stunden) | | **4.715** | **53,82** |

**Tabelle 17:** Schlafenszeit

Es klingt banal: **Wir brauchen erholsamen Schlaf, um nicht müde zu sein.** Wir brauchen Schlaf nicht nur zur Erholung des Körpers, sondern vor allem für unser Gehirn. Es muss vieles verarbeiten und benötigt daher die Ruhephase des Schlafes. Denn Müde-Sein hat deutlich negative kurzfristige Konsequenzen:

1. Unsere Aufmerksamkeit nimmt ab.
2. Wir müssen mit Leistungseinbußen rechnen.
3. Auch Wahrnehmungsausfälle können auftreten.
4. Bei monotonen Arbeiten und Aufgaben bekommen wir Probleme.
5. Manche Menschen reagieren bei nicht erholsamem Schlaf mit schlechter Stimmung.
6. Nicht zu unterschätzen ist die Gefahr eines Sekundenschlafs beim Autofahren.

Und so erstaunlich es klingt: Zu wenig erholsamer Schlaf fördert langfristig psychische Erkrankungen. So ist beispielsweise eine Zunahme von Depressionen bei zu wenig Schlaf wissenschaftlich belegt. Ein Manager, der nicht ausreichend schläft, setzt die Erfolge seines Unternehmens aufs Spiel.

## 3. Entspannung und Bewegung

Nicht nur der Schlaf sorgt für unsere Erholung. Es braucht auch im Wachzustand eine passende Balance zwischen Spannung und Anspannung, zwischen Leistungs- und Erholungsphasen.

> **Beispiel:** Sie machen eine Faust und halten diese. Sie können diese Faust möglicherweise lange anspannen, aber irgendwann kommt das Bedürfnis, sie auch wieder zu entspannen.

Ein Manager gibt viel, aber nicht unbedingt sein Leben. Daher sorgt er für ausreichende Zeiten der Entspannung und Erholung. Dabei geht es – ähnlich wie beim Schlaf – nicht um die Länge der Entspannung. Es geht um den Tiefgang und die faktische, nicht nur kurzfristig wirkende Erholung.

In der Regel wissen wir ziemlich genau, wie wir uns am besten entspannen und erholen. Allgemeine Empfehlungen soll es deshalb hier nicht geben, sondern nur einige Anregungen, was in puncto Erholung wirkt.

1. Das Ziel der Entspannung ist es, für einen gewissen Zeitraum auf komplett andere Gedanken zu kommen. Deshalb kann es sich lohnen, neben Familie, Freunden und Bewegung bewusst eine Sache/ein Hobby für sich zu pflegen. Es geht dabei nicht um Sport oder um Bewegung, sondern um etwas, mit dem man sich gerne beschäftigt und das einen abschalten lässt. Beispiele: musizieren, malen, etwas Bestimmtes sammeln, alte Sachen restaurieren, belletristische Bücher lesen oder anhören, Konzerte oder Theater besuchen usw. Je geringer der Aufwand für dieses Hobby ist, desto besser lässt es sich in den Alltag integrieren.

2. Daneben ist auch die Bewegung hochwirksam zum Abschalten und Entspannen. Sie sorgt für tiefere Atmung und damit gewissermaßen für eine Entlüftung des Körpers. Sie sorgt aber auch dafür, dass unser gesamter Kreislauf in Schwung kommt und viele Muskeln, Faszien, Nerven, Organe besser durchblutet und aktiviert werden. Auch hier gilt: Besser einen Sport suchen, der sich gut in den Alltag integrieren lässt.

**Beispiel:** drei Einheiten Sport pro Woche von mindestens 45 Minuten: Fitness, Joggen, Krafttraining, Volleyball, Fußball, Schwimmen, Nordic Walking. Zu achten ist auf eine Balance zwischen Ausdauer und Kraft. Damit stellt man sicher, nicht einseitig zu trainieren. Effektive Jogger joggen nicht nur, sondern machen auch Sporteinheiten für den Rumpf, Faszien-Training, Yoga, Fitnesstraining usw. So gewährleisten sie eine gleichmäßige Beanspruchung unterschiedlichster Faszien- und Muskelpartien. Regelmäßige Bewegung bringt auch unseren Geist in Bewegung.

3. Ein Geheimtipp noch: Gleichgewichtsübungen. Wer das regelmäßig macht, kommt nicht nur körperlich ins Lot, sondern mittelfristig auch psychisch.

## 4. Ernährung

*„Kuchen hat nur wenig Vitamine, deshalb muss man viel davon essen."*
*(N.N.)*

*„Spinat schmeckt am besten, wenn man ihn kurz vor dem Verzehr durch ein großes Steak ersetzt."*
*(N.N.)*

Ernährung ist der vierte Baustein der Achtsamkeit. Hier scheiden sich die Geister. Und der Grund dafür ist banal: Die Ernährungsgewohnheiten legt man früher oder später fest und weicht von ihnen so schnell nicht ab.

> **Beispiel:** „Meine morgendlichen Kaffee, den brauche ich unbedingt, sonst bin ich nicht handlungsfähig." Würde die Empfehlung ausgesprochen, die morgendliche Kaffeetasse durch etwas anderes zu ersetzen (einen kleinen Spaziergang und anschließend eine heiße Tasse grünen Tee), wäre die Reaktion: „Gute Idee, **aber** meinen Kaffee, den lasse ich mir nicht nehmen."

Hin und wieder sind der bewusste Verzicht und auf Dauer das richtige Maß aber ein wesentlicher Schlüssel für innere Zufriedenheit.[95]

Eine ausgewogene Ernährung fördert darüber hinaus die Gesundheit. Werden Manager krank, können sie ihren Aufgaben nicht gerecht werden. Möglicherweise gerät dadurch auch das Unternehmens in eine Schieflage. Deshalb ist es wichtig, dass Manager sich gesund ernähren, auf regelmäßige Mahlzeiten achten und auf Schädliches wie zu viel Alkohol, Tabletten etc. weitgehend verzichten.

---

95  Dazu eine heitere Begebenheit: Der Vorstandsvorsitzende einer deutschen Krankenkasse antwortete auf meinen Trinkspruch „Gesundheit" wie folgt: „Nein, mein Lieber. Gesundheit, Glück und Zufriedenheit. Denn gesund waren sie auf der Titanic auch."

| | **Optimale Ernährung** | **Hintergrund** |
|---|---|---|
| 1 | Mindestens zwei Liter Wasser trinken, als Sportler auch mehr | Zur inneren Reinigung unseres Körpers benötigen wir täglich mindestens zwei Liter Wasser. Für Sportler empfehlen sich sogar bis zu vier Liter. Wer Faszien-Training betreibt, sollte das besonders beachten. Tipp: Viele Menschen verspüren am Vormittag ein trügerisches Hungergefühl; in vielen Fällen ist es kein tatsächlicher Hunger, sondern das Bedürfnis des Körpers nach Flüssigkeit. |
| 2 | Maximalaufnahme der Kalorien pro Tag beachten | Sein optimales Körpergewicht[96] hält man am besten, indem man nur die Kalorienanzahl pro Tag zu sich nimmt, die man benötigt. Das hängt ab von Alter, Gesundheitszustand, körperliche Belastung, u.v.m. |
| 3 | Ausgewogene Ernährung | Hier ist nicht die Stelle für eine detaillierte und personenzugeschnittene Ernährungsberatung. Nur so viel: Eine ausgewogene Ernährung ist von Mensch zu Mensch unterschiedlich und abhängig von den jeweiligen Lebensumständen. Die Herausforderung besteht darin, für sich herauszufinden, wie man die Ausgewogenheit der Ernährung sicherstellt. |
| 4 | Ausreichend Zeit zum Essen | Was und wie man isst, so ist man auch. Wenn man sich ausreichend Zeit nimmt fürs Essen, fördert das zugleich die Verdauung. Und nebenbei ist es geschenkte Lebenszeit, alleine, gemeinsam mit einem Kollegen oder mit der Familie bewusst zu essen. |
| 5 | Vermeidung von zuckerhaltigen Getränken und Speisen | So lecker zuckerhaltige Getränke und Speisen auch sind, man sollte sie meiden, wo immer es geht. Zucker ist ein Geschmacksstoffträger. Er suggeriert unserem Körper die Zuführung von Energie. Zu viel Zucker wirbelt den Zuckerhaushaltsspiegel in unserem Körper durcheinander und fordert die körpereigene Regulierung bis an ihre Grenzen. Wie so oft gilt: Die Menge macht es, in diesem Fall die möglichst niedrige Menge. |
| 6 | Vermeidung von synthetischen Nahrungsergänzungsmitteln | Auch wenn synthetisch hergestellte Nahrungsergänzungsmittel gut vermarktet werden: Sie suggerieren dem Einnehmer: Ich führe mir etwas zu, was ich sonst nicht durch andere Lebensmittel bekommen kann. Es bleibt zweifelhaft, ob sie eine ausgewogene Ernährung wirksam sicherstellen. Empfehlung: Natürliche Lebensmittel bevorzugen. |
| 7 | Vermeidung von Alkohol, Nikotin und sonstigen Drogen | Eigentlich eine Selbstverständlichkeit. Aber gerade Führungskräfte gehören mitunter zur Risikogruppe der Suchtgefährdeten. |

**Tabelle 18:** Empfehlungen für eine optimale Ernährung

---

96  Ein optimales Verhältnis von Körperfett zum Körpergewicht ist entscheidender als das optimale Verhältnis von Körpergewicht zur quadrierten Körpergröße (auch als BMI bekannt).

## 5. Partnerschaftliche Beziehungen

Es ist eigentlich ein Allgemeinplatz, aber Menschen, die viel Zeit mit ihrem Beruf verbringen, vergessen es gelegentlich: Intakte Beziehungen sind gesundheitsfördernd. Sie bilden den fünften Baustein für Achtsamkeit. Kapitel IX. widmet sich dem Management von Personen und darin explizit dem Gelingen partnerschaftlicher Beziehungen; mehr dazu dort.

## 6. Zusammenfassung

Wir Menschen bestehen aus Körper, Geist und Seele. Wenn wir Achtsamkeit anstreben, müssen wir für unsere körperliche Fitness, geistige Klarheit und seelische Zufriedenheit sorgen. Achtsamkeit sichert unsere Leistungsfähigkeit und -bereitschaft und eine ausreichende Lebensqualität. Wesentliche Hebel, die ein gesundes Leben ermöglichen, sind eine passende mentale Einstellung, erholsamer Schlaf, ausreichende Entspannung und Bewegung, wertvolle Ernährung und intakte Beziehungen.

Wer das Thema Achtsamkeit ernst nimmt, hat bereits einen ersten Beitrag zu seinem Selbstmanagement geleistet. Körperliche, geistige und seelische Achtsamkeit sichern die Möglichkeit, Leben und Arbeit zu managen und leistungsfähig zu sein.

# VII. Selbstmanagement

*„Wer schuftet wie ein Pferd, eifrig ist wie eine Biene und abends müde wie ein Hund,*
*sollte zum Tierarzt gehen – möglicherweise ist er ein Kamel."*
*(Andreas Ackermann)*

Selbstmanagement ist die Kompetenz, das eigene (berufliche) Handeln unabhängig von äußeren Einflüssen sinnvoll zu gestalten. Es dient dazu, die Arbeit so zu organisieren, dass sie produktiv ist, weder Überlastung noch Stress auftreten und die Freude an der Arbeit erhalten bleibt. Gerade für Manager, an die tagtäglich zahlreiche Dinge herangetragen werden, die vieles im Blick behalten und schnell entscheiden müssen, ist das Selbstmanagement essenziell. Eine wichtige Grundlage für gelingendes Selbstmanagement ist die Achtsamkeit.

Es gibt nicht wenige Autoren, die unter Selbstmanagement auch die Steuerung der eigenen Motivation und der eigenen Gefühle, die Schaffung eigener Zukunftsperspektiven, die Impulskontrolle und vieles mehr subsummieren. Die Fülle an Literatur zu diesem Thema scheint fast grenzenlos. Ich möchte mich im Folgenden auf ein paar wesentliche Punkte konzentrieren.

Selbstmanagement bildet die Basis für Erfolg und Lebenszufriedenheit. Es gibt keinen Menschen, der ohne Selbstmanagement auskommt. Und nur wer sich selbst gut managen kann, wird auch in der Lage sein, andere Menschen zu führen und Organisationen zu leiten.

Viele Menschen setzen Selbstmanagement mit Zeitmanagement gleich. Dahinter steht die Annahme, durch besseren Methodeneinsatz ließe sich Zeit (bei der Arbeit) sparen und dann für Freizeit und Erholung nutzen. Vermutlich liegt hier die falsche Vorstellung einer „Work-Life-Balance" (Balance zwischen Arbeit und Leben) zugrunde. Falsch deshalb, da Arbeit und Leben immer miteinander verknüpft sind. Selbst Haushalt, Garten oder die Erziehung von Kindern sind mit Arbeit verbunden – man spricht ja auch von Hausarbeit, Gartenarbeit oder Erziehungsarbeit. Daher der Vorschlag, von einer „Life-Balance" (Balance im Leben) zu sprechen. Selbstverständlich ist es legitim, mithilfe von (besserem) Selbstmanagement produktiver zu werden und Zeit für Wesentlicheres zu gewinnen. Es ist aber lediglich eine Teilfacette und reicht meines Erachtens nicht aus.

**Handlungsmaxime:** Ich steuere mein Leben und nicht die Zeit.

Unbestreitbar hat die elektronische Datenverarbeitung (EDV) mit all ihren Errungenschaften der letzten Jahrzehnte erheblich zu produktiverer Arbeit beigetragen. Smartphones mit ihren vielfältigen App-Angeboten sind aus dem Lebensalltag vieler Menschen nicht mehr wegzudenken. Und tatsächlich erleichtern sie es manchem, sich selbst besser zu managen. Sei es, weil mehr Informationen (sofort) zur Verfügung stehen, sei es, weil ein elektrisches Gerät äußerst zuverlässig arbeitet und sich immer alles merken kann (Termine, Kontakte, Aufgaben, Einkaufslisten etc.).

Dennoch sind Selbstmanagement und EDV zwei verschiedene Dinge – so groß deren Schnittmenge auch sein mag. Die EDV kann ein Instrument des Selbstmanagements sein (sofern man es auch als solches einsetzen will).[97] Die entscheidende Frage ist: Will ich mich von der EDV steuern/managen lassen oder bleibe ich Herr meines Handelns? Selbstverständlich ist nichts dagegen einzuwenden, wenn elektronische Hilfsmittel meinen Alltag erleichtern. Technik erfordert aber immer auch Aufmerksamkeit. Weil Programme nicht jederzeit 100-prozentig funktionieren. Weil Daten aufgeräumt und gelöscht werden müssen. Weil man für ein vernünftiges Back-up sorgen muss. Weil die EDV vielleicht gerade dann nicht funktioniert, wenn man sie dringend braucht. Selbstmanagement wird dann nicht möglich, da Zeitdruck und Stress zunehmen. Selbstmanagement kann also durchaus technisch unterstützt werden. Wichtiger ist aber eine innere Haltung bzw. innere Fähigkeit, die auch ohne Smartphone & Co. funktioniert.

> **Handlungsmaxime:** So viel EDV wie nötig, so wenig wie möglich.

Das Wort Selbstmanagement ist irreführend. Was nützt es, sich selbst gut managen und steuern zu können, wenn das Umfeld die Folge- oder Nebenwirkungen spürt oder – verschärft formuliert – sogar abkriegt? Es gibt genug Egoisten, die nur ihre eigene Agenda, ihre eigenen Ziele im Fokus haben. Kurzfristig mag eine solche Vorgehensweise auch „erfolgreich" sein, mittel- und langfristig funktioniert sie nicht. Jeder Mensch hat berechtigte eigene Interessen. Für ein gelingendes Miteinander ist es notwendig, die eigenen Bedürfnisse bisweilen unterzuordnen oder zumindest anzupassen. Fast jeder Mensch hat mit einem Chef/einer Chefin, mit Kollegen, mit einem Lebensgefährten/Ehepartner, eventuell mit Kindern, Freunden/Bekannten, Verwandten, Lieferanten/Kunden usw. zu tun. Jeder von ihnen ist interessiert, das Bestmögliche aus seinem Leben zu machen. Das Bestmögliche für mich selbst ist aber nicht zwingend das Bestmögliche für mein Umfeld. Ein wirksames Selbstmanagement behält demnach immer das Umfeld im Blick.

> **Handlungsmaxime:** Ich manage mich selbst und beachte die Auswirkungen auf mein Umfeld.

---

97 Es gibt genügend Menschen, die bewusst auf ein Smartphone oder sonstige digitale Lösungen in ihrem Selbstmanagement verzichten und stattdessen analoge Techniken wie Notizzettel, Kalender, Bücher oder anderes nutzen.

Die landläufige Meinung lautet: Erwirb das notwendige Methodenwissen, setze es um und perfekt ist das Selbstmanagement. Die Literatur zum Thema vermittelt genau diesen Eindruck.

Selbstmanagement ist aber nicht Werkzeug-Wissen und Werkzeug-Beherrschung allein. Es beginnt mit einer grundsätzlichen Herangehensweise:

- Was ist mir wichtig im Leben und warum? Beispielsweise macht es einen Unterschied, ob ich Wert auf ein großes Einkommen lege oder ob bei mir Geld eine untergeordnete Rolle spielt.
- Wie möchte ich meine Lebenszeit gestalten? **Beispiel:** Wie wichtig ist mir Zeit für Freizeitaktivitäten?
- Welche Grundsätze und Regeln gelten für mich? Welche nicht? Wenn ich beispielsweise als Führungskraft an einem wertschätzenden Miteinander interessiert bin, muss ich dafür auch Zeit und Nerven investieren. Wenn mir ein sachliches Miteinander ausreicht, kann das ein geringeres Zeitinvestment bedeuten.
- Welche Rahmenbedingungen sind mir wichtig? **Beispiel:** Bin ich bereit, mich für ein anderes Leben örtlich zu verändern?

Solche und ähnliche Fragen (vgl. auch VI. 1.) sowie die Auseinandersetzung mit sich selbst werden zeigen, ob ein bestimmtes Set an Werkzeugen helfen kann. Gegebenenfalls muss man sogar neue Methoden erlernen und anwenden, um wirksam(er) zu werden. Gegebenenfalls muss man auch seine bisherigen Methoden kritisch hinterfragen und bewusst verwerfen.

> **Handlungsmaxime:** Methoden unterstützen das Selbstmanagement. Sie sind nicht identisch damit.

## 1. Selbstreflexion

Grundlage für ein funktionierendes Selbstmanagement ist Selbstreflexion. Echte Selbstreflexion beginnt mit der **Fähigkeit** und **Bereitschaft**, a) sich zu hinterfragen und b) über sich und seine Beziehungen nachzudenken. Dies mündet in konkrete Schlussfolgerungen und Konsequenzen: Was ändere ich? Wie ändere ich es? Warum ändere ich es? Wie stelle ich fest, ob ich es tatsächlich geändert habe?

Einige Führungskräfte scheitern daran, obwohl sie die Fähigkeit besitzen, über sich selbst zu reflektieren. Es fehlt ihnen aber an der inneren Bereitschaft, die Reflexion (und deren Ergebnisse) oder Rückmeldungen (und deren Quintessenz) so ernst zu nehmen, dass Handlungen daraus resultieren.

Warum sollte man Feedback und Rückmeldungen ernst nehmen? Auf Basis des sogenannten Johari-Fensters gibt der ehemalige amerikanische Verteidigungs-minister Donald Rumsfeld eine erste Antwort: „Es gibt bekanntes Bekanntes; es gibt Dinge, von denen wir wissen, dass wir sie wissen. Wir wissen auch, dass es bekanntes Unbekanntes gibt: Das heißt, wir wissen, es gibt Dinge, die wir nicht wissen. Aber es gibt auch unbekanntes Unbekanntes – Dinge also, von denen wir nicht wissen, dass wir sie nicht wissen."[98]

Das Johari-Fenster, 1955 entwickelt von den amerikanischen Sozialpsychologen Joseph Luft und Harry Ingham, gibt Aufschluss darüber, dass uns nicht alles be-kannt ist:

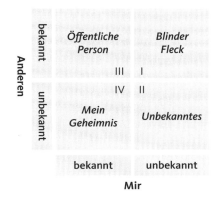

**Abbildung 11:** Das Johari-Fenster (auf Basis von Joseph Luft und Harry Ingham)

**Beispiel:** Mir und anderen ist bekannt, dass ich gerne Karten spiele (Quadrant III). Mir bekannt, anderen unbekannt ist, dass ich ein paar Kartentricks beherrsche (Quadrant IV). Mir unbekannt und anderen bekannt ist, dass ich bei schlechten Karten eher dazu neige, mein Gesicht zu verziehen (Quadrant I). Mir unbekannt und anderen unbekannt ist, dass Kartenspielen meinen Blutdruck in ungesunde Regionen hochschnellen lässt (Quadrant II).

Das Nachdenken und Reflektieren, vor allem über Wirkungen, die ich mit meinem Handeln hervorrufe, ist essenziell für Führungskräfte. Normalerweise bekommen sie einen Vorschuss an Vertrauen, Macht und Anerkennung. Dieser muss sich dann aber auch rechtfertigen. Genau deshalb ist es wichtig, dass Manager Selbstreflexion und Rückmeldungen ernst nehmen und daraus die richtigen Schlüsse ziehen. Denn:

- Wer fähig und bereit ist, sich selbst immer wieder zu hinterfragen, **und** daraus Aktionen ableitet, erreicht höchste Wirksamkeit.

---

98    News Briefing des US-Verteidigungsministeriums, 12.02.2002, übersetzt durch Arno Widmann, Berliner Zeitung, 19.03.2011.

- Er hat Achtung vor sich selbst und wird von seinen Mitmenschen geachtet.
- Wer (wirklich) ehrlich zu sich ist, erkennt den feinen Unterschied zwischen Absicht und Willenserklärung auf der einen und tatsächlicher Umsetzung auf der anderen Seite.
- Nebenbei stellt sich (Selbst-)Disziplin als Folgeprodukt der Selbstreflexion ein.
- Nur wer die eigenen Schwächen und Fehler kennt, kann an sich arbeiten.

## 2. Inputverarbeitung

*„Mit dem Gehirn ist es wie mit dem Magen. Man darf ihm nur Nahrung zumuten,*
*die er auch verdauen kann."*
*(Kurt Tucholsky)*

Jeder Manager kennt das: Eine schiere Flut an Informationen stürmt täglich auf uns ein. Die meisten Führungskräfte erzählen mir voller Stolz, wie viel Input sie zu bewältigen haben. (**Beispiel:** „Ich bekomme über 300 E-Mails pro Woche.") Seltener bekomme ich zu hören, wie sie mit diesem Input umgehen. Wie sie Herr der Lage bleiben. Wie sie den Input wirksam verarbeiten. Wie ihr Selbstmanagement sie davor bewahrt, den Überblick zu verlieren.

Inputverarbeitung ist eine spezifische Art der Informationsverarbeitung: Es treffen unterschiedliche Informationen mit unterschiedlicher Qualität ein (= Input). Für effektives Selbstmanagement und einen sinnvollen Output braucht es eine Input-verarbeitung, die drei Fragen beinhaltet:

1. Ist diese Information wahr?
2. Kann ich die Sache beeinflussen?
3. Welche Priorität hat das?

### 2.1 Ist diese Information wahr?

Medien und Social Media/Internet lassen seit einigen Jahren den Eindruck aufkommen, dass Fake News und Fake-Information zugenommen hätten. Es war aber schon immer (!) so, dass nicht alles, was wir lesen, sehen oder hören, auch tatsächlich den Fakten entspricht.

Ob eine Information wahr ist oder nicht, hängt von zwei Faktoren ab. Einmal davon, ob der Sender die Information auch so wahrhaftig wie möglich darstellt, erzählt bzw. über sie schreibt. Und als Zweites, ob der Empfänger die Information als wahr empfindet, einstuft bzw. sie als solche überhaupt wahrnimmt. Beide, Sender und Empfänger, meistern dabei die Herausforderung einer Informationsverarbeitung, bei der nicht alle Informationen berücksichtigt werden. Das Flaschenhalsmodell der Informationsverarbeitung (vgl. Abbildung 12) beschreibt modellhaft, wie wir mit Informationen umgehen.

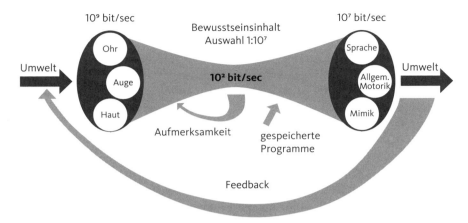

**Abbildung 12:** Flaschenhalsmodell Informationsverarbeitung nach W.-D. Keidel[99]

1. Auf unsere Sinnesorgane (z.B. Auge, Haut, Ohr) prasseln verschiedenste Informationen ein. Man spricht von einem Informationsinput in Höhe von $10^9$ bit/s.
2. Die über unsere Sinnesorgane (sensorische Perzeption) einfließende Informationsmenge wird anschließend durch Auswahl und Vorverarbeitung außerhalb der Bewusstseinsvorgänge (Aufmerksamkeitsprozesse; **Beispiel 1**) auf eine Informationsmenge von $10^2$ bit/s reduziert, das heißt viele Informationen werden als irrelevant für die bewusste Wahrnehmung ausgefiltert.
3. Danach findet eine Anreicherung (unbewusste, gespeicherte Programme, **Beispiel 2**) der Informationen statt, um einen Output zu ermöglichen.
4. Die im motorischen Output (z.B. Sprache, Mimik, allgemeine Motorik) enthaltene Informationsmenge ist $10^7$ bit/s.

> **Beispiel 1:** Ich sitze an meinem Schreibtisch, auf den plötzlich eine Vogelspinne klettert. Ein blinder Mensch würde diesen Vorgang einige Zeit nicht wahrnehmen. Ein sehender Mensch, wenn er hochkonzentriert auf den Bildschirm starrt, möglicherweise auch nicht.

> **Beispiel 2:** Ein erfahrener Wetterbeobachter nimmt eine leichte Zunahme des Windes wahr und schließt auf eine baldige Wetteränderung. Ein unerfahrener Laie wird lediglich die Zunahme des Windes spüren.

Die menschliche Informationsverarbeitung ist also ein gewaltiger, lebenswichtiger Reduktionsvorgang. Obwohl uns 1.000.000.000 bit (= $10^9$) Informationen pro Sekunde aus der Umwelt erreichen, verarbeiten wir nur einen zehnmillionsten

---

99    Vgl. Vester, Frederic, Die Kunst vernetzt zu denken – Ideen und Werkzeuge für einen neuen Umgang mit Komplexität, München 2002, S. 23. Frederic Vester dürfte dieses Modell eng angelehnt haben an die Arbeit von Keidel, Wolf-Dieter (Hrsg.), Kurzgefasstes Lehrbuch der Physiologie, Stuttgart 1967.

Teil davon: 100 bit (= $10^2$) pro Sekunde. Dieser lebenswichtige Reduktionsvorgang hilft uns, nicht die Orientierung zu verlieren. Die Reduktion der Daten und anschließende Anreicherung durch bereits im Gehirn vorhandene Informationen personalisiert die einströmende Informationsmenge. Kurz: So wie wir Informationen wahrnehmen, geschieht das nicht objektiv, sondern stark subjektiv – auf die Erfahrung des Einzelnen zugeschnitten. Praktisch hat diese Modellvorstellung eine gewaltige Auswirkung.

Man kann nicht davon ausgehen, dass zwei Menschen, die miteinander sprechen, automatisch das Gleiche denken, meinen und fühlen. Und das selbst dann, wenn sie über denselben Gegenstand sprechen und sich um gegenseitiges Verständnis bemühen. Für Manager gilt daher: Begriffshygiene und die Sicherstellung, dass alle im Raum das Gleiche verstehen, sind wichtig, aber nicht so leicht zu erreichen.[100]

Die Subjektivität der Inputverarbeitung lenkt auch die Selektion der Informationen („Confirmation Bias"). Das heißt, ich nehme (dankbar) alle Informationen auf, die sich mit meiner Erkenntnis, meinem Weltbild, meinen Vorstellungen, meiner aktuellen Situation oder meinen Interpretationen decken. Alle Informationen, die nicht damit übereinstimmen, haben gar keinen oder nur einen geringen Einfluss auf den anschließenden Entscheidungsprozess.

Als Entscheider muss ich mir deshalb angewöhnen, Zahlen, Daten und Fakten strikt von Einschätzungen und Erfahrungswerten zu trennen. Ein Erfahrungswert mag sich in einer Zahl ausdrücken, bleibt aber ein Erfahrungswert. Die Kernfrage lautet: Was und wie ist die Realität? Habe ich ein möglichst objektives Bild? Wenn nein: Kann ich ein solches mit möglichst wenig Aufwand bekommen? Sehr erfahrene Manager haben eine Sensorik entwickelt für falsche, nicht ganz zutreffende oder mangelhafte Informationen. Sie wissen um die Gefahr, auf einer mangelhaften oder falschen Datenbasis risikobehaftete Entscheidungen zu treffen. Manchmal müssen sie das trotzdem tun, und dann können der Instinkt, die Erfahrung und mehr ihnen weiterhelfen. Die Regel sollte es nicht sein: Ich muss verstehen, wie wirklich die Wirklichkeit ist. Daher die Empfehlung an Manager, sich intensiv mit Statistik und Recherche auseinanderzusetzen, um weniger abhängig von Meinungen und Einflüssen anderer zu sein.

Wenn es keine eindeutigen Fakten sind (**Beispiel:** Das Finanzergebnis beträgt X Euro), handelt es sich um Individual- oder Kollektivmeinungen (**Beispiel:** Ich gehe davon aus, dass X). Die starke Subjektivität in der Inputverarbeitung erfordert daher

---

100   Ich lade Sie zu einem Experiment ein, das Sie demnächst in Ihrem Team machen können. Nehmen Sie einen Fachbegriff, der nicht aus der Rechtslehre oder Medizin kommt. Bitten Sie die Kollegen, diesen Begriff gemeinsam zu definieren oder zumindest einzugrenzen. Wenn Sie mit Ihrem Team zuvor nie eine Begriffsklärung und -hygiene gemacht haben, werden Sie feststellen, wie viele unterschiedliche Ansichten es gibt. Meine Lieblingsbegriffe, bei denen es meistens funktioniert: Personalentwicklung, Strategie, Talentmanagement, Controlling, Compliance.

das klare Bekenntnis zum sogenannten Falsifikationskriterium der Wissenschaft[101] und dessen Anwendung im Management. (**Beispiel:** Stand heute gehen wir davon aus, dass XYZ … Gleichzeitig wissen wir, dass wir uns irren können. Wann gehen wir davon aus, dass wir uns geirrt haben, und wie gehen wir damit um?) Manager sollten wissen, dass sie falsch liegen können, und bereit sein, das innerlich zu akzeptieren.[102]

Das Modell der Informationsverarbeitung lässt offen, wie die Informationen uns am besten erreichen (über Auge, Ohr, Haut etc.). Bei den meisten Menschen verarbeiten die jeweiligen sensorischen Organe Informationen unterschiedlich. Viele zählen zur Gruppe der Leser oder zur Gruppe der Zuhörer. Ich kenne Menschen, mit denen redet man am besten persönlich, telefonisch oder über eine Videokonferenz. Sie wollen unmittelbar nachfragen und sich ein Bild über das Zuhören verschaffen. Anderen Menschen erzählt man möglichst wenig und wählt einen anderen Zugang. Sie nehmen die Informationen wirksam über das Lesen und Anschauen auf. Wenn man weiß, wie das Gegenüber Informationen am einfachsten verarbeitet, kann man diese Person beeinflussen, manchmal sogar steuern. Das gilt auch für mich selbst. Wenn ich Informationen schriftlich brauche, um sie besser verarbeiten zu können, dann sollte ich dafür sorgen, dass ich die Informationen auch schwarz auf weiß bekomme. Umgekehrt: Wenn ich lieber zuhöre und dadurch mein Verarbeitungsvorgang wirksam verläuft, dann sollte ich mir angewöhnen, so viel wie möglich in Gesprächen zu erfahren.

## 2.2  Kann ich die Sache beeinflussen?

Die mächtigen unbewussten Filter der Inputverarbeitung werden sinnvollerweise ergänzt durch einen bewussten weiteren Filter: Kann ich die Sache, von der ich hier erfahre, beeinflussen? Gerade Macher und umsetzungsstarke Führungskräfte fühlen sich berufen, Dinge anzupacken, die ihren Verantwortungsbereich überschreiten. Oder Sachverhalte aufzugreifen, von denen sie sich eine Lösung weiterer Probleme versprechen. Führungskräfte sollten zwar Initiative zeigen und Dinge vorantreiben, anstatt die Hände in den Schoß zu legen. Gleichzeitig sollten sie sich selbst aber immer wieder die Frage beantworten: Kann ich tatsächlich etwas bewegen oder beschäftige ich mich, mein Team oder Dritte mit einer Sache, bei der letztlich nichts oder nur Unwesentliches herauskommt? Hier die richtigen Entscheidungen zu treffen ist ein wesentlicher Bestandteil funktionierenden Selbstmanagements.

Weil es sinnlos ist, hart zu arbeiten, damit aber nur wenig bis gar nichts zu bewirken, lohnt sich eine Auseinandersetzung mit dem physikalischen Prinzip der Hebelwirkung, im Managementbereich auch als Pareto- oder 80/20-Regel bekannt[103] (vgl. Abbildung 13). Das Prinzip bedeutet:

---

101   Vgl. Popper, Karl Raimund, Alles Leben ist Problemlösen – Über Erkenntnis, Geschichte und Politik, München 2010, S. 26.
102   Situativ kann es auch angebracht sein, bewusst zu kommunizieren, dass man sich geirrt und falsch gelegen hat. Letztlich muss man für sich selbst entscheiden, ob man das will und kann.
103   Benannt nach dem italienischen Ingenieur, Soziologen und Ökonomen Vilfredo Federico Pareto.

1. Mehr Erfolg entsteht häufig nicht mit mehr Aufwand, sondern mit der Konzentration auf den richtigen Aufwand (= Input).
2. Das 80/20-Prinzip verweist darauf, dass sich bei der Untersuchung und Analyse von zwei Datensätzen, die sich auf Ursachen und Wirkungen beziehen, mit höchster Wahrscheinlichkeit eine unausgewogene Verteilung zeigen wird. Ausgewogen wäre ein Verhältnis von 50/Das Verhältnis kann 65/35 betragen, 70/30, 75/25, 80/20, 95/5, 99,9/0,1 oder jedes andere Zahlenpaar dazwischen.
3. Der Schlüssel ist: Konzentration auf Weniges, aber Wesentliches (7+/-2-Regel). Vgl. dazu die Ausführungen in VII. 2.3.

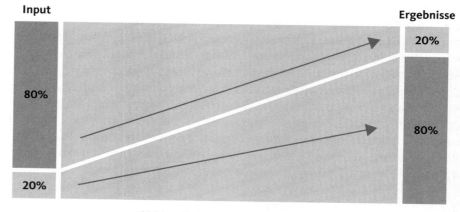

**Abbildung 13:** Pareto-Prinzip oder 80/20-Regel

## 2.3 Welche Priorität hat das?

Ein weiterer bewusster Filter und gleichzeitig der wichtigste Schlüssel zum Erfolg eines Menschen ist die Konzentration auf Weniges, aber Wesentliches. Das gelingt, wenn man konsequent nach Prioritäten filtert. Das Modell in Abbildung 15 stammt vom US-amerikanischen General und 34. Präsidenten der Vereinigten Staaten Dwight D. Eisenhower. Es besagt:

* Höchste Aufmerksamkeit genießen A-Themen: wichtig und dringend (Quadrant I). Ich muss mich jetzt darum kümmern.[104]
* B-Themen haben zweithöchste Priorität: Sie sind wichtig, aber nicht dringend (Quadrant II). Ich kann diese Themen planen und muss mich nicht jetzt sofort darum kümmern.
* C-Themen sind dringend, aber unwichtig (Quadrant III). Sie können delegiert werden.
* D-Themen haben den Papierkorb-Status. Ich kümmere mich gar nicht um sie.

---

104   Wer dauerhaft nur A-Themen hat, sollte sich fragen: Warum sind die Dinge immer dringend? Liegt hier etwas Strukturelles vor, das ich ändern kann? Habe ich eine realistische Möglichkeit, stärker zu delegieren und zu planen?

Erfahrene Manager wissen, dass D-Input trotzdem immer wieder durchdringt oder sich B- oder C-Themen (selten A-Themen) zu einem späteren Zeitpunkt als D-Themen herausstellen. Und seien es nur Kleinigkeiten. Für den Umgang damit empfiehlt sich die Methode der systematischen Müllabfuhr: ein regelmäßiger Prozess, bei dem man sich bewusst von all den Themen trennt, die trotzdem in der Wiedervorlage, im Themenspeicher oder sonst wo gelandet sind.

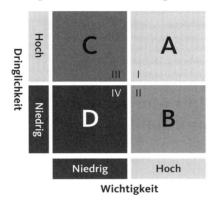

**Abbildung 14:** Die Eisenhower-Matrix

Peter F. Drucker überspitzte das Prioritäten-Modell von Eisenhower. Er beschreibt den Erfolg wirksamer Führungskräfte wie folgt: Die wichtigsten Sachen zuerst. Und die zweitwichtigsten? Gar nicht.[105]

## 3. Entscheidungsprozesse

Der Prozess der Inputverarbeitung hat deutlich gemacht: Ich muss ständig Entscheidungen treffen. Ob eine Information wahr ist, ob ich eine Sache beeinflussen kann und welche Priorität sie für mich hat. Wer in diesem und in anderen Kontexten sinnvolle Entscheidungen fällen möchte, muss sich über Verschiedenes klarwerden: Was kann ich entscheiden? Wie weit geht meine Entscheidungskompetenz? Bin ich mir der Tragweite meiner Entscheidungen bewusst? Deshalb ist es empfehlenswert, den Entscheidungsprozess ein Stück weit zu objektivieren. Je wichtiger eine Sache erscheint oder ist, desto professioneller sollte der Entscheidungsprozess angelegt sein. Ab einem gewissen Zeitpunkt kann es auch notwendig sein, eine komplexitätsgerechte Entscheidungsmethodik wie zum Beispiel die St. Galler Entscheidungsmethodik heranzuziehen.[106] Egal ob einfach oder komplex: Hier ein paar Anregungen für eine objektivere Entscheidungsfindung:

---

105  Im Englischen: First things first, and second things not at all.
106  Die theoretisch-kybernetische Überlegung stammt von William Ross Ashby: Only variety can absorb variety. Das Asby'sche Gesetz übersetzt man sinngemäß mit: Je größer die Varietät eines Systems ist, desto mehr kann es die Varietät seiner Umwelt durch Steuerung vermindern. Varietät ist die Maßzahl der Kybernetik und bezeichnet die Wirk-, Handlungs- und Kommunikationsmöglichkeiten. Auf komplexe Entscheidungen übertragen: Nur mit einer komplexitätsgerechten Entscheidungsmethodik kann man auch eine komplexe Situation/Sache bewerten, beurteilen und darüber entscheiden.

1. Eine wirksame Führungskraft trifft ihre Entscheidungen nach dem Unternehmensinteresse. Willkürliche Entscheidungen sowie Entscheidungen nach Mehrheitslage (oder im schlimmsten Falle: um zu gefallen/um beliebt zu sein) sind auszuschließen.

2. Es gibt mindestens eine Alternative, die Nullvariante. Nullvariante bedeutet: nichts zu tun oder es bei dem Zustand zu belassen, in dem die Situation/Sache sich befindet. Ziel sollte es sein, möglichst mehrere Optionen (7 plus/minus 2) des weiteren Vorgehens zu finden. Nach Heinz von Foerster: immer so handeln, dass die Anzahl der Handlungsoptionen zunimmt („I shall act always so as to increase the total number of choices."[107]). Oder wie es ein Top-Manager formulierte: „Wer zu wenig Alternativen hat, hat es auch so verdient."

3. Jede Alternative (auch die Nullvariante) bringt (1) Risiken, (2) Chancen, (3) Nebenwirkungen oder (4) Kollateralschäden mit sich. Sie sind im Entscheidungsprozess möglicherweise nicht erkennbar. Vielleicht stellt sich auch erst Jahre später heraus, welche Langfristwirkungen eine Entscheidung hatte.[108] In der Konsequenz empfiehlt sich bereits während der Entscheidungssituation das Mitbedenken dieser vier Dimensionen, gegebenenfalls sogar die methodische Integration in eine Nutzwertanalyse.

4. Entscheidungen beruhen häufig auf Prämissen, von denen wir im Vorfeld bewusst oder unbewusst ausgehen. Diese Prämissen können einen massiven Einfluss auf die Entscheidung nehmen. Daher versuchen effektive Führungskräfte immer wieder, diese Prämissen herauszufinden bzw. herauszuarbeiten: Welche sind es? Und treffen sie wirklich zu?

5. Manche Entscheidungen erfordern die Festlegung von Rahmenbedingungen: Unter Rahmenbedingung XY treffe ich/treffen wir folgende Entscheidung. Sie hat Gültigkeit, solange diese Rahmenbedingung gilt. Andernfalls entsteht eine neue Entscheidungssituation. **Beispiel:** Kauf einer Maschine im Ausland, wenn sich a) der Wechselkurs bei XY befindet, b) zwischenzeitlich keine neue handelspolitische Situation (z.B. Import- oder Exportzölle) auftreten und c) der Lieferant unsere Bankbürgschaft als Kreditsicherheit akzeptiert. Gerade, wenn Rahmenbedingungen festgelegt werden, müssen diese auch nachgehalten und kontrolliert werden.

6. Effektive Manager sollten ihre Entscheidungen immer wieder kritisch hinterfragen, z.B. eine Personalentscheidung innerhalb der Probezeit. Es ist manchmal besser, ein Ende mit Schrecken zu wählen als einen Schrecken ohne Ende. Es ist auch öfter die Ausrede zu hören: „Jetzt haben wir schon so viel investiert

---

107 Vgl. Foerster, Heinz von, Disorder/Order – Discovery or Invention? 1984, S. 6. http://ada.evergreen.edu/~arunc/texts/cybernetics/heinz/disorder.pdf.

108 Beispiel: 2011 wurde in Deutschland die allgemeine Wehrpflicht für männliche deutsche Staatsbürger abgeschafft. Viele Männer, die bis dahin ihre Wehrpflicht absolvierten, nutzten die Zeit, um einen Lkw-Führerschein zu machen. Im Anschluss an ihre Zeit bei der Bundeswehr stiegen einige in den Beruf des Kraftfahrers ein und blieben ihm auch treu. Seit 2015 merkt man eine langfristige Folgewirkung der Abschaffung der Wehrpflicht. Jährlich fehlen ca. 10.000 Berufskraftfahrer. Viele Speditionen haben die Zwischenzeit nicht zur Ausbildung des Nachwuchses genutzt.

in XY bzw. gemacht, jetzt ziehen wir das (auch bis zum bitteren Ende) durch."
Das zeigt fatalistische Züge.

## 4. Outputbearbeitung

Mit der Inputverarbeitung und Priorisierung (Konzentration auf Weniges, aber
Wesentliches) stellt sich die Frage: Wie kümmere ich mich weiter darum? Was ist
genau zu tun? Wie packe ich es an? Hier hilft eine Struktur für den Prozess, den ich
Outputbearbeitung nenne (Abbildung 15). Auch eine sinnvolle Outputbearbeitung
gehört im weitesten Sinne zum Selbstmanagement. Alle in Abbildung 16 auf der
rechten Seite genannten Themen behandle ich aber an späterer Stelle.

In dem Moment, in dem ich verantwortlich bin, ist eine saubere Auftragsklärung
erforderlich. Effektivität stelle ich sicher, indem ich so genau wie möglich kläre:
Was ist wirklich zu tun? Was genau wird erwartet? Wie schnell muss was passieren?
Mit dem Hintergrundwissen über unsere subjektive Wahrnehmung (vgl. VII. 2.1)
dürfte klar sein, warum das so wichtig ist.

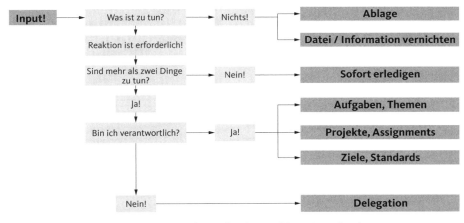

**Abbildung 15:** Input-/Outputbearbeitung (eigene Darstellung)

## 5. Fazit

Wirksames Selbstmanagement setzt die Achtsamkeit für Körper, Geist und Seele
voraus und die Fähigkeit zur Selbstreflexion. Es beginnt mit der Inputverarbeitung
und der Frage, ob eine eingehende Information wahr ist. Sollte die Angelegenheit
beeinflussbar sein, kann eine Priorisierung erfolgen. Eine bewusste Entscheidung
führt im Anschluss zu einer Nichtbearbeitung (D-Thema) oder Bearbeitung (A-, B-
und C-Themen) in Form von Aufgaben, Themen, Projekten, Assignments, Zielen
und Standards. Nicht alles muss sofort gemacht werden (Planung) und manches
können auch andere erledigen (Delegation). Auf diese Weise führt das Selbstmanagement zu einer deutlichen Entlastung des Managers und zu einem effektiveren
Management der Organisation.

# VIII. Kommunikation

> *„Der Mensch hat zwei Ohren und eine Zunge, damit er doppelt*
> *so viel hören kann, wie er spricht."*
> *(Epiktet, antiker Philosoph)*

Kommunikation gehört zu den wesentlichen Aufgaben und Herausforderungen eines Managers. Sie erfordert neben der Berücksichtigung der wichtigsten Erkenntnisse der Kommunikationsforschung die stetige (Weiter-)Entwicklung der eigenen Fähigkeiten beim Informieren und Kommunizieren. Manager kommunizieren meist in Meetings unterschiedlichster Art. Meetings sollten daher effektiv vor- und nachbereitet sowie effizient durchgeführt werden. Das gilt natürlich auch für viele andere Kommunikationsformen (Mitarbeitergespräche, Rücksprache, Arbeitskreise usw.), bei denen Besonderheiten zu berücksichtigen sind.

Zur Begriffsklärung: Informationen sind immaterielle Güter. Ihr Wert und Nutzen entsteht erst mit der Übermittlung der Information. Der Wert kann dabei subjektiv sehr unterschiedlich eingeschätzt werden, abhängig vom Kontext, von der Interaktion und von der Art und Weise, wie eine Information aufgenommen wird. Kommunikation ist der Prozess des gegenseitigen Austausches und der Übertragung von Informationen.

## 1. Das Beispiel mit dem Hammer

> *„Ich weiß, dass Sie glauben, Sie wüssten, was ich Ihrer Ansicht nach gesagt habe. Aber*
> *ich bin nicht sicher, ob Ihnen klar ist, dass das, was Sie gehört haben,*
> *nicht das ist, was ich meine."*
> *(Alan Greenspan)*

Vieles in der Führung ist ein Balanceakt, Kommunikation ganz besonders. Es grenzt an ein Wunder, dass trotz – oder vielleicht auch wegen? – der menschlichen Informationsverarbeitung ein Miteinander gelingen kann. Machen wir uns das an der bekannten Geschichte des Kommunikationswissenschaftlers Paul Watzlawick deutlich:

> „Ein Mann will ein Bild aufhängen. Den Nagel hat er, nicht aber den Hammer. Der Nachbar hat einen. Also beschließt unser Mann, hinüberzugehen und ihn auszuborgen. Doch da kommt ihm ein Zweifel: Was, wenn der Nachbar mir den Hammer nicht leihen will? Gestern schon grüßte er mich nur so flüchtig. Vielleicht war er in Eile. Aber vielleicht war die Eile nur vorgeschützt, und er hat etwas gegen mich. Und was? Ich habe ihm nichts angetan; der bildet sich da etwas ein. Wenn jemand von mir ein Werkzeug borgen wollte, ich gäbe es ihm sofort. Und warum er nicht? Wie kann man einem Mitmenschen einen so einfachen Gefallen abschlagen? Leute wie dieser Kerl vergiften einem das Leben. Und dann bildet er sich noch ein, ich sei auf ihn angewiesen. Bloß

> weil er einen Hammer hat. Jetzt reicht's mir wirklich. – Und so stürmt er hinüber, läutet, der Nachbar öffnet, doch noch bevor er ‚Guten Tag' sagen kann, schreit ihn unser Mann an: ‚Behalten Sie sich Ihren Hammer, Sie Rüpel!'"[109]

Es ist kein Zufall, wenn Ihnen als Führungskraft etwas Ähnliches widerfährt. Ein Mitarbeiter macht sich seine Gedanken über etwas, das er tun möchte. Dabei braucht er Unterstützung durch seine Führungskraft. Während er grübelt, geschieht dasselbe wie in der Geschichte mit dem Hammer. Der Mitarbeiter steigert sich immer mehr in negative Gedanken über die Führungskraft hinein. Bei der nächsten Begegnung lässt er einen Kommentar fallen, der die Führungskraft verdutzt zurücklässt. Derartige Geschichten gibt es viele. Sie alle deuten auf eine mangelhafte bzw. ungenügende Kommunikation hin.

Mitarbeiter beklagen sich oft über mangelnde oder ungenügende Kommunikation. Ein paar typische Sätze: „Ich habe zu wenig Informationen erhalten." „Woher hätte ich das wissen sollen?" „Wieso informiert mich keiner?" „Das hätte ich dir schon sagen können, wenn du mich gefragt hättest." Von Führungskräften hört man hingegen vor allem Klagen über ein Übermaß an Information. Typische Sätze: „Ich bekomme viel zu viele E-Mails pro Tag." „Ich weiß gar nicht, wann bzw. wie ich das alles durchlesen soll." „Wer soll das denn alles verarbeiten?"[110]

Bevor wir die Frage stellen, wie Informieren und Kommunizieren besser gelingen können, schauen wir uns an, welche Erkenntnisse die Kommunikationsforschung dazu gewonnen hat.

## 2. Erkenntnisse aus dem Kommunikationsalltag
### 2.1 Informationsüberfluss vermeiden
Die menschliche Inputverarbeitung zeigt, wie überlebensnotwendig es ist, den Input zu reduzieren. Menschen, denen diese Reduktion nur eingeschränkt oder gar nicht gelingt, können körperliche und psychische Reaktionen zeigen oder erkranken. Die menschliche Aufmerksamkeit lebt diesen Reduktionsvorgang vor (Flaschenhals der Informationsverarbeitung, vgl. VII. 2.). Sie sollte als Vorbild dienen. Jede Information, die durch unsere Sinnesorgane erst gar nicht verarbeitet werden muss, reduziert die dafür notwendige Energie und entlastet uns. Die Quellen für Informationsüberfluss sind vielfältig: Lärm, Medienkonsum, Sitzungen, Anrufe usw. Senkt man dagegen bewusst die Zahl an eingehenden Informationen zum Beispiel durch Entspannung und Bewegung (vgl. VI. 3.), steigt die Aufmerksamkeit wieder und eine effektive Kommunikation wird möglich.

---

109    Watzlawick, Paul, Anleitung zum Unglücklichsein, München 2009, S. 37 f.
110    In Vorstandssitzungen mancher Aktiengesellschaften werden jedes Mal (!) Unterlagen vorab zur Verfügung gestellt, die einen DIN-A4-Ordner umfassen. Die Erwartung, dass dies alles gelesen, verstanden und inhaltlich akzeptiert wird, ist schlichtweg unrealistisch.

## 2.2 Mündliche und schriftliche Kommunikation unterscheiden

Bei einer mündlichen Kommunikation können die Beteiligten an der Mimik und Gestik (bei persönlicher Begegnung) oder zumindest an der Tonlage (z.B. bei einem Telefonat) erkennen, wie das Gegenüber etwas gemeint haben könnte. In einer schriftlichen Kommunikation fehlt all das. Der Interpretationsspielraum vergrößert sich dadurch manchmal dramatisch.

Es ist schwierig, etwas präzise in Worte zu fassen. Auch bei der mündlichen Kommunikation müssen die Präzision, Eindeutigkeit, Klarheit und Verständlichkeit gewährleistet sein. Notfalls lässt sich ein Missverständnis aber durch ein Lächeln und eine nähere Erklärung ausräumen. Bei der schriftlichen Kommunikation hat man in der Regel nur einmal die Möglichkeit zur Verständigung. Missverständnisse lassen sich danach nur schwer ausräumen – was viele gut gemeinte Kommunikationsansätze im Internet und die anschließenden Shitstorms perfekt beweisen. Auch eine mündliche Kommunikation kann in die falsche Richtung laufen, aber man hat vielleicht noch die Möglichkeit, durch sofortiges Reagieren auf die Reaktion des Gegenübers die Sache zu retten – nicht immer, aber zumindest manchmal.

## 2.3 Man kann nicht nicht kommunizieren

Die Geschichte mit dem Hammer zeigt es perfekt: Man kann nicht nicht kommunizieren.[111] Der Nachbar hat nicht bewusst kommuniziert – zumindest während der Mann darüber nachdachte. Dennoch hat der Nachbar kommuniziert: im Vorfeld, unabsichtlich durch seine angeblich flüchtige Art des Grüßens.

Auch wenn man augenscheinlich nichts sagt, sagt man etwas. Und jede Kommunikation, ob verbal oder nonverbal, löst eine Wirkung aus und führt ein Eigenleben. Ob man das will oder beabsichtigt, spielt dabei keine Rolle.

## 2.4 Die Botschaft entsteht beim Empfänger

Selbst wenn man sich als Sender einer Botschaft noch so sehr bemüht: Die Botschaft entfaltet ihren tatsächlichen Informationsgehalt erst beim Empfänger. Die gesendete Botschaft löst – auf Basis der Inputverarbeitung des Empfängers – etwas beim Empfänger aus oder auch nicht. Er fügt ihr seine eigenen Erfahrungen, (Vor-)Urteile und Gefühle hinzu. Das kann der Sender nicht verhindern, im besten Falle ein wenig steuern.

---

111    Watzlawick, Paul/Beavin, Janet H./Jackson, Don D., Menschliche Kommunikation: Formen, Störungen, Paradoxien, Bern 2017, S. 58–60.

## 2.5 Jede Botschaft hat eine Inhalts- und eine Beziehungsebene

Jede Botschaft enthält eine Inhalts- und eine Beziehungsebene.[112] Sie kann mit vier Aussagemöglichkeiten gesendet und mit den gleichen vier Möglichkeiten empfangen werden:[113]

1. Sachinhalt: der rationale Inhalt der Botschaft.
2. Appell: der möglicherweise damit verbundene Aufruf, die Bitte oder die Aufforderung, etwas zu tun oder zu unterlassen.
3. Beziehung: die mit der Botschaft verbundene Aussage über die Beziehungsqualität: Wie der Sender den Empfänger innerlich sieht und verbal/nonverbal behandelt.
4. Selbstoffenbarung: die innere Geisteshaltung, die der Sender über sich preisgibt, ohne dass dieser Aspekt der Botschaft etwas mit dem Empfänger zu tun haben muss.

**Beispiel:** Die Botschaft einer Führungskraft an einen Mitarbeiter lautet: „Machen Sie das sofort!" Sachlich meint die Botschaft: Der Geschäftsvorfall ist unmittelbar zu erledigen. In der Tat handelt es sich in der Aussage auch gleich um einen Appell: die Aufforderung, die Sache sofort anzupacken. Beim Beziehungsaspekt können wir hier nur spekulieren, weil wir weder Kontext, Situation noch Tonlage der Aussage kennen. Die Beziehung kann kooperativ-freundschaftlich, aber auch herrisch geprägt sein – je nachdem, wie die Aussage mündlich getroffen wird. Der Sender gibt mit dieser Botschaft – unabhängig von Kontext, Situation und Tonlage – zum Ausdruck, dass er zu bestimmen hat, was getan wird – der Empfänger der Botschaft hat sich nach dem Sender zu richten; ein Widerspruch scheint nicht erwünscht.

## 2.6 Gleichklang von Sprache und Körper

Menschenkenner wissen um die Möglichkeit, Körpersprache zu lesen. Die meisten (gesunden) Menschen können nicht anders, als ihre Worte und ihren Körper in Einklang zu bringen.[114] Man kann aus diesem Wissen einen Nutzen ziehen. So wie man spricht, programmiert man sich auch innerlich. Damit lässt sich die mentale Einstellung (vgl. VI. 1.) in eine gewünschte Richtung lenken.

---

112  Ebd., S. 61–64. Diese Unterscheidung wurde schon von Gregory Bateson getroffen.
113  Schulz von Thun, Friedemann, Miteinander reden 1 – Störungen und Klärungen: Allgemeine Psychologie der Kommunikation, Reinbek 2010, S. 13 ff.
114  Menschen, bei denen empathisches und gewissenhaftes Verhalten sowie soziale Verantwortung weitgehend oder völlig fehlen, nennt man Psychopathen. Viele Psychopathen sind in der Lage, Sprache und körperliches Verhalten zum Teil unterschiedlich zu gestalten. Leider trifft man diese Verhaltensauffälligkeit auch bei Führungskräften (vgl. dazu Grieger-Langer, Suzanne, Die Tricks der Trickser – Immunität gegen Machenschaften, Manipulation und Machtspiele, Paderborn 2011).

Ein bekanntes Beispiel dafür ist das Wort „Problem". Wer es schafft, dieses Wort bewusst zu vermeiden, und stattdessen von „Herausforderung", „Ansatzmöglichkeit", „derzeitigem Stand" usw. spricht, wird unbewusst (mit der Zeit) auch seine innere Haltung und Einstellung zu den Dingen verändern. Er wird sie als Chance zur Entwicklung begreifen statt als nicht lösbare Aufgabe.

Besonders deutlich zeigt sich das am Phänomen der selbsterfüllenden Prophezeiung: einer Vorhersage, die über direkte oder indirekte Mechanismen tatsächlich eintritt. Das, was man sich vorstellt (= innere Sprache), was passieren könnte, kann auch geschehen/passieren.[115]

## 2.7 Gesagt ist nicht getan

Aus dem bisher Gesagten lässt sich Folgendes ableiten: Das, was jemand gesagt hat, muss nicht gehört, verstanden, kapiert, akzeptiert, geteilt oder wahrgemacht werden. Eine Botschaft, die gesendet wurde, führt also nicht automatisch zu einer effektiven Umsetzung.

**Beispiel:** Eltern, sagen ihren Kindern häufig: „Hör auf damit! Das macht man nicht." In vielen Fällen erlebe ich, dass darauf im Anschluss keinerlei Konsequenz erfolgt. Das Kind macht weiter, vielleicht sogar bewusst. Der Vater bleibt sitzen und unternimmt nichts. Die Mutter schaut zu und lässt es geschehen. Auch mehrere weitere Ansagen bleiben folgenlos. Was helfen würde, wäre leicht und schwierig zugleich: konsequent sein. Wenn ich nicht will, dass das Kind etwas tut, dann sorge ich auch dafür, dass es das unterlässt. Auch wenn das Kind schreit oder sich wehrt.[116]

Wer aller kommunikativen Kniffe mächtig ist, wird seine Ziele also vermutlich trotzdem nicht erreichen, solange er seinen Ankündigungen keine Taten folgen lässt.

## 2.8 Ich bin ok – du bist ok

Aus den Erkenntnissen der Transaktionsanalyse[117] wissen wir, dass Akzeptanz und Respekt („Ich bin ok, du bist ok") die Kommunikation positiv beeinflussen. Die respektvolle Begegnung auf Augenhöhe ist Voraussetzung für ein effektives Führungsverhalten. So entsteht Vertrauen und die gemeinsame Arbeit am Erreichen von Zielen wird gefördert. Paul Watzlawick erläutert an einem Beispiel, wie die Haltung „Ich bin ok, du bist ok" unterminiert werden kann.

---

115 Watzlawick, Paul, Anleitung zum Unglücklichsein, München 2009, S. 59–63.
116 Pointiert: Wenn man natürlich nicht will, dass das Kind aufgrund der Konsequenzen schreit und sich gegebenenfalls unmöglich benimmt, dann kann man die Konsequenzen auch bleiben lassen. Dann sollte man sich aber auch nicht wundern, wenn das, was man sagt, nicht umgesetzt wird. Parallelen zu Führungssituationen sind nicht ausgeschlossen.
117 Ein von Eric Berne aus der Psychoanalyse abgeleitetes psychotherapeutisches Verfahren.

> „Ein wirksamer Störfaktor in Beziehungen besteht darin, dem Partner nur zwei Mög-
> lichkeiten zur Wahl zu geben und, sobald er eine wählt, ihn zu beschuldigen, sich nicht
> für die andere entschieden zu haben. In der Kommunikationsforschung ist dieser Me-
> chanismus unter dem Namen Illusion der Alternativen bekannt, und sein einfaches
> Grundschema ist: Tut er A, hätte er B tun sollen, und tut er B, hätte er A tun sollen."[118]

Wer sich akzeptiert und respektiert (kurz: ernst genommen) fühlt, ist bereit, seinen
Beitrag zum Erreichen des Ganzen zu leisten. Das transaktionale Verhalten zielt im
Übrigen auf beide Gesprächspartner ab: **Jeder hat seinen Beitrag zu einer effektiven Gesprächsführung zu leisten. Und diese Art der effektiven Gesprächsführung ist zu erlernen und nicht als gottgegeben vorauszusetzen.**

## 3. Wirksam informieren und kommunizieren

*„Erst müssen wir lernen, was wir zu sagen haben, und dann, wie wir dies tun können."[119]*
*(Peter F. Drucker)*

Wie kann ein Manager – auf Basis dieser Erkenntnisse – wirksam informieren und
kommunizieren? Die wichtigste Voraussetzung ist die Bereitschaft, fortlaufend an
der eigenen Gesprächsführung zu arbeiten, sie zu schärfen und weiterzuentwickeln. Es ist die einzige Möglichkeit, dazu beizutragen, dass er sich verständlich
machen und auf Verständnis hoffen kann. Nur wer verständlich machen kann, was
ihn bewegt, warum es ihn bewegt, wie es ihn bewegt und was er letztlich erreichen
will, kann auch vorsichtig erwarten, tatsächlich verstanden zu werden.

Dieses lebenslange Lernen erfordert die Bereitschaft zur Selbstreflexion (vgl. VII. 1.),
die Bereitschaft, wirklich zuzuhören,[120] sowie die innere Haltung, Kommunikation
als eine Aufgabe zu begreifen. Aufgabe heißt: Ich muss etwas dafür tun. Dazu gehört – wo immer möglich – eine gezielte Vorbereitung auf die Kommunikation.
Mangelnde Zeit ist die schlechteste Ausrede. Denn die Vorbereitung gewährleistet
eine effektive Kommunikation und vermeidet Missverständnisse oder Nacharbei-
ten. Sie umfasst zumindest die folgenden Fragen:

- Was will ich sagen?
- Warum will ich das sagen?
- Was will ich erreichen?
- Wie könnte mein Gegenüber das sehen?
- Was bin ich bereit zuzugestehen? Was nicht?

---

118  Vgl. Watzlawick, Paul, Anleitung zum Unglücklichsein, München 2009, S. 84.
119  Vgl. Drucker, Peter Ferdinand, Management – Das Standardwerk komplett überarbeitet und erweitert, Band 2,
      Frankfurt am Main 2009, S. 110
120  Das Zuhören zählt bei vielen Menschen und Führungskräften nicht zu den Stärken. Es erfordert Zeit, Geduld,
      Empathie und die Bereitschaft, sich auf sein Gegenüber einzulassen.

Effektive Führungskräfte inhalieren diese generalstabsmäßige Vorbereitung. Sie wissen, dass hemdsärmeliges Vorgehen Kommunikation behindert, stört oder negativ beeinflusst, und gehen daher die Vorbereitung diszipliniert an.

Am Rande notiert: Vielleicht kennen Sie Diskussionen, die sich um die Frage drehen, ob Information eine Hol- oder Bringschuld ist. Diese Diskussion ist sinnlos. Erstens geht es in vielen Fällen um Kommunikation („Lass uns darüber reden, damit du es verstehst und mittragen kannst") und nicht um Information. Zweitens: So wichtig wie die Vorbereitung einer Kommunikation ist auch die Nachbereitung: Wer muss was von dieser Kommunikation wissen? Und wie können diese Personen das effizient erfahren und einbezogen werden? Wer beherzigt, dass diese Art der Nachbereitung zur effektiven Kommunikation dazugehört, kann Scheindiskussionen der genannten Art vermeiden.

## 4. Sitzungsmanagement[121]

Es handelt sich um eine Sitzung, wenn zwei oder mehr Menschen zur selben Zeit am selben Ort zu einer beruflichen Besprechung zusammenkommen. Zu den Sitzungsformaten gehören auch Telefonate, Arbeitskreise (Workshops) und interne Veranstaltungen jeglicher Art. In Ergänzung zur klassischen Sitzung brauchen diese zusätzlich ein Ablauf-Drehbuch (Was hat wie wann zu laufen?). Die Interaktion zwischen den Teilnehmern kann in jedem Sitzungsformat unterschiedlich ausgeprägt sein. Sie hängt maßgeblich von der Vorbereitung der Sitzung und von der Sitzungsleitung ab.

Da Sitzungen – nach dieser Definition – einen Großteil der Zeit von Führungskräften beanspruchen, sollten sie in ihrer Anzahl auf ein Mindestmaß reduziert werden. Keine Sitzung ist eine gute Sitzung.[122]

Das bedeutet für die Organisationsentwicklung die immer wiederkehrende Frage: Welche Gremien und Sitzungsformate brauchen wir für unsere Organisation wirklich? Spätestens bei der Ausgestaltung eines Sitzungskalenders (vgl. VIII. 4.3) ist diese Frage durch das Top-Management zu klären und die Gremienstruktur für den nächsten Zeitraum festzulegen. Welchen Zweck hat das Gremium? Welche Ziele verfolgen wir mit diesem Gremium? Welcher Sitzungsrhythmus ist sinnvoll? Wer muss mindestens beteiligt sein? Wer seinen Führungsalltag hemdsärmeliger gestalten will, stellt sich konsequent immer wieder die Fragen: Braucht es diese Sitzung wirklich? Kann ich einen wesentlichen Beitrag zu dieser Sitzung leisten

---

121    Die nachfolgenden Ausführungen lehnen sich zum Teil an die Ausführungen von Malik, Fredmund, Führen Leisten Leben – Wirksames Management für eine neue Welt, Frankfurt am Main 2019, S. 272 ff. an. Sie umfassen zusätzlich die Erfahrungen/Erkenntnisse des Autors aus unzähligen Sitzungsformaten.

122    Ein probates Mittel dafür könnte eine Kostenstelle „Sitzungen" sein, auf die jeder Mitarbeiter seine Zeit einträgt. Dieses System macht aber nur Sinn, wenn daraus auch tatsächlich Konsequenzen gezogen werden. Zur reinen Dokumentation kann man sich das System sparen.

bzw. ist meine Anwesenheit erforderlich, damit ich den Verantwortungsbereich weiterentwickele?

Der letzte Aspekt des Sitzungsmanagements ist die effektive Sitzungsdurchführung. Für sie ist eine intensive Vor- und Nachbereitung erforderlich und entscheidend. Erfahrungsgemäß nimmt die Vorbereitung einer Sitzung in der Regel relativ viel Zeit in Anspruch, sichert aber im Anschluss auch einen reibungslosen Ablauf. Effektive Führungskräfte reservieren sich die Vorbereitungszeit in ihrem Kalender.

Damit die wichtigsten Entscheider auch wirklich teilnehmen, sollte es einen Sitzungskalender geben, der spätestens vier Monate vor Ablauf des Wirtschaftsjahres (in den meisten Fällen: September) kommuniziert wird. Er sollte definieren, in welchem Rhythmus die jeweiligen Sitzungen stattfinden sollen und wer pflichtmäßig daran teilzunehmen hat.[123]

> **Beispiel:** Die operative Geschäftsleitung trifft sich jeden Mittwoch früh um 8 Uhr zu einem einstündigen Jour Fixe und bespricht die wesentlichen Tagesgeschäftspunkte. Die Geschäftsführung und -leitung trifft sich einmal im Monat am Donnerstagnachmittag und diskutiert dort wesentliche operative Themen. Der Aufsichtsrat tagt vier Mal im Jahr ganztägig zur Mitte des Quartals. Zweimal im Jahr treffen sich Geschäftsführung und Aufsichtsrat zur Diskussion, Abstimmung und Entscheidung der Strategie.

### 4.1 Die Tagesordnung

Das wichtigste Steuerungsinstrument für eine effektive Sitzung ist die Tagesordnung. Sie enthält wenige, aber relevante Tagesordnungspunkte (formuliert als Ziele). Kennzeichen einer guten Tagesordnung sind:

1. mehr Zukunfts- als Vergangenheitsthemen
2. Zuordnung eines Verantwortlichen zu jedem Tagesordnungspunkt
3. rechtzeitige Versendung der Tagesordnung an die Teilnehmer

Man kann verschiedene Arten von Tagesordnungspunkten unterscheiden: 1) Standard-Tagesordnungspunkte, die immer und jedes Mal vorkommen. 2) Dauerbrenner: Wenn möglich sollte man diese einmal intensiv diskutieren, dann beenden und delegieren (mit dem Auftrag, sie konsequent zu einem Ende zu bringen). 3) Diverses: Diesen Tagesordnungspunkt sollte man möglichst vermeiden. Was wichtig ist, kommt als einzelner Tagesordnungspunkt zur Geltung. 4) Kommunikation: Spätestens am Ende der Sitzung sollte immer der Tagesordnungspunkt Kommunikation zu finden sein. Hier wird diskutiert und festgelegt: Wer muss was wissen, damit er effektiv weiterarbeiten kann? Wen müssen wir informieren bzw. mit wem

---

123   Sollen Externe an der Sitzung teilnehmen, sollte man sie früh genug einladen. Die Sitzung sollte dann auch lang genug sein, um die Anreise zu rechtfertigen und nicht improvisieren zu müssen.

müssen wir was kommunizieren, damit es intern oder extern effektiv weitergeht? Wen müssen wir einbinden?

Kein Tagesordnungspunkt sollte ohne Handlungsanweisung enden: Wer hat was bis wann zu tun? Eingeschränkt gilt diese Regel für Status- und Infoberichte.

Es gibt Sitzungen, die ohne Tagesordnung und detaillierte Agenda auskommen (z.B. außerordentliche Mitarbeitergespräche oder Sitzungsformate, die dem kreativen Austausch dienen). Dies sollte aber nicht als Ausrede dafür hergenommen werden, normale Sitzungsformate ohne Agenda stattfinden zu lassen.

## 4.2 Sitzungsleitung und -dokumentation

Sitzungsleitung ist harte Arbeit und erfordert vor allem Disziplin: Höflich und straff hat der Sitzungsleiter die Einhaltung des Zeitplans sicherzustellen. Von den Sitzungsteilnehmern erfordert das lückenlose Aufmerksamkeit in der Sitzung. Ablenkungen durch mobile Endgeräte sollten daher nicht gestattet werden – als Angebot kann man die Tagesordnung mit mehreren Pausen gestalten.

Eine Sitzungsleitung tut gut daran, tragfähigen Konsens in den einzelnen Tagesordnungspunkten zu erreichen. Dazu ist eine Kultur des offen ausgetragenen Dissenses hilfreich. Je mehr mit offenem Visier diskutiert und gerungen wird, desto leichter lassen sich Beschlüsse später umsetzen.

Jede wichtige Sitzung erfordert ein Protokoll. Es muss die wesentlichen Beschlüsse, Maßnahmen, Verantwortlichkeiten und Termine dokumentieren. Letztlich soll das Protokoll Klarheit schaffen. Wenn es möglich ist, empfehlen sich Live-Protokolle via Videoprojektor, sodass jeder Teilnehmer die Dokumentation verfolgen kann. Sie ermöglichen sofortige Korrekturen, wirksame Festlegungen und eliminieren nebenbei Ausreden.[124]

Die Dokumentation der Vorbereitung, Durchführung und Nachbereitung sollte im Übrigen auf einer gemeinsamen IT-Plattform mit entsprechender Berechtigungsstruktur stattfinden. Das gewährleistet, dass jeder Sitzungsteilnehmer die für ihn bestimmten Unterlagen immer an einem Ort abgelegt findet. Gleichzeitig ist es eine Voraussetzung zur Sicherstellung der Vorbereitung. Voraussetzung dafür ist eine IT-Plattform mit Sitzungsprotokollen, Sitzungskalender, wesentlichen Kontaktdaten, Vorbereitungspräsentationen, Hintergrundinformationen etc.

---

124    Der Usus, Vorstands- oder Aufsichtsratssitzungen durch Dritte, zum Beispiel Notare oder Rechtsanwälte, dokumentieren zu lassen, sollte die absolute Ausnahme sein. Er zeugt von höchstem Misstrauen und sollte als ernsthaftes Alarmsignal gelten, dass hier erhöhter Handlungsbedarf durch die Letztentscheider erforderlich ist, nämlich die Herbeiführung des Normalzustands (= Dokumentation durch interne Verantwortliche).

## 4.3 Durchführung der Sitzung

Es gibt einige Tipps und Tricks für eine effektive Sitzungsdurchführung:

1. Man belohnt die Pünktlichen und beginnt pünktlich.
2. Am Anfang legt der Sitzungsleiter die Bedeutung und Ziele der Sitzung dar, gegebenenfalls bespricht er das Protokoll der letzten Sitzung und verabschiedet es.
3. Während der Sitzung ist es wichtig, diszipliniert zu führen. Dazu gehört es, das Wort zu erteilen oder zu entziehen und ungeteilte Aufmerksamkeit einzufordern.
4. Der Sitzungsleiter bittet schüchterne Teilnehmer um ihre Meinung und bremst Vielredner konsequent ab.
5. Er hat jederzeit hat den Zeitplan im Blick.
6. Von Zeit zu Zeit fasst er Diskussions- und Ergebnisstände zusammen.
7. Wenn es möglich und umsetzbar ist, protokolliert man live. Damit sind wichtige Dinge für alle sichtbar.
8. Eine gute Sitzungsleitung lässt Dissens zu, wo es sinnvoll ist, um zu einem tragfähigen Konsens zu gelangen.
9. Beschlüsse in Gremien werden sofort dokumentiert. Dabei achtet man auf präzise Formulierungen; gegebenenfalls diskutiert man sie gemeinsam im Plenum miteinander aus. **Beispiel:** Wollen wir eine Konzeption dieser Sache oder geben wir bereits die Umsetzung in Auftrag?
10. Maßnahmen werden immer mit persönlich Verantwortlichem und Endtermin direkt ins Protokoll aufgenommen. Abwesende sollten für eine Umsetzung nicht direkt verantwortlich gemacht werden. Alternativ ist jemand verantwortlich dafür, den Abwesenden mit der Umsetzung zu betrauen.
11. Eine Sitzung wird pünktlich geschlossen. Davor werden die Ergebnisse kurz zusammengefasst.

Aber nicht nur die Sitzungsleitung ist für das Gelingen einer Sitzung verantwortlich. Auch die Teilnehmer sind gefordert, qualifizierte Beiträge zu leisten und möglicherweise Aussagen zurückzuhalten. Wer sich effektiv in Sitzungen einbringen möchte, findet in Abbildung 16 eine Empfehlung.

**Abbildung 16:** Modell für Sitzungsteilnehmer (Quelle unbekannt)

## 5. Weitere Kommunikationsformen

### 5.1 Termine mit mir selbst

Auch wenn Führungskräfte enorm viel Zeit mit Kommunikation in unterschiedlichen Varianten verbringen, gibt es Zeiten, in denen sie mit sich selbst allein sind. In denen sie mit sich selbst ins Gespräch gehen. Diese „Termine mit sich selbst" können Manager bewusst gestalten. Beispielsweise um 6:30 Uhr in der Früh beginnen, um die ersten eineinhalb Stunden ungestört allein arbeiten zu können. Oder: einen Termin mit sich selbst vereinbaren und diesen auch im Kalender (vgl. X. 2.3) hinterlegen.

Solche Auszeiten müssen klar und deutlich kommuniziert werden: Warum sind mir die Termine mit mir selbst wichtig? Welchen Mehrwert habe ich durch diese Terminblocks? Warum ist meine Tür von Zeit zu Zeit geschlossen bzw. bin ich nicht erreichbar? Nur wer das kommuniziert, kann auch erwarten, dass andere es akzeptieren oder zumindest respektieren.

Es gibt ein paar Gefahren, die mit solchen Terminen verbunden sind:

1. Man gibt sie zugunsten anderer Termine vorschnell auf.
2. Man nutzt sie doch zur Kommunikation mit anderen: für Telefonate, E-Mails usw.
3. Man lässt sich ablenken.

Solche Gefahren kennt auch die disziplinierteste Führungskraft. Und es gilt, sie wirksam einzudämmen. Eine wesentliche Voraussetzung ist, dem Umfeld zu kommunizieren, dass die Termine hohe (oder absolute) Priorität haben und nicht zur Disposition stehen. Und wenn es dann noch gelingt, diszipliniert an der Sache zu arbeiten, für die der Termin vorgesehen war, bedeutet das mittelfristig ein effektives und effizientes Arbeiten. Mit der Aussicht auf Zufriedenheit, etwas geschafft und erreicht, statt sich verzettelt zu haben.

### 5.2 Rücksprachen

Rücksprachen sind ein Mini-Sitzungsformat, das fast alle Führungskräfte kennen. Damit sind nicht nur die Gespräche zwischen Tür und Angel gemeint: „Haben Sie mal fünf Minuten Zeit?" Rücksprachen sind auch die bewusst terminierten, regelmäßigen Gespräche zwischen Führungskraft und Mitarbeiter, Kollege, Lieferant etc.

Das Ziel solcher Rücksprachen sollte sein, Themen zu sammeln, die sich dann konzentriert in einem überschaubaren Zeitraum diskutieren, bewerten und entscheiden lassen. In der Praxis empfiehlt sich hierfür die Pflege von Themenlisten. Ob man ein solches System offline pflegt oder online mit einer IT-Plattform unterstützt, ist abhängig von persönlicher Arbeitsmethodik bzw. Vorlieben.

Die feste oder flexible Terminierung von Rücksprachen hängt ab von Kontext, Situation und Führungsstil. Grundsätzlich immer sollte allen beteiligten Gesprächspartnern die Möglichkeit gegeben werden, sich inhaltlich vorzubereiten. Hilfreich ist der rechtzeitige Versand einer Themenliste mit Angabe von (1) Priorität, zu besprechen, (2) lediglich zur Information oder (3) gemeinsam zu bewerten/zu entscheiden.

### 5.3 Telefonate

Man kann Telefonate als Sonderform der Rücksprachen oder als Sonderform der Sitzungen betrachten. Sie können hilfreich sein, egal ob klassisch (nur Ton) oder in Form von Videokonferenzen. Auf Dauer ersetzen Telefonate aber nicht den persönlichen Kontakt bzw. das persönliche Gespräch.

Gelegentlich müssen Telefonate aber auch vermieden werden. Niemand sollte ständig erreichbar sein. Störungen reißen Menschen aus ihrer Konzentration oder aus einer Kommunikation mit anderen. Telefonate sollten insbesondere – soweit möglich – in Sitzungen keinen Platz haben, in Rücksprachen, in Mitarbeitergesprächen und bei allen Kommunikationsanlässen, die wichtig sind. Telefonate werden in diesen Fällen nur dann durchgestellt, wenn die Situation es zwingend erfordert.

Drei vielleicht ungewöhnliche Tipps an dieser Stelle:

1. Vereinbaren Sie mit den Kollegen einen klaren Umgang mit Telefonaten. Beispiel: Wer nach drei- bis viermal Klingeln nicht abhebt, ist im Moment nicht erreichbar. Längeres Klingeln hilft dann auch nicht oder könnte bedeuten, dass es absolut wichtig ist. Vereinbaren Sie eine Regel, ob ein Anruf in der Anrufliste bedeutet, dass Sie zurückrufen sollen oder nicht.
2. Lassen Sie bei wichtigen Gesprächen das Mobiltelefon am Arbeitsplatz oder schalten Sie Ihr (Mobil-)Telefon bewusst auf einen Kollegen um – mit dem Sie das natürlich so vereinbart haben. Das sichert 100-prozentige Konzentration und Aufmerksamkeit für das, was jetzt wichtig ist, und eliminiert unnötige Ablenkungsquellen.
3. Nutzen Sie keinen Anrufbeantworter. Er gibt Ihnen moralisch das Gefühl, dass sie zurückrufen müssen, auch wenn sie das gar nicht wollen. Wer Sie erreichen will, wird das auch ohne Anrufbeantworter schaffen. Oder sich präzise schriftlich an Sie wenden.

### 5.4 Mitarbeitergespräche

Das Mitarbeitergespräch (MA-Gespräch) ist eine Gesprächsform, bei der Führungskräfte sich – außerhalb von Rücksprachen – Zeit für ihre Mitarbeiter nehmen. Es geht in diesen Gesprächen um eine periodische Standortbestimmung und um die Ausgestaltung der Zukunft. Gegebenenfalls ist auch eine Aussprache zwischen Führungskraft und Mitarbeiter wichtig sowie die Festlegung von Personalentwicklungszielen und -maßnahmen. Für MA-Gespräche empfiehlt sich ein halbjährlicher Turnus, der je nach Bedarf variieren kann.

In den meisten Fällen können Mitarbeiter die MA-Gespräche selbst vorbereiten. Gegebenenfalls braucht es etwas Anleitung oder Hinführung. Diese Vorbereitung zeigt relativ schnell, wie der Mitarbeiter „tickt", was ihn (nicht) antreibt und welche Schwerpunkte er setzt. Es zeigt auch, welche Fähigkeit zur Selbstreflexion der Mitarbeiter hat bzw. einzusetzen bereit ist. Selbstverständlich muss diese Vorbereitung zielgerichtet erfolgen: Was wollen wir mit diesem MA-Gespräch erreichen (Standortbestimmung, Zielvereinbarung,[125] MA-Beurteilung usw.)?

Alle Themen rund um die Entlohnung (Gehaltserhöhung, Bonus, variable Bestandteile usw.) sollte man in separaten Gesprächen mit den Mitarbeitern klären, um sie nicht mit den Zielgesprächen zu verquicken. Stellenprofil, Leistungsbereitschaft und -fähigkeit sowie Zielerreichungsgrad sind selbstverständlich Bestandteile des Mitarbeitergespräch. Das Thema „Entlohnung" ist wichtig genug, um es separat zu klären und nicht in eine falsche Verbindung mit den anderen Themen zu bringen.

### 5.5 Kritikgespräche

Kritikgespräche erfordern mehr Aufmerksamkeit als andere Gesprächsformen. Der Manager muss das Gespräch intensiv vorbereiten und mit Fingerspitzengefühl durchführen. Kritikgespräche können jeden Stakeholder betreffen; sie umfassen also nicht nur Gespräche zwischen Führungskraft und Mitarbeiter (**Beispiel:** Kritikgespräch mit einem Lieferanten).

Ein wesentlicher Schlüssel zum Erfolg dieser Gespräche ist bereits die Einladung. Es empfiehlt sich, sie mündlich auszusprechen und dabei anzudeuten, dass man das Thema XYZ kritisch besprechen möchte. Das ermöglicht dem Gesprächspartner, sich im Vorfeld mit dem Thema auseinanderzusetzen – so trifft den Kritisierten die Kritik nicht gänzlich unvorbereitet. Daneben sollte ein Kritikgespräch immer unter vier Augen stattfinden. Kritik ist etwas Sensibles und deswegen sollte man Kritik auch sensibel behandeln. Falls es die Umstände erfordern, zieht man eine Vertrauensperson zum Kritikgespräch mit hinzu. Diese Person fungiert als neutraler Zuhörer oder Mediator, in ganz schwierigen Fällen auch als Protokollführer und Zeuge.

Ziel eines Kritikgespräches ist es, eine gemeinsame zukünftige Vorgehensweise zu vereinbaren, gemäß dem Motto: Das ist in der Vergangenheit schiefgelaufen; in Zukunft wollen wir das gemeinsam wie folgt anders handhaben. Dieses Ziel erklärt auch den idealen Ablauf des Gespräches:

---

125    Für den Prozess „Für Ziele sorgen" vgl. auch X. 4.

1. **Eröffnung des Gespräches**. Dabei nochmals das Gesprächsziel kurz erläutern und den zu kritisierenden Sachverhalt möglichst konkret beschreiben. Das Verhalten und nicht die Person wird kritisiert.
2. **Ausführungen des Kritisierten**. Möglichst unterbrechungsfrei sollte der Kritisierte seine Sicht der Dinge darlegen. Die Führungskraft bemüht sich, mit W-Fragen herauszufinden, wie genau der Kritisierte die Angelegenheit sieht.
3. **Gemeinsame Festlegung der Sicht der Dinge**. Im Gesprächsverlauf ist dieser Punkt entscheidend: Gelingt es Führungskraft und Mitarbeiter, eine gemeinsame Sichtweise auf den Sachverhalt zu bekommen? Wenn ja, ergeben sich fast automatisch Lösungsansätze und das weitere Vorgehen. Wenn es schwierig ist oder nicht gelingt, könnte es sich lohnen, an dieser Stelle das Gespräch zu unterbrechen und zu einem späteren Zeitpunkt fortzuführen.
4. **Festlegung des zukünftigen Vorgehens**. Führungskraft und Mitarbeiter legen möglichst konkret fest, was sich wie ändert und wie beide Seiten das in Zukunft gemeinsam steuern, bewerten und kontrollieren.
5. **Abschluss**. Zum Abschluss sollten beide Gesprächspartner die Gelegenheit zur Rückmeldung nutzen. „Wie empfanden Sie das Gespräch?" „Mit welcher Haltung gehen Sie aus diesem Gespräch?"

Im Übrigen sind effektive Führungskräfte besonders bei Kritikgesprächen hart in der Sache, aber weich, höflich und konziliant zu ihren Gesprächspartnern.[126]

Bleibt noch ein Punkt offen: der Umgang mit Fehlern, die letztlich zu dem Kritikgespräch geführt haben. Natürlich lautet die Devise des Managements: Fehler sind grundsätzlich nicht erlaubt (außer bei definierten Neuentwicklungen, in abgesprochenen Kontexten usw.). Denn: Es gibt kaum eine Organisation, in der Fehler keinen Schaden, Imageschaden oder zumindest Ärger bzw. Frust bei den Beteiligten verursachen. Und in manchen Situationen sind Fehler sogar lebensbedrohlich (z.B. bei Ärzten in einer Operation). Insofern ist Nulltoleranz gegenüber Fehlern berechtigt und die meisten Menschen widersprechen dem auch gar nicht. Viele widersprechen aber – zu Recht – einer Führungspraxis, in der Fehler angeprangert und Beteiligte destruktiv behandelt werden. Die Devise muss lauten: Fehler sind grundsätzlich abzulehnen. Und wenn sie passieren? Dann sind schonungslose Aufklärung, organisationale und personelle Ableitungen Pflicht: Was tun wir und was tut der Mitarbeiter genau, dass dieser Fehler nicht mehr passiert?

> *„Ich frage nie, wer einen Fehler gemacht hat, sondern nur, warum er entstanden ist.*
> *Daraus lernen wir. Ich bedanke mich oft für Fehler, die Mitarbeiter machen."*
> *(Peter M. Endres)*

---

126 Vgl. Fisher, Roger/Ury, William/Patton, Bruce, Das Harvard-Konzept – Die unschlagbare Methode für beste Verhandlungsergebnisse, München 2018.

## 5.6 Arbeitskreise

Arbeitskreise, meist „Workshops" genannt, sind ein Sitzungsformat, in dem weniger informiert als vielmehr etwas erarbeitet wird. Klassisches Beispiel ist ein Qualitätszirkel, der um kontinuierliche Verbesserungen von Prozessen, Abläufen usw. ringt. Viele Ausführungen aus dem Sitzungsmanagement (vgl. VIII. 4.) gelten analog auch für Arbeitskreise. Zwei zusätzliche Anregungen:

1.  Die Sitzungsleitung, die für Vorbereitung, Durchführung und Nachbereitung des Arbeitskreises Verantwortung trägt, sollte rotieren. Diese Vorgehensweise diszipliniert alle Sitzungsteilnehmer früher oder später auf charmante Art.
2.  Gegebenenfalls hilft ein detailliertes Drehbuch weiter, in dem – ähnlich wie bei einer Tagesordnung – wesentliche Schritte, gewünschte Methoden, Verantwortlichkeiten, einzusetzende Materialien usw. festgelegt werden.

## 5.7 Kommunikationsplan für besondere Anlässe

Großgruppenveranstaltungen, Firmenanlässe, Gespräche über besondere Vorkommnisse im Umfeld oder in der Organisation, über die man kommunizieren muss/möchte, usw. müssen außer der Reihe organisiert werden.

Als einfaches und dennoch herausforderndes Werkzeug für diese Anlässe empfiehlt sich ein Kommunikationsplan. Er sollte folgende Mindestbestandteile enthalten:

1.  **Zielgruppe**: Wer genau ist extern wie intern betroffen? Wen wollen wir miteinbeziehen? Wie viele Empfänger sind es? Was interessiert diese Zielgruppe bzw. welches Kommunikationsbedürfnis hat sie?
2.  **Inhalt**: Was wollen wir kommunizieren? Welchen Mehrwert wollen wir durch die Information/Kommunikation bei der Zielgruppe erreichen? Was muss bei Zielerreichung kommuniziert/vermittelt sein?
3.  **Kommunikationskanal**: Welche bestehenden Kommunikationskanäle können wir nutzen? Welche Kommunikationskanäle nutzt die Zielgruppe? Welchen Kommunikationsinhalt vermitteln wir über welchen Kommunikationskanal?
4.  **Zeitpunkt**: Wann kommunizieren wir was? In welchem Zeitrahmen und in welcher Intensität machen wir das?
5.  **Vorbereitung**: Wer muss für die Kommunikation was vorbereiten? Wie viel Zeit müssen wir aufwenden, bevor wir aktiv werden können?
6.  **Verantwortung**: Wer bereitet vor? Wer kommuniziert? Wer steht technisch zur Seite, wenn wir technikbasierte Kommunikationskanäle nutzen?
7.  **Kontrolle**: Wie prüfen wir, ob die Kommunikation gelungen ist?

## 5.8 Gerüchte und Flurfunk

Zum Standard wirksamen Managements zählt es auch, sich mit Gerüchten auseinanderzusetzen. Ein Gerücht ist eine als Tatsachenbehauptung gegenüber Dritten geäußerte Einzelmeinung, die sich – je nach Mehrwert der Information für den/die Empfänger – langsam oder schnell verbreitet. „Flurfunk", also Gespräche zwischen Kollegen, wird es immer geben und auch brauchen. In den allermeisten Fällen ist es nicht notwendig, dass eine Führungskraft sich in diesen Flurfunk einbringt oder gar dagegen angeht. Im Gegenteil: Den ganz normalen Gesprächsfluss zwischen Kollegen muss man zulassen und fördern, soweit das irgendwie geht. Er hat aber auch Grenzen, die anhand dieser Regeln deutlich werden sollten:

1.  Eine wirksame Führungskraft beteiligt sich am Flurfunk möglichst wenig. Sie kennt die Wirkung und vor allem die Nebenwirkungen, wenn sie sich hier mit ihrem Informationsstand einbringt.
2.  Gegen Gerüchte gibt es nur das Mittel einer klaren Stellungnahme. Wann und wie sie erforderlich ist, hängt von den Beteiligten, von Kontext und Situation ab.
3.  Je früher eine Führungskraft Stellung bezieht, desto wirksamer kann sie die weitere Ausbreitung falscher Informationen vermeiden.
4.  Eine Führungskraft ist immer gefordert zu intervenieren, wenn Gerüchte die Würde oder den Respekt gegenüber Menschen oder Organisationen verletzen. Nicht-Handeln bewegt sich hier zwischen grober Fahrlässigkeit und Vorsatz. Das Handeln der Führungskraft dagegen bringt Klarheit und Respekt zum Ausdruck und liefert den notwenigen Orientierungsrahmen.

### 5.9 Konflikte

Konflikte sind etwas Normales. Sie tauchen immer dann auf, wenn Interessen, Ziele oder Wertvorstellungen von Personen oder Personengruppen aufeinandertreffen und diese entweder nicht vereinbar sind oder nicht vereinbar erscheinen.

> **Beispiel:** Der Vertrieb möchte unbedingt ein lukratives Geschäft zum Abschluss bringen, die Produktion sieht sich aber nicht in der Lage, das fristgerecht zu erfüllen.

Die wichtigste Aufgabe einer Führungskraft besteht darin, Konflikte erst gar nicht entstehen zu lassen. Soweit ein Manager im Vorfeld Konflikte irgendwie vermeiden kann, sollte er sich also dafür einsetzen. Das kann im genannten Beispiel über regelmäßige Gespräche zwischen Vertrieb, Produktion und Logistik geregelt werden, die realistische Umsetzungen aufzeigen und von vornherein kommunizieren.

Wenn Konflikte dennoch auftreten, muss sich die Führungskraft in der Regel darum kümmern, weil Leistungsfähigkeit und -bereitschaft sonst gegebenenfalls darunter zu leiden beginnen. Manche Konflikte kann sie aber auch laufen lassen – wenn davon auszugehen ist, dass die Konfliktparteien zu einem sinnvollen, gemeinsamen Schluss kommen. Sobald daran Zweifel aufkommen, muss die Führungskraft Flagge zeigen. Dabei ist entscheidend, dass es nicht zu Willkür und einseitigen Festlegungen kommt. Nur dann wird eine Führungskraft ernst genommen und gewinnt das Vertrauen der Konfliktparteien.

### 5.10  Ankündigungen und Drohungen

Großspurige Ankündigungen sollte eine Führungskraft im Zweifelsfall nicht machen. Wenn doch, müssen Taten folgen.[127] Denn nur eine Wahrmachung der Ankündigung schafft Vertrauen. Wer kneift, sorgt für Misstrauen bzw. verliert seine Glaubwürdigkeit.

Eine Führungskraft, die droht, hat im Prinzip verloren. Sie zeigt damit nur, dass sie nicht in der Lage ist, sich durchzusetzen. Und dass sie auf eine nicht sachgemäße Kommunikationsform setzen muss. Wenn man eine Drohung – aus gutem Grunde – doch ausspricht, gilt dasselbe wie bei Ankündigungen: Man muss das Angedrohte im Fall des Falles umsetzen. Ansonsten verpufft die Drohung und die Führungskraft wird zukünftig nicht mehr ernst genommen.

## 6.  Schriftliche Kommunikation

Schriftliche Kommunikation findet heute meist in Form von E-Mails statt. Möchte man eine wirksame Kommunikation dieser Form durchsetzen, empfiehlt sich die Diskussion, Entscheidung und Umsetzung einer Richtlinie zur E-Mail-Kommunikation. Zur Anregung hier eine relativ umfangreiche Beispielrichtlinie. Sie stammt ursprünglich aus der Feder von Peter Stadelmann (CEO von RATIONAL AG, Stand Juli 2019) und wurde erweitert.

1. Schreiben Sie eine E-Mail nur, wenn Sie damit das **Ergebnis**, das Sie erreichen wollen (eine fachliche Antwort erhalten, einen Termin vereinbaren), auch erreichen können. Ansonsten verwenden Sie ein **anderes** Kommunikationsmittel.
2. **Minimieren** Sie die Anzahl der Empfänger. Vor allem bei der fortgesetzten E-Mail-Diskussion müssen nicht mehr alle ursprünglichen Empfänger dabei sein.
3. In „Cc" (= Kopie) steht niemand, der in der E-Mail Aktionen zugewiesen bekommt. Dorthin gehören nur Personen, die über den Inhalt informiert sein müssen. Personen, die etwas tun sollen, stehen im **„An"**-Feld.
4. Jede E-Mail hat einen aussagekräftigen **Betreff** mit Inhalt und Relevanz. In jeder E-Mail, die einen Bezug zu einem **Kunden**, einem **Rohstoff, einem Produkt oder einer Dienstleistung** hat, sind die **Debitoren-** oder **Artikel-Nummer** mit anzuführen. Diese Angaben ermöglichen eine Priorisierung der E-Mails. Mit den folgenden Standard-Betreffen kann ein Großteil der E-Mails klassifiziert werden:
   – **Aktion:** Der Empfänger muss etwas tun.

---

127  Dasselbe gilt für Versprechen.

- **Info:** Der Empfänger wird informiert. Handlungsbedarf muss er selbst ableiten.
- **Termin:** Der Sender sucht, bestätigt, verschiebt einen Termin.
- **Anfrage:** Der Sender braucht Information.
- **Erledigt:** Der Empfänger informiert über die Erledigung einer Aktion.

5. Bei Aktion und **mehreren Empfängern**: In der E-Mail pro Aktion klar bezeichnen, wer das tun muss (z.B. @Maier: ...).
6. Bei Aktion: Setzen Sie eine **klare Frist**, bis wann eine Aktion erledigt sein muss (Beispiel: 10.08.202X, 18 Uhr).
7. Schreiben Sie so **kurz** wie möglich.
8. Strukturieren Sie den Text Ihrer E-Mail mit **Absätzen** und mit einer **Nummerierung**. Sie lässt sich so viel schneller und einfacher lesen und verarbeiten. Beispielsweise kann man bei einem Telefonat viel schneller Bezug darauf nehmen („Zu Nummer drei habe ich folgende Anmerkung").
9. Schreiben Sie Ihre E-Mail **empfängerorientiert** (Was weiß der Empfänger schon? Was nicht? Was muss er nachher tun? Welche Fragen könnte er haben?). Fragen Sie sich, ob die E-Mail für den Empfänger vollständig und unmissverständlich ist, **bevor** Sie sie abschicken.
10. Vermischen Sie keine artfremden Themen in einer E-Mail, sondern schreiben Sie **pro Thema eine E-Mail**. Damit wird die in der Regel unterschiedliche Verarbeitung ermöglicht (unterschiedliche Ablage, Weiterleitung, Erledigungstermin etc.).
11. In Fällen, die mit hoher Dringlichkeit bearbeitet werden müssen, ist der E-Mail-Empfänger zusätzlich telefonisch über die Dringlichkeit zu informieren.
12. Der Abwesenheitsassistent ist bei Abwesenheit **immer** zu pflegen. Für die Abwesenheitszeiten ist mindestens eine Person als Vertreter im Abwesenheitsassistenten zu benennen. Für Personen, die ein Firmenhandy nutzen, gilt diese Pflicht nur in Urlaubszeiten.
13. **Bei Nichteinhaltung der E-Mail-Policy darf die E-Mail unbearbeitet vom Empfänger an den Sender zurückgeschickt werden.**

Schriftliche Kommunikation findet auch außerhalb von E-Mails statt. Manches muss immer noch auf Papier erfolgen. Hier empfehlen sich klar strukturierte Vorlagen, die einheitlich in einer Organisation vorhanden sein sollten. Jedes schriftliche Dokument sollte mit Seitenzahlen versehen sein, wenn möglich eine Zusammenfassung im Anhang enthalten und – wenn notwendig – nummerierte Aufzählungen verwenden. Das erleichtert die mündliche Kommunikation dazu ungemein. **Beispiel:** „Auf Seite 3 haben Sie unter 4.1 geschrieben, dass ... M.E. sollten wir ...".

## 7. Zusammenfassung

Jeder Mensch, jede Führungskraft kommuniziert mit unterschiedlichen Beziehungspartnern. Gelingende Kommunikation grenzt dabei manchmal an ein Wunder. Die Erkenntnisse der Kommunikationsforschung können dabei helfen. Immer sind die jeweilige Kommunikationsform, die Zielgruppe oder die Einzelperson und die Situation zu berücksichtigen. Die Führungskraft hat als wichtigste Aufgabe in der Kommunikation sicherzustellen, dass sie sich verständlich macht und dass sie versteht, was andere ihr mitteilen (wollen). „Erst müssen wir lernen, was wir zu sagen haben, und dann, wie wir dies tun können."[128] Und deswegen ist es manchmal besser, sich zurückzunehmen bzw. zu schweigen.

---

128    Vgl. Drucker, Peter Ferdinand, Management – Das Standardwerk komplett überarbeitet und erweitert, Band 2, Frankfurt am Main 2009, S. 110

# IX.  Management von Personen

*„Wer Menschen führen will, muss hinter ihnen gehen."*
*(Laotse)*

Beim Management von Personen – auch Führen von Menschen genannt – geht es nicht nur um die Mitarbeiterführung. Es geht um die Führung

1. unterschiedlicher Individuen (Chefs, Mitarbeiter, Kollegen, Lieferanten).
2. temporärer Teams (Projektgruppen, Arbeitskreise, Task Forces).
3. dauerhafter Teams (Gremien jeglicher Art).[129]

Manager stehen bei dieser Führung immer in Beziehung zu anderen Menschen (vgl. Abbildung 17).

**Abbildung 17:** Mögliche Beziehungspartner

Führungskräfte sollten beachten, dass ihr Handeln immer abhängig ist von anderen Menschen. Daher sollten sie zumindest berufliche Beziehungen nicht dem

---

Zufall überlassen. Sie sorgen und bemühen sich um ein wirksames Beziehungsmanagement.[130]

Dazu gehört ein ausreichendes Kontaktmanagement. Kontakte sollten off- oder online mit den relevanten Stammdaten (Adresse, Telefonnummern, E-Mail usw.) gepflegt werden.[131] Man kann sich hier bei Bedarf zusätzliche Informationen und Hinweise notieren: Wann habe ich die Person kennengelernt? In welchem Kontext? Was waren die wesentlichen Gesprächsthemen? Wann fand der letzte Kontakt statt? Welche besonderen Infos gibt es über diesen Menschen? In einem Vorstandssekretariat habe ich sogar erlebt, dass dort Informationen über Partner, Kinder, versandte und erhaltene Geschenke, Geburtstage usw. detailliert gepflegt wurden. Welchen Umfang das annehmen soll bzw. muss, bleibt jedem selbst überlassen; manch einer behält den Überblick auch ganz ohne Hilfsmittel.

Ein Kontaktmanagement dieser Art sichert schnelle Anknüpfungspunkte in der Kommunikation (Small Talk). Es zeigt dem Gesprächspartner, dass man sich an ihn erinnert und ihn akzeptiert bzw. respektiert (Ich bin ok, du bist ok).

## 1. Psychologik

> *„Um jemanden zielgerichtet zu bewegen, muss man wissen,*
> *was diesen Menschen bewegt.“*
> *(Andreas Staeck)*

In (beruflichen) Beziehungen steht selten die Sachlogik im Vordergrund; stattdessen dominiert die Psychologie. Es braucht kein Psychologie-Studium, um das zu verstehen – häufig reicht der gesunde Menschenverstand aus. Aus meiner beruflichen Praxis kenne ich einige psychologische Faktoren, die wirksam sind für ein gelingendes Miteinander mit unterschiedlichen Beziehungspartnern.

### 1.1 Motivlage verstehen

Sowohl Stakeholder als auch Organisationen verfolgen Ziele, Standards, Projekte, Assignments, Aufgaben und Themen. Deren Grundlage sind Motive: Beweggründe, wieso die Beteiligten etwas tun. Eine beispielhafte Aufzählung solcher Motive findet sich in Tabelle 19.

---

130   Im Folgenden werden die Begriffe „Management von Personen" und „Beziehungsmanagement" gleichgesetzt, auch wenn sich das Beziehungsmanagement im landläufigen Verständnis auf Kunden und Geschäftspartner beschränkt. Hier umfasst es auch Mitarbeiter etc.

131   Hier bieten sich CRM-Systeme an, die man als xRM-Systeme ausbaut. Es handelt sich in den geringeren Fällen um Kontakte, die man persönlich hat. Persönliche Kontakte kann man im eigenen Kontaktmanagementsystem seines Vertrauens pflegen. Alle Kontakte, die mit zum Erfolg der Organisation beitragen, sollten in einem xRM-System gepflegt werden. Dies sichert zugleich die notwendige Compliance der Sanktionslistenprüfung (vgl. V. 1.1).

| Stakeholder | Beispielmotive der Stakeholder | Beispielmotive der Organisation |
|---|---|---|
| Kunden | Richtiges Produkt mit passender Qualität zum besten Preis, termingerechte Lieferung, keine Reklamation notwendig | Stabile Kundenbeziehung, rechtzeitige Zahlung der Rechnungen, positive Werbung oder Empfehlungen, Zufriedenheit mit der Leistung der Organisation |
| Lieferanten | Stetige Lieferabnahme, rechtzeitige Zahlung der Rechnungen | Richtiges Vorprodukt mit passender Qualität zum besten Preis, termingerechte Lieferung, keine Reklamation notwendig |
| Chef | Beste Arbeitsleistung; wirtschaftliche Ergebnisse, wenig Eingreifen erforderlich | Sinnvolle (Mit-)Arbeit, anspruchsvolle Ziele/Projekte, sachlich-konstruktive Kommunikation, gute Führung |
| Mitarbeiter | Sinnvolle (Mit-)Arbeit, anspruchsvolle Ziele/Projekte, sachlich-konstruktive Kommunikation | Beste Arbeitsleistung, wirtschaftliche Ergebnisse, wenig Eingreifen erforderlich |
| Kollegen | Rechtzeitige Informationen, Berücksichtigung der eigenen (Fachabteilungs-)Perspektive durch die anderen | Rechtzeitige Informationen, Berücksichtigung sämtlicher (Fachabteilungs-)Perspektiven durch die Belegschaft |

**Tabelle 19:** Beispielmotive Beziehungspartner

Würden die Beziehungspartner rein aus sachlogischer Perspektive kommunizieren, könnte man im Regelfall davon ausgehen, dass es immer ein partnerschaftliches, funktionierendes Miteinander gibt. Zwar müssten sie auch hier zwangsläufig Kompromisse eingehen; Beziehungspartner auf Augenhöhe könnten sich aber konstruktiv-kritisch darauf einigen. Die Realität ist anders.

## 1.2 Menschen nicht einordnen

Wir wollen andere Menschen einordnen. Schubladendenken hilft uns dabei, die komplexe Realität zu vereinfachen. Aber der Versuch, Menschen anhand einfacher Kategorien zu charakterisieren oder in Stereotype zu pressen, scheitert zwangsläufig. Kaum jemand lässt sich gern in ein Korsett zwängen. Wollen Sie, dass andere Menschen von Ihnen ein fertiges und vermutlich unverrückbares Bild haben? Natürlich nicht. Trotzdem erliegen wir alle der Versuchung: Wir machen uns in kürzester Zeit ein Bild des anderen und lassen zu, dass es sich festigt.

> **Beispiele:** „Habe ich doch gewusst, dass der so tickt!" „Der Maier ist genau wie der Schulze." „Der Typ ist voll der Angeber." „Der verhält sich wie ein typischer Verkäufer." „Der zählt zu der Kategorie Kleingeist." „Der ist so ein Rechthaber!"

So „menschlich" solche Urteile sind: Sie werden den Menschen, über die geredet wird, nie gerecht. Zum Verständnis dient das folgende (extreme) Beispiel:

> Denken Sie an einen typischen Obdachlosen. Wahrscheinlich haben Sie ein ähnliches Bild im Kopf wie die meisten anderen: mittleres Alter, männlich, intensiver Körpergeruch, schwerer Alkoholiker, starker Raucher, wenig motiviert zu arbeiten, bettelnd usw. Stellen Sie sich jetzt folgende Fragen: (1) Können Sie sich vorstellen, dass so ein Obdachloser ein liebevoller, zärtlicher Mensch sein kann, der einer Frau den Himmel auf Erden bereitet? (2) Ist so ein Obdachloser in einem Zeitraum Y fähig und willens, sich in „normale" Lebensumstände zurückzubegeben (Arbeit, Körperhygiene, Aufgabe von Alkoholismus und gegebenenfalls Rauchen)? (3) Würden Sie ihm dafür ein Darlehen geben, wenn er Sie darum bitten würde? (4) Trauen Sie ihm zu, dass er in naher Zukunft eine bedeutsame Persönlichkeit werden kann?

Das Beispiel macht deutlich, wie schwierig es ist, sich über Menschen kein abschließendes Urteil zu bilden. Warum trauen wir einem Obdachlosen nicht zu, dass er ein liebevoller Mensch ist, der unter anderem auf Basis eines Darlehens ernsthaft sein Leben verändert und irgendwann eine bedeutende Persönlichkeit wird?

Die Realität zeigt: Viele Menschen verhalten sich erwartungsgemäß – aber eben nicht alle und nicht immer. Wir werden den Menschen nicht gerecht, wenn wir sie in eine Schublade zwängen, die sie möglicherweise nicht verdient haben.

> **Handlungsempfehlung:** Eine Führungskraft tut gut daran, dem Impuls zu widerstehen, Personen einzuordnen. In der Regel sind Menschen entwicklungsfähig und auch bereit, sich weiterzuentwickeln. Gerade Führungskräfte haben die ehrenhafte Aufgabe, Menschen in dieser Entwicklung zu unterstützen. **Und wer andere bei ihren Zielen, Projekten oder Plänen nicht behindert, erhöht die Wahrscheinlichkeit, auch bei der eigenen Entwicklung und beim eigenen Fortkommen nicht behindert zu werden.**

### 1.3 Der Name ist etwas Besonderes

Die meisten Menschen halten sehr viel von ihrem Namen und sind pikiert, wenn er nicht richtig ausgesprochen oder geschrieben wird. Wer mit seinem Namen angesprochen wird, reagiert darauf. Sich den Namen des Gegenübers zu merken, zeugt außerdem von Respekt. Wichtig bei der Aussprache des Namens ist die Art und Weise, wie wir dabei klingen: zum Beispiel ehrfürchtig, partnerschaftlich, herablassend oder dominant.

> **Handlungsempfehlung:** Menschen fühlen sich geschmeichelt, wenn man sie bewusst mit ihrem Namen anspricht oder sie bei Gelegenheit nach der Bedeutung oder Herkunft ihres Nachnamens fragt. Das bietet sich beispielsweise dann perfekt an, wenn einem die Visitenkarte überreicht wird. Die Visitenkarte liefert den nötigen Gesprächsstoff, um sich besser kennenzulernen. Im internationalen Umgang mit Beziehungspartnern ist es teilweise sogar Usus, die Visitenkarte besonders wertschätzend zu behandeln. Das Ansprechen und Aussprechen des Namens schenkt dem Angespro-

chenen bewusst wie unbewusst ein Stück weit Aufmerksamkeit. Probieren Sie es aus! Aber übertreiben Sie es nicht.

## 1.4 Jeder ist sich selbst der Nächste

Vielleicht kennen Sie das: Sie sitzen mit Kollegen am Mittagstisch und unterhalten sich über Privates. Sie erzählen beispielsweise von Ihrer letzten Urlaubsreise. Ich habe oft die Beobachtung gemacht, dass Minuten später der Erzähler nicht mehr im Mittelpunkt steht, sondern die Kollegen das Thema für sich selbst ver- und bearbeiten. „Ich war auch schon dort ..." „Als ich das letzte Mal im Urlaub war, da ..." „Da fällt mir ein, dass ..." Diese normale Reaktion zeigt: Menschen neigen dazu, um sich selbst zu kreisen und das eigene Erleben als bedeutsamer und wichtiger einzustufen als Erlebnisse und Erfahrungen anderer. Es ist normal, dass wir unsere Angelegenheiten, unsere Ansichten und Gefühle wichtig finden und auch nach außen vertreten wollen.

**Handlungsempfehlung:** In der Konsequenz heißt das, dass eine Führungskraft sich zurücknimmt und den Gesprächspartner seine Ansichten und Gefühle in Ruhe darlegen lässt. Sie widersteht dem Impuls, sofort alles zu kommentieren, zu bewerten oder die eigenen Ansichten und Gefühle einzubringen. Ich empfinde Führungskräfte im Umgang mit gleich welchem Beziehungspartner dann als effektiv, wenn sie diese Zurückhaltung pflegen – ohne dabei ihren eigenen Standpunkt zu vernachlässigen. Oder wie es eine Führungskraft salopp formulierte: „Einfach mal den Mund halten, zuhören und versuchen zu verstehen." Effektiv deshalb, weil sich der Beziehungspartner verstanden und akzeptiert fühlt. Weil er den Eindruck gewinnt, dass die Führungskraft ihn verstehen will. Und das ist ein wichtiger Schlüssel für ein gelingendes Miteinander.

## 1.5 Recht und Erfolg haben (wollen)

Menschen streben neben Liebe auch nach Anerkennung und innerer Genugtuung.

Anerkennung kann Lob, Akzeptanz oder Respekt bedeuten; innere Genugtuung ist ein Gefühl vollständiger Zufriedenheit. Beide Gefühlszustände sind mächtige und oftmals unterschätzte Motivatoren. Das Dumme daran ist, dass sie Zwillingsschwestern haben: Recht und Erfolg. Diese Zwillingsschwestern sind es, die die Sache verkomplizieren. Und zwar dann, wenn zwei oder mehrere gleichzeitig Recht und Erfolg haben wollen. In der Regel kann nur einer Recht haben und ein zweiter oder dritter nicht – sofern diese Menschen andere Positionen und Standpunkte vertreten. Ähnlich verhält es sich mit dem Erfolg: Wenn jemand Erfolg hat, haben der Zweite und Dritte in der Regel nicht ebenfalls Erfolg, im schlimmsten Fall sogar Misserfolg. Streit und Konflikte – ob offen und direkt ausgetragen oder schwelend – sind vorprogrammiert.

**Handlungsempfehlung:** Gerade Führungskräfte wollen recht haben und erfolgreich sein. Ich bin aber davon überzeugt, dass wirksame Führungskräfte sich gerade dadurch auszeichnen, dass sie auch anderen ihr Recht und ihren Erfolg lassen. Indem sie ihnen Anerkennung schenken. Indem sie sich lösen von der Vorstellung, immer recht haben zu müssen. Indem sie anderen Erfolg zugestehen. Getreu dem Motto: „Leben und leben lassen". Führungskräfte werden zum Vorbild, wenn sie die Besten erfolgreich sein lassen (möglicherweise sind das nicht sie selbst). Dann können sie auch eigene Fehler eingestehen und Irrwege korrigieren, wenn es notwendig ist.

### 1.6 Was Menschen wirklich an- und umtreibt: Sinn

Was treibt Menschen wirklich an? Wie lassen sie sich motivieren? Fragen, die erstaunlich einfach zu beantworten sind. Auch wenn es in der Umsetzung bzw. im Alltag herausfordernd sein mag. Zumindest gibt ein profunder Kenner der Materie sinnvolle Antworten. Es ist Viktor Frankl, Begründer der dritten Wiener Schule der Psychotherapie.

Frankl überlebte vier Konzentrationslager während des Zweiten Weltkrieges. Kurz nach dem Krieg veröffentlichte er das Buch „... trotzdem Ja zum Leben sagen: Ein Psychologe erlebt das Konzentrationslager". Darin verarbeitet er seine Erfahrungen; er gilt seitdem als glaubwürdig in den Fragen sinnvollen bzw. sinnerfüllten Lebens. Die Originalzitate aus dem reichhaltigen Schatz seiner Ausführungen mögen das illustrieren:

> *„Mensch sein heißt immer schon ausgerichtet und hin geordnet sein auf etwas oder auf jemanden, hingegeben sein an ein Werk, dem sich der Mensch widmet, an einen Menschen, den er liebt, oder an Gott, dem er dient."*[132]

> *„Noch nie hat ein Tier danach gefragt, ob das Leben einen Sinn hat. Das tut eben nur der Mensch, und das ist nicht Ausdruck einer seelischen Krankheit, sondern der Ausdruck geistiger Mündigkeit, würde ich sagen. Denn es ist geistige Mündigkeit, wenn jemand es verschmäht, eine Antwort auf die Sinnfrage einfach aus den Händen der Tradition entgegenzunehmen, vielmehr darauf besteht, sich selber und selbständig auf die Suche nach Sinn zu begeben."*[133]

> *„Letzten Endes wird menschliches Verhalten ... nicht von Bedingungen diktiert, die der Mensch antrifft, sondern von einer Entscheidung, die er trifft. Ob er es nun wissen mag oder nicht: Er entscheidet, ob er den Bedingungen trotzt oder weicht, mit anderen Worten, ob er sich von ihnen überhaupt und in welchem Maße er sich von ihnen bestimmen lässt."*[134]

---

132     Vgl. Frankl, Viktor E., Der Mensch vor der Frage nach dem Sinn – Eine Auswahl aus dem Gesamtwerk, München 2009, S. 26.
133     Ebd. S. 46.
134     Ebd. S. 54.

*„Und mögen es auch nur wenige gewesen sein – sie haben Beweiskraft dafür, dass man dem Menschen im Konzentrationslager alles nehmen kann, nur nicht: die letzte menschliche Freiheit, sich zu den gegebenen Verhältnissen so oder so einzustellen. Und es gab ein ‚So oder so'!"* [135]

*„Was hier nottut, ist eine Wendung in der ganzen Fragestellung nach dem Sinn des Lebens: Wir müssen lernen und die verzweifelnden Menschen lehren, dass es eigentlich nie und nimmer darauf ankommt, was wir vom Leben noch zu erwarten haben, vielmehr lediglich darauf: was das Leben von uns erwartet."* [136]

Für Führung bedeutet das: Ohne (tieferen) Sinn werden wir auf Dauer Schwierigkeiten haben, Mitarbeiter vernünftig an unser Unternehmen zu binden. Mitarbeiter suchen neben guter Führung in der Regel eine sinnvolle Arbeit. Sie wünschen sich, dass ihr Beitrag etwas Wertvolles, einen Mehrwert, etwas Brauchbares erschafft. Dass sie erkennen, wofür sie sich engagieren und welche Auswirkungen das hat (z.B. einen zufriedenen Kunden, ein tolles, funktionierendes Produkt usw.).

### 1.7  Was Menschen von Führungskräften erwarten

Führungskräfte sind nicht Menschen erster Klasse und Beziehungspartner Menschen zweiter Klasse. Jeder Mensch ist eine Klasse für sich! Die meisten Menschen erwarten von Führungskräften, dass diese sich professionell verhalten und ihnen auf Augenhöhe begegnen. Das bedeutet nicht, dass ein Manager mit jedem per Du sein oder seine Mitarbeiter wie Kumpel behandeln muss.[137] Führung bedeutet aber auch nicht künstliche Distanz. Oder dass man seinen Beziehungspartner spüren lässt, man sei etwas Besseres.

Die meisten Menschen haben ein sehr feines Gespür, wie sich jemand verhält, und zollen dem Gegenüber dann Respekt, wenn sie diesen Respekt selbst wahrnehmen. Er äußert sich durch Worte und Taten. Er zeigt sich in konsequentem Handeln und Verhalten nach einem Maßstab, der weltweit gleich ist. Es mag sein, dass Respekt sich in verschiedenen kulturellen Gewändern zeigt; tief im Kern ist er jedoch annähernd gleich. Er äußert sich unter anderem in folgenden Facetten:

1. **Wertschätzung:** Die Führungskraft schafft eine Atmosphäre der Achtung und Anerkennung dessen, was der Beziehungspartner sagt und macht.
2. **Achtsamkeit und Empathie:** Sie erkennt die feinen Nuancen der nonverbalen und verbalen Kommunikation und schenkt dem Beziehungspartner Aufmerk-

---

135    Ebd. S. 171.
136    Ebd. S. 173.
137    Im Gegenteil: Es muss stimmig sein. Empfehlenswert ist eine professionelle Distanz und Kollegialität. Berufliche Freundschaften sollten Führungskräfte so wenig wie möglich pflegen und zulassen. Denn diese können zu irgendeinem Zeitpunkt Schwierigkeiten oder Dilemmata verursachen.

145

samkeit für seine Bedürfnisse. Gleichzeitig achtet sie auf die eigenen Bedürfnisse und bemüht sich um einen Einklang beider Seiten.

3. **Anstand:** Besonders von Führungskräften erwarten Mitmenschen Anstand, der sich im Charakter und in den Umgangsformen zeigt (**Beispiel:** Grüßen, Freundlichkeit, ordentliches Auftreten usw.).

4. **Ehrlichkeit und Authentizität:** Menschen spüren meist sehr schnell, ob jemand ehrlich zu sich selbst und seinem Umfeld ist. Bei Führungskräften potenzieren sich Unehrlichkeit und Nicht-Authentizität: Beziehungspartner nehmen die Führungskraft nicht mehr ernst, verweigern die Gefolgschaft oder kündigen innerlich oder de facto.

Die Professionalität des Handelns einer Führungskraft gegenüber ihren Beziehungspartnern zeigt sich auch in der konsequenten Trennung von Beruf und Privatleben. So wird beispielsweise eine Freundschaft zwischen Führungskraft und Mitarbeiter zu irgendeinem Zeitpunkt zu Schwierigkeiten führen. Zum Beispiel wenn die Führungskraft ein Kritikgespräch mit dem Mitarbeiter führen soll.

### 1.8  Innere Klarheit und ehrliche Rückmeldungen

Die meisten Menschen können sehr gut mit der Wahrheit umgehen – auch wenn sie ihnen inhaltlich nicht schmeckt. Für effektives Beziehungsmanagement ist daher eine innere Klarheit über Sachverhalte, Vorgänge, Geschäftsvorfälle, Abläufe, Befindlichkeiten usw. bei jedem Beziehungspartner hilfreich. Diese innere Klarheit entsteht nur über Nachdenken, Reflektieren, Sich-Informieren. Das Ergebnis kann der Wunsch sein, dem Beziehungspartner die eigenen Erkenntnisse mitzuteilen: „Ich sehe das so und so und mir ist wichtig, Ihnen/dir das mitzuteilen." Damit eine solche Rückmeldung auf fruchtbaren Boden fällt, sind zwei Punkte entscheidend. Einmal: innerlich zu akzeptieren, dass die eigene Klarheit nicht zwingend die gleiche Klarheit beim Gegenüber bedeutet. Und zum Zweiten: Ich gebe nur Rückmeldungen, wenn ich um Erlaubnis gefragt habe, sie geben zu dürfen. So hat der Beziehungspartner die Chance, sich ebenfalls ernsthaft auf einen Nachdenk- und Reflexionsprozess einzulassen – er kommt aber vielleicht zu einem anderen Ergebnis. Wenn dies in einer offenen und wertschätzenden Gesprächskultur stattfindet, kann man das zu Recht als die Crème de la Crème gelungener Kommunikation bezeichnen.

## 2.  Chronologie

Die Chronologie ist ein wichtiger Bestandteil wirksamer Führung. Erfahrene Manager wissen das: Häufig ist das Erwischen des richtigen Zeitpunktes einer oder sogar der entscheidende Erfolgsfaktor für gelungene Kommunikation. Sie wissen, wie wichtig es ist abzuwarten, wann man was wem mitteilt und wann man vielleicht besser schweigt.

Manchmal lohnt es sich, gewisse Sachverhalte nicht sofort anzusprechen, auch wenn man das gerne möchte. Etliche Probleme lösen sich mit der Zeit auf oder es werden zusätzliche Dimensionen offensichtlich, die dem Sachverhalt eine andere Wendung oder Bedeutung geben. Dennoch gibt es Themen, die keinen Aufschub dulden und die ein Manager sofort ansprechen und klären muss (z.B. Unwahrheiten, dubiose Informationen, die erhebliche Konsequenzen nach sich ziehen könnten, Störungen, die den Betriebsablauf maßgeblich beeinflussen usw.). Das Gespür für den richtigen Zeitpunkt vermittelt kein Lehrbuch. Das kann ein Manager nur erlernen, indem er **Erfahrungen** sammelt. Er macht Fehler, weil er vorschnell agiert, obwohl es nicht notwendig gewesen wäre. Durch kritische Selbstreflexion, die lebenslang anhalten sollte, gelingt es ihm, aus diesen Erfahrungen zu lernen.

Chronologie setzt den Mut voraus, nicht alles gleichzeitig anpacken zu wollen. Es kann bedeuten, Schwachstellen und Risiken zu sehen und sie für den Moment hinzunehmen. Gegen Missstände vorläufig nichts zu unternehmen und sie vorübergehend zu akzeptieren. Weil es Wichtigeres gibt, um das man sich kümmern muss. **Beispiel:** Der Manager weiß um die Defizite eines Lieferanten, kann aber mit dem derzeitigen Standard/Service Level leben. Gleichzeitig weiß er, dass er etwas tun muss; er unterlässt es aber, weil er anderen Sachen eine höhere Priorität einräumt.

Zur Chronologie gehört auch die Erkenntnis, dass Veränderungen erhebliche Zeit brauchen. Viele Führungskräfte gehen beispielsweise falsch in der Annahme, dass ein Change sich innerhalb kürzester Zeit vollziehen lässt. Mehr dazu in Kapitel XIII.

## 3. Partnerschaftlicher Umgang
### 3.1 Geradlinigkeit und Aufrichtigkeit
Was sich definitiv nicht mit Management verträgt, sind Verschlagenheit und Aalglattheit. Damit deutlich wird, was gemeint ist, schauen wir uns das Gegenteil an: Geradlinigkeit und Aufrichtigkeit. Danach handeln, was man sagt – und denkt. Das schließt im Übrigen weder Schlitzohrigkeit, Pfiffigkeit, Listigkeit noch Bauernschläue oder dergleichen aus. Manager können sehr wohl ein wenig gerissen sein und so handeln; sobald aber die feine Linie der Nicht-mehr-Aufrichtigkeit überschritten wird, ist ein partnerschaftlicher Umgang nicht mehr bzw. zumindest nicht dauerhaft möglich.

Diese „feine Linie" zu definieren, ist unmöglich. Sie ist abhängig vom Einzelfall, von der Situation, dem Kontext, der Organisation und den handelnden Personen. Das darf aber nicht als Ausrede für Verlogenheit missbraucht werden. Das Reden, Sein und Tun eines Managers hat eine „moralische" Komponente. Und im partnerschaftlichen Umgang zählt diese im Zweifelsfall mehr als die Rechts- und Regelkonformität.

## 3.2 Vertrauen rechtfertigen

*„Keine Regel ist so allgemein, keine so heilig zu haben als die: unverbrüchlich auch in den geringsten Kleinigkeiten Wort zu halten, seiner Zusagen treu und stets wahrhaftig zu sein in allen Reden."*
*(Adolph Freiherr von Knigge)*

Damit ein partnerschaftlicher Umgang entstehen kann, müssen Manager das Vertrauen rechtfertigen, das ihnen geschenkt wird. Den meisten Menschen begegnen wir von Anfang an mit einem Grundvertrauen. Möglicherweise gehen wir vorsichtig und abtastend vor, aber im Grunde bringen wir Menschen, die wir neu kennenlernen, eine gewisse Offenheit und einen Vorschuss an Vertrauen entgegen. Die feinen Antennen bleiben ausgestreckt und wir achten unbewusst oder bewusst darauf, ob dieser Vorschuss gerechtfertigt war.

> **Beispiele:** Werden Versprechungen eingehalten? Kann man sich auf das Wort des Beziehungspartners verlassen? Überhaupt: Stimmt das, was der andere sagt, mit dem überein, was er tut?

Was wir intuitiv machen: Wir kontrollieren unser Vertrauen. Kann ich dem anderen wirklich trauen? Oder wie es Reinhard Sprenger pointiert formuliert: „Weder ist Vertrauen ohne Kontrolle möglich noch Kontrolle ohne Vertrauen. Auf das Maß kommt es an!"[138]

## 3.3 Erwartungen kommunizieren

Eine sehr gute Möglichkeit, Vertrauen zu gewinnen, besteht darin, gegenüber einem Beziehungspartner klar und eindeutig die eigenen Erwartungen zu kommunizieren. Wenn mein Gegenüber versteht, was ich erwarte und warum ich es erwarte, kann ich auch voraussetzen, dass er weiß, was und warum mich etwas bewegt. Wenn ich es dagegen unterlasse, ist meine Erwartungshaltung möglicherweise nicht gerechtfertigt.

Die Kommunikation von Erwartungen erfolgt bei wichtigen Beziehungspartnern schriftlich, zum Beispiel in Form von Standards, Service-Level-Agreements usw. (vgl. auch X. 4.).

## 3.4 Fairness

Mit vielem können Menschen gut umgehen (lernen). Für mangelnde Fairness gilt das nicht. Sie ist der Nährboden für Unfrieden, Streit, intrigantes Verhalten usw. Gerade Führungskräfte sind gut beraten, wann immer möglich Fairness walten zu

---

138  Sprenger, Reinhard, K., Vertrauen führt – Worauf es im Unternehmen wirklich ankommt, Frankfurt am Main 2007, S. 74.

lassen. Fairness bedeutet eine durch den anderen akzeptierte Gerechtigkeit bzw. Angemessenheit. Den meisten Menschen ist bewusst, dass Entscheidungen subjektiv getroffen werden. Solange diese Subjektivität auf einem gerechten Maßstab beruht, akzeptieren sie jedoch solche Entscheidungen. Erst wenn sie Willkür wahrnehmen, beginnen Menschen Abwehrreaktionen zu zeigen. Bei jedem Führungsverhalten ist Fairness daher einer der wichtigsten Maßstäbe für partnerschaftliches Verhalten.

Schon Immanuel Kant hat das Prinzip Fairness im Kategorischen Imperativ auf den Punkt gebracht: „Handle nur nach derjenigen Maxime, durch die du zugleich wollen kannst, dass sie ein allgemeines Gesetz werde." Auch wir selbst wollen fair behandelt werden. Wenn es im Übrigen stimmt, dass man sich immer zweimal im Leben sieht, ist das ein starkes Argument dafür, konsequent von Anfang an um Fairness bemüht zu sein.

### 3.5  Einen Zugang finden

Es gelingt uns nicht immer und sofort, den passenden Zugang zu einem Beziehungspartner zu finden. Zu manchen wollen oder können wir auch keinen Kontakt aufbauen. Was tun, wenn es trotzdem erforderlich ist?

**Handlungsempfehlung 1:** Fast jeden Menschen treibt etwas an. Sei es eine spezifische Sache, ein Hobby, sein Haus, sein Garten, seine Familie, eine bestimmte Sportart, eine Fanmitgliedschaft bei einem Sportverein. Die meisten Menschen halten das nicht geheim, sondern hinterlassen Indizien oder Hinweise darauf – gerade Social-Media-Profile enthalten entsprechende Informationen. Diese Informationen sind der perfekte Anker, um ein Gespräch unkompliziert zu eröffnen oder relativ schnell eine persönliche Beziehung zu diesen Menschen aufzubauen.

**Handlungsempfehlung 2:** Finden Sie heraus, ob Ihr Gesprächspartner eher ein Leser oder ein Zuhörer ist (vgl. VII. 2.2). Das gelingt nur durch Beobachtung oder gezieltes Nachfragen. **Beispiel:** In welcher Form soll ich Ihnen diese Information zur Verfügung stellen?

**Handlungsempfehlung 3:** Eine sehr wichtige Informationsquelle über Beziehungspartner sind Dritte, die nicht mal in direkter Beziehung mit diesen Menschen stehen müssen: Reinigungskräfte, Hausmeister, Kantinenmitarbeiter, Pförtner, Empfangsdamen, Sekretärinnen, Mitarbeiter, Konkurrenten usw. Wer es geschickt anstellt, bekommt über solche Ansprechpartner mehr Informationen, als er braucht. Gegebenenfalls kann er diese dann später verwenden.

### 3.6  Vereinbarungen treffen

Jede Partnerschaft ist nur so gut wie die Vereinbarungen, die die Partner aushandeln. Damit Vereinbarungen eingehalten werden können, muss man sie effektiv treffen. Dazu dienen Verträge (darin steckt das Verb „vertragen"), schriftliche Ziele oder Standards, schriftliche Service-Level-Agreements usw. Effektivität entsteht, wenn nach wichtigen Treffen gemeinsam getroffene Vereinbarungen schriftlich festgehalten und kommuniziert werden. Das schafft Vertrauen und ist Voraussetzung für eine konsequente Umsetzung. Es unterhöhlt übrigens nicht die alte Kaufmannstradition, dass auch das Wort eines ehrbaren Kaufmanns gilt. Denn Schriftlichkeit ersetzt nicht das geltende Wort, sondern ergänzt es.

### 3.7 Kollegialität

Partnerschaftlicher Umgang kann nur gelingen, wenn gleichzeitig Kollegialität vorgelebt und eingefordert wird.

> **Ein paar Beispiele:**
> (1) Kollegen erwarten (zu Recht), dass ich ihnen nicht in den Rücken falle, sondern sie mindestens moralisch in ihren Zielen und Vorhaben unterstütze.
> (2) Wenn ich eine Kritik loswerden will, dann mache ich das unter vier Augen und in einem Rahmen, der eine vertrauliche Kommunikation ermöglicht. Es kann ja auch sein, dass ich mit meiner Kritik falsch liege und die Kommunikation ein Beitrag zum besseren gemeinsamen Verständnis ist.
> (3) Ich pflege keine Kultur der Ausreden. Weder bei mir selbst noch bei Kollegen und Partnern lasse ich Ausreden zu. Im Zweifelsfall gibt es eine Kommunikationskultur des „offenen Visiers". Das heißt, der Kollege oder Partner darf wissen, woran er genau ist bzw. wie sich eine Sache im Detail verhält. Taktieren, Lamentieren und weitere Unsitten spreche ich – sofern ich sie durchschaue – offen an und unterbinde sie.

Und wenn Sie nun fragen, warum Sie diese drei Punkte beherzigen sollten, dann gestatten Sie bitte eine einfache Nachfrage: Möchten Sie, dass man mit Ihnen anders umgeht?

### 3.8 Wertschätzende Gesprächskultur

Die Quintessenz des Bisherigen lässt einfach zusammenfassen: Wir brauchen eine wertschätzende Gesprächskultur, und zwar mit allen Beziehungspartnern. Wir müssen auch damit rechnen, dass sich unsere Beziehungspartner untereinander kennen und sich austauschen. Eine wertschätzende Gesprächskultur entsteht durch:

- klare und eindeutige Kommunikation von Erwartungen
- klare und eindeutige Steuerimpulse (z.B. Ansagen, Aufgabenverteilung usw.)
- evtl. Rückmeldungen (nur wenn gewünscht und in einer vertraulichen Atmosphäre)

- das Bemühen, sich jederzeit verständlich auszudrücken. Das beinhaltet auch die Bereitschaft, im Zweifelsfall Übersetzungshelfer für seine eigenen Botschaften zu sein
- die Bereitschaft, den anderen so zu nehmen, wie er ist, und ihn auch so zu verstehen, wie er sich ausdrückt
- die Bereitschaft, ein gemeinsames Verständnis zu entwickeln

## 4. Führen von Teams

*"How many people work here? About half of them."*
*(N.N.)*

Ein Team ist im Grunde nicht anders zu führen als ein einzelner Mensch. Die bereits genannten Maßnahmen und Verhaltensweisen zahlen sich auch in der Arbeit mit Teams aus. Psychologisch gibt es allerdings ein paar feine Unterschiede. Damit ein Team effektiv funktionieren kann, braucht es Dreierlei:

1. Aufgaben, Kompetenzen und Verantwortlichkeiten werden klar kommuniziert. (**Beispiel:** Frau Maier kümmert sich um ABC, Herr Schmidt übernimmt CDE.)
2. Die Regeln der Zusammenarbeit werden definiert und durchgesetzt. (**Beispiel:** Wir lösen offene Themen und Konflikte zuerst im Team und ohne den Vorgesetzten. Nur wenn wir keine Lösung finden, eskalieren wir den Sachverhalt.)
3. Für sinnvolle Zusammenarbeit und gemeinsame Kommunikation gibt es Anerkennung und Wertschätzung. (**Beispiel:** „Ich finde es gut, wie ihr gemeinsam XY gelöst habt.")

Für ein Top-Management-Team empfiehlt sich eine partnerschaftliche Zusammenarbeit besonders, weil sie sich in Teilen oder ganz auch auf andere Teams übertragen kann.

## 5. Zusammenfassung

Das Management von Personen ist nicht nur Mitarbeiterführung. Es geht auch um die Führung unterschiedlicher Individuen, Stakeholder, temporärer und dauerhafter Teams. Führungskräfte stehen dabei immer in Beziehung zu anderen Menschen, sei es das eigene Team, der Chef, die Kollegen, Lieferanten oder Kunden. Diese Beziehungen gelingen besser, wenn die Führungskraft gewisse psychologische Voraussetzungen kennt, den richtigen Zeitpunkt abpasst und den richtigen Zugang zum anderen findet. Menschen zu führen setzt ein partnerschaftliches Beziehungsmanagement, wertschätzende Kommunikation und das Bewusstsein voraus, dass das eigene Verhalten auch auf den Partner abstrahlt.

# Teil 4: Umsetzen – Entwickeln – Verändern – Kontrolle – Konsequenzen

# X. Umsetzen auf persönlicher Ebene

> *„The way to get started is to quit talking and begin doing."*
> *(Walt Disney)*

Zwischen Privat- und Berufsleben gibt es große Parallelen: Es mangelt selten an Ideen, Vorstellungen oder Konzepten – es mangelt häufiger an der Umsetzung. Vielleicht kennen Sie ja solche Aussagen (natürlich nur von anderen): „Ich müsste mal ...", „Schön wäre es, wenn ...", „Ich würde ja gerne, aber ...". Umsetzen findet auf zwei Ebenen statt: auf persönlicher und auf funktionaler Ebene (vgl. XI.).

Im Folgenden sollen die Voraussetzungen klar werden, die wirksames Umsetzen ausmachen. Umsetzen ist nämlich nicht schwer. Es erfordert vier Zutaten:

1. **Einen gesunden Menschenverstand**. „Wenn ich das wirklich umsetzen möchte, dann ist ..." „Realistisch kann ich erreichen, dass ... und daran arbeite ich wie folgt ..."
2. **Disziplin**. Disziplin meint ein selbstkontrolliertes Verhalten, um ein Ziel zu erreichen. Der Begriff ist leider bei manchen Menschen negativ belegt, er sollte aber positiv besetzt sein:
   a. In vielen Fällen stellt sich beim disziplinierten Durchhalten im Nachgang ein starkes Gefühl der inneren Zufriedenheit ein.
   b. Disziplin meint nicht immer Kraftaufwand oder Anstrengung; manchmal reicht schon eine homöopathische Dosis an bewusster Einstellungs- oder Verhaltensänderung.
   c. Langfristig ist Disziplin heilsam[139] und eine der wesentlichen Voraussetzungen für Erfolg im Leben.[140]
3. **Selbstreflexion**. Auch wenn Sie es jetzt schon zum wiederholten Male lesen: Sie ist die wichtigste Aufgabe einer Führungskraft. Wenn ich erkenne, warum die Umsetzung scheitert und was ich dagegen tun kann, ist das der erste Schritt für eine erfolgreiche Dennoch-Umsetzung.
4. **Durchdenken der Umsetzung von Anfang bis zum Schluss**. Wenn wir jetzt ABC vorhaben, was bedeutet das genau? Wo könnten Stolpersteine liegen? Wo sind Engpässe oder Konflikte zu erwarten? Was müssen wir alles tun, damit es gelingen kann? Mit welchen negativen Folgen müssen wir rechnen?

Neben diesen Zutaten braucht es ein paar Werkzeuge. Sie unterstützen bei der Umsetzung, aber nur dann, wenn sie zur Haltung des Managements, zur Arbeitsmethodik, zum Kontext und zur Situation der Organisation passen. Das Aufgaben-

---

139 Vgl. Bueb, Bernhard, Lob der Disziplin – Eine Streitschrift, Berlin 2008, S. 63–67.
140 Vgl. https://dunedinstudy.otago.ac.nz/, letzter Aufruf 18.07.2019. Die auf Englisch verfasste Studie kann man pointiert so zusammenfassen.

management (vgl. X. 1.) sowie Ablage, Planung, Kalender und Delegation (vgl. X. 2.) bilden die Grundlage wirksamen Umsetzens. Spätestens ab einer bestimmen Organisationsgröße, gegebenenfalls aber auch unabhängig davon, empfehlen sich weitere Instrumente. Diese sind anspruchsvoller zu bedienen und erfordern mehr Zeit und Übung, damit sie sinnvoll eingesetzt werden können. Es sind die Werkzeuge „Projektmanagement" (vgl. X. 3.) und „Ziele und Standards". Die Kür bildet das sogenannte „Integrierte Managementsystem", das bereits in IV. 7.2 im Rahmen der Compliance vorgestellt wurde. Damit es wirksam und unterstützend im Management-Alltag zum Einsatz kommen kann, muss ziemlich viel im Vorhinein konzeptionell und organisatorisch diskutiert, bewertet und festgelegt werden. Außerdem umfasst es auch andere Dimensionen des Managements (vgl. Kapitel XII. „Entwickeln" und Kapitel XIII. „Verändern").

In der Managementpraxis delegieren Top-Führungskräfte Aufgabenmanagement, Ablage, Planung, Kalender und Delegation sowie Projektmanagement und Assignments häufig an ihre Assistenten. Gerade deshalb ist es wichtig, ein Mindestverständnis dieser Werkzeuge zu haben. So wird sichergestellt, dass die Mitarbeiter sie effektiv und effizient einsetzen.[141]

## 1. Aufgabenmanagement

**Aufgaben** umfassen die klar umrissene Verpflichtung, eine (bestimmte) Handlung durchzuführen. Sie können auch größeren Umfang annehmen und sich über einen längeren Zeitraum erstrecken, zum Beispiel die Einarbeitung eines neuen Mitarbeiters. Aufgaben bilden den Großteil der täglichen (Management-)Arbeit. Dabei fällt nicht auf, wer seine Aufgaben sorgfältig und rechtzeitig erledigt. Es fällt derjenige auf, der sie nicht gewissenhaft und zu spät oder gar nicht angeht (vgl. Abbildung 18). Am besten ist es, wenn Aufgaben sorgfältig und pünktlich erledigt werden (Quadrant I). Wenn es zulässig ist,[142] kann man Unpünktlichkeit tolerieren, sofern die Aufgaben sorgfältig erledigt werden (Quadrant II). Es nützt wenig bis nichts, wenn Aufgaben mit mangelnder Sorgfalt erledigt werden. Dann spielt es keine Rolle, ob die Pünktlichkeit gewährleistet wurde (Quadrant III) oder nicht (Quadrant IV).

---

141 Eine scharfe Trennung der Begriffe in den nachfolgenden Kapiteln ist weder theoretisch noch praktisch möglich und zwingend auch nicht notwendig. Es gibt zum Teil erhebliche Schnittmengen. **Beispiel 1:** Ziel und Projekt: In einem Projekt gibt es Projektziele, die erreicht werden sollen. **Beispiel 2:** Maßnahme und Aufgabe: Diese zwei Begriffe scharf zu trennen ist schier unmöglich. Trotzdem versuche ich – wo immer möglich – eine Definition bzw. Begriffsklärung zu geben.

142 Denken Sie an feststehende Abgabetermine, vor allem wenn sie rechtlich oder vertraglich verpflichtend sind.

**Beispiel:** Ein Hausbesitzer beauftragt einen Handwerker, das kaputte Dach zu reparieren. Er ist froh, wenn das Dach ordnungsgemäß und gewissenhaft repariert ist. Wenn der Handwerker dafür ein wenig länger braucht, als der Hausbesitzer dachte, ist das bei Weitem besser als eine schnelle – angebliche – Reparatur, die Folgekosten oder Ärger nach sich zieht.

Nicht jede Aufgabe muss oder kann gleich erledigt werden. Ähnlich wie bei Projekten sollte es einen Themenspeicher geben, in dem Aufgaben „zwischengeparkt" werden. Die Aufgaben können dann erledigt werden, wenn die Notwendigkeit oder die Dringlichkeit steigt.

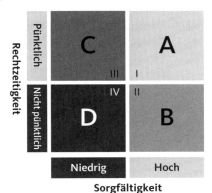

**Abbildung 18:** Aufgabenmanagement

Das Aufgabenmanagement gelingt am besten, wenn ein paar einfache Regeln befolgt werden. Dazu gehört beispielsweise, dass Mitarbeiter und Führungskräfte bei jeder Aufgabe, die sie vergeben oder erhalten, die Frage klären: Welche Priorität hat das und bis wann muss es erledigt sein?

Daneben braucht das Aufgabenmanagement eine passende Software. Ob und wie sie off- oder online arbeitet, ist zweitrangig und abhängig von der Arbeitsmethodik im Management bzw. in der Organisation. Am besten funktioniert:

- eine zentrale Plattform online, wenn möglich mit Zugriffsmöglichkeit durch Dritte (z.B. Teammitglieder, Lenkungsausschuss-Mitglieder etc.). Die Plattform sollte die Wiedervorlage ermöglichen und einen Themenspeicher umfassen.
- eine zentrale Ablage offline mit Wiedervorlagesystem. Hier empfiehlt sich ein System mit Tagesregistern (1 bis 31) und Monatsregistern (1 bis 12).[143]

Wenn möglich, sollte es in den Teams oder noch besser in der gesamten Organisation ein effektives Rückmeldesystem geben. Ein solches System stellt sicher,

---

143    Evtl. auch Jahresregister, wenn das notwendig ist.

dass Auftraggeber den Bearbeitungsstand der Aufgabe kennen.[144] Wie man dieses System aufbaut, ist zweitrangig. Erstrangig sollte gelten, dass es zur Organisation, zur Kultur, zu den Prozessen passt. Wichtig ist die Transparenz; sie sorgt langfristig für Verlässlichkeit und Vertrauen: Die Aufgabe wird nicht vergessen und ich kann davon ausgehen, dass der Verantwortliche sich um sie kümmert. Ich selbst bin ein großer Freund von „Erledigt"-Meldungen geworden. Oft reicht schon eine E-Mail mit dem Betreff: „ERLEDIGT. Aufgabe XY abgeschlossen. EdN,[145] Name."

Wenn eine Aufgabe nicht sofort erledigt werden muss, sollte sie, bevor sie in der Ablage oder im Themenspeicher landet, eine eindeutige und nachvollziehbare Dokumentation erhalten. Leitfrage dabei ist: Wenn ich diese Aufgabe erst zu einem viel späteren Zeitpunkt wieder anfasse, ist mir gleich wieder alles präsent, was dazu wichtig ist? Wenn nein: lieber zu viel als zu wenig dokumentieren.

Bleibt ein letzter Aspekt des Aufgabenmanagements: Schriftliche Anweisungen. Sie können nachvollziehbar Arbeitsabläufe beschleunigen. Bei guter Formulierung sorgen sie für einen geringen Interpretationsspielraum und reduzieren dadurch mögliche Fehler. Schriftliche Anweisungen kann man klug so einsetzen, dass man sich von Mitarbeitern eine kurze Zusammenfassung des Vereinbarten schriftlich geben lässt und dies bestätigt, ergänzt und gleichzeitig mit einem Wiedervorlagesystem verknüpft.

## 2. Ablage, Planung, Kalender und Delegation
### 2.1 Ablage
Das Ziel einer Ablage ist es, dass der Organisation bzw. den Mitarbeitern bei Bedarf alle notwendigen Informationen und Daten in angemessener Zeit zur Verfügung stehen. Eine digitale Ablage sollte darüber hinaus vermeiden, dass Dinge mehrfach abgelegt werden und dass es unterschiedliche, nicht integrierte Versionen der Dateien gibt. Allgemein hängt das Ablagesystem davon ab, ob eine oder mehrere Personen auf die Dateien zugreifen und damit arbeiten wollen oder müssen.

1. Für die **Dateiablage** der Führungskräfte und Mitarbeiter empfiehlt sich das Prinzip 7 plus/minus 2. Das heißt, 7 plus/minus 2 Ordner in der ersten Ebene, 7 plus/minus 2 Ordner in der zweiten Ebene usw., und zwar auf höchstens 7 plus/minus 2 Ebenen. Hilfreich ist eine Nummerierung der Ordner am Anfang, zum Beispiel „1_Schwerpunkte". Das Ablagesystem lässt sich damit entsprechend sortieren. In der ersten Ebene sollten immer zwei Ordner enthalten sein: „9_Archiv" und „8_Sammlung". Im Archiv landen alle Geschäftsvorfälle und Informationen, die man voraussichtlich nicht mehr benötigt, aber trotzdem aufheben

---

144 Denken Sie an ein Nachverfolgungssystem für Pakete. Es gibt uns Informationen darüber, ob das Paket schon versandt wurde oder wann es voraussichtlich ankommen wird.
145 EdN: Ende der Nachricht, manchmal auch auf Englisch eom: end of message.

möchte. Die Sammlung enthält alle Themen, auf die man zu einem späteren Zeitpunkt wieder zurückkommen will. Weitere Ordnungsprinzipien können je nach Bedarf hinzukommen und sinnvoll sein. Selbstverständlich können die Sortierung und Ordnung auch nach anderen Gesichtspunkten erfolgen; sicherstellen sollte man jedoch immer, dass die Ablagesystematik off- und online die gleiche ist. **Beispiel:** Gleiche Ablage im Dateisystem wie im E-Mail-System wie in den Aktenordnern.

2. Für die **tägliche/regelmäßige Zwischenablage** hilfreich sind ein Wiedervorlagesystem, eine Pultmappe, die wesentliche Vorgänge enthält, und gegebenenfalls ein Notizbuch. Solche Nebensysteme dürfen die zentrale Ablage, das zentrale Aufgabenmanagement, das zentrale Projektmanagement usw. nicht infrage stellen. Sie sollen vielmehr helfen, mobil und tatkräftig zu bleiben, ersetzen aber nicht die Hauptsysteme.

3. Für die **zentrale Dateiablage** können dieselben Prinzipien wie oben gelten. Unternehmensweit sollte klar geregelt sein – auch um gegebenenfalls rechtliche Vorgaben zu erfüllen:
   a. welche Daten zwingend in welchen zentralen Systemen (ERP, CRM, DMS) hinterlegt werden müssen,
   b. wie die Dateiablage in Verbindung mit Zielen/Standards, Projekten/Assignments und Aufgaben grundsätzlich geregelt ist,
   c. welche grundsätzlichen Benutzerrechte gelten,
   d. wie die Teams ihre Ablage gestalten und den Zugriff für Dritte erlauben – wenn möglich ohne Einbindung der IT (um diese zu entlasten),
   e. wie Änderungskontrolle (Version) und Dokumentenstatus (Entwurf, Anpassung, Finaldokument) gehandhabt werden sollen/müssen.

Nicht unerwähnt bleiben sollte die Ablage P, auch Papierkorb genannt (= Prio D). Als Standard (nicht nur im Management) gilt, penibel bei dieser Ablage zu unterscheiden zwischen allgemeinem (z.B. Werbung) und vertraulichem bzw. geheim zu haltendem Schriftgut (grundsätzlich anzunehmen, wenn personenbezogene Daten enthalten sind). Ersteres kann getrost im Papierkorb landen, bei Letzterem sollte mindestens ein Aktenvernichter sein Werk vollziehen. In einer größeren Organisation muss aus datenschutzrechtlichen Gründen (vgl. IV. 4.3) die Vernichtung von Informationsträgern, Datenträgern und vertraulichen Unterlagen darüber hinaus in einer Richtlinie geregelt sein (vgl. III. 4.).

## 2.2 Planung

*„Es ist nicht zu wenig Zeit, die wir haben, sondern es ist zu viel Zeit, die wir nicht nutzen."*
*(Lucius Annaeus Seneca)*

Beim Thema Planung[146] zeigt sich, ob ein Manager ein Getriebener oder ob er Herr der Lage ist. Planung gibt ihm die Möglichkeit, Einfluss zu nehmen. Sich nicht treiben zu lassen, sondern so weit wie möglich selbst zu gestalten und zu steuern. Selbstverständlich gibt es Tage oder auch Phasen, in denen Planung schier unmöglich ist und situativ reagiert werden muss. Das sollte aber nicht als Ausrede dafür herhalten, das Management dauerhaft so zu gestalten.

Voraussetzung für eine sinnvolle Planung sind eine saubere Inputverarbeitung und klare Priorisierung. Damit weiß die Führungskraft, welche Themen, Aufgaben, Projekte usw. überhaupt planbar sind. Da gleichzeitig (immer!) nicht planbare Sachverhalte auftauchen, ist sie gut beraten, für sich das Verhältnis planbar/nicht planbar zu definieren. Eine regelmäßige Überprüfung sollte selbstverständlich sein.

Planbar heißt nicht, dass das Geplante auch so eintritt. Planung ist also nicht ein vorweggenommenes Ergebnis, sondern ein vorweggenommenes gewünschtes Ergebnis, von dem man ausgeht, dass es eintritt.

Zu den planbaren Angelegenheiten gehören beispielsweise regelmäßige Sitzungen, Mitarbeitergespräche (Rücksprachen, Jours Fixes, Zielvereinbarungs- und Zielreview-Gespräche), Vorbereitungs- und Konzeptionszeiten usw. Je nach Situation und Kontext kann es sinnvoll sein, diese Zeiten weit im Voraus zu planen und zu fixieren – als Fixzeiten oder Fixblock, analog den Fixkosten, und als (beinahe) unantastbare Phasen, die es für eine sinnvolle Tätigkeitsausführung benötigt. Alles andere lässt sich kaum vorhersehen und planen. Legt man für sich beispielsweise einen Fixblock von 40 Prozent fest, bedeutet das umgekehrt, dass 60 Prozent der Zeit nicht verplant sind und auch nicht verplant werden sollten. Genau das sollte dann der Kalender des Managers auch widerspiegeln.

## 2.3 Kalender

Apropos Kalender. Ohne einen Kalender kann niemand sich selbst vernünftig managen. Er zählt zu den wichtigsten Werkzeugen einer effektiven Führungskraft. Weil er hilft, die eigene Zeit zu managen. Weil er strukturiert und definiert, wofür ein Manager sich einsetzt oder auch nicht einsetzt. Ein paar praktische Hinweise zur Kalenderpflege:

---

146    Die nachfolgenden Ausführungen beziehen sich primär auf die Planung des Umfelds, der Arbeitsmethodik bzw. des Selbstmanagements bei Führungskräften. Die Planung im organisationalen Umfeld, häufig auch als operative Planung oder auch als Budgetprozess bekannt, wird in XIV. 2. behandelt.

- Grundsätzlich steht jedem die Entscheidung frei, seinen Kalender on- oder offline zu führen. Ich empfehle die Online-Variante, da sie den Zugriff durch Dritte ermöglicht.
- Auch sollte jeder nur **einen** Kalender pflegen und nicht mehrere (wie z.B. einen beruflichen und einen privaten).[147]
- Farbliche Markierungen (oder Kategorien) können Prioritäten kennzeichnen. **Beispiel:** A-Termine mit Rot, B-Termine mit Gelb markieren. Alle Termine und Erinnerungen, die nicht A- oder B-Prio haben, markiert man mit Grün (beruflich) oder Blau (privat).

## 2.4 Delegation

Nichts verbindet die Öffentlichkeit gemeinhin mehr mit Management als die Möglichkeit, Aufgaben zu delegieren. Kein Wunder: Sachlogisch ist es völlig richtig, dass Manager C-Themen, C-Projekte, C-Aufgaben usw. konsequent nicht selbst verfolgen, sondern – wenn möglich und wirtschaftlich – an Dritte weitergeben.

Delegation bedeutet aber nicht nur: Übertragung einer Aufgabe. Sie bedeutet auch die Übertragung der damit verbundenen Kompetenzen und der Verantwortung. Anders ausgedrückt: Bei der Delegation muss der Delegierende sicherstellen, dass der Ausführende die entsprechenden Fähigkeiten/Fertigkeiten hat und dazu bereit und in der Lage ist, die Verantwortung für die Durchführung der Aufgabe zu übernehmen. Was sich theoretisch überzeugend anhört, ist praktisch anspruchsvoll und führt in nicht wenigen Fällen zum Phänomen der sogenannten Rückdelegation.

Bei einer versuchten Rückdelegation wendet sich der Ausführende an den Delegierenden mit Verständnis- und Gestaltungsfragen, um mehr Informationen zu bekommen, oder mit der indirekten Bitte um Unterstützung beim weiteren Vorgehen. Bei einer geglückten Rückdelegation neigt der Delegierende dazu, das aus seiner Sicht stattfindende „Spiel zu beenden" und die „Sache selbst in die Hand zu nehmen". „Bevor ich das alles erkläre, mache ich es gleich selbst." Genau hier setzt die wirksame Führung an; die Rückdelegation bleibt erfolglos: Als Manager sorge ich dafür, dass ich nicht alles selbst in die Hand nehme. Ich sorge dafür, dass der Ausführende die Rahmenbedingungen vorfindet oder für sich selbst schafft, unter denen er die Aufgabe erfolgreich beenden kann. Das mag in der Anfangszeit oder auch später einen erheblichen Zeitaufwand bedeuten. Wer aber wirksame Delegation (und die gegebenenfalls damit verbundene Personalentwicklung) mittelfristig erreichen will, kommt um den Aufwand nicht herum. Im Normalfall ist das Ergebnis: ein weiterentwickelter Mitarbeiter, an den ich zukünftig mehr delegieren kann. Und der sich selbst auch mehr zutraut und folglich vielleicht motivierter arbeitet.

---

147 Im Normalfall kann man in einem Kalenderprogramm Termine auch als vertraulich/privat markieren und damit den Zugriff durch Dritte unterbinden.

Für eine wirksame Delegation sollte der Delegierende an den Ausführenden immer kommunizieren:

- Muss: Welche Priorität hat die Aufgabe?
- Muss: Wann sollte die Aufgabe bestmöglich erledigt sein?
- Wünschenswert: Braucht es Statusmeldungen?
- Wünschenswert: Welche Erwartungshaltung habe ich mit dieser Aufgabe?
- Wünschenswert: Welches Ziel bzw. welche Ziele sind mit der Aufgabe verbunden?

## 3. Projektmanagement und Assignments

**Projekte** sind Vorhaben, die nicht eindeutig der Standardorganisation zugeordnet werden können, sondern für die meist eigene (temporäre) Teams zu bilden sind. Das Projektziel wird einmalig mit definierten Maßnahmen und Mitteln erreicht. **Beispiel:** Einführung eines mobilen Zeitmanagements bis zum Zeitpunkt 20XX. **Assignments** haben mit Projekten gemeinsam, dass der Ablauf der Umsetzung nicht klar ist und keine sich wiederholenden Prozesse vorliegen. Der Unterschied liegt vor allem darin, dass das Assignment keinen klar umrissenen Rahmen (Zeit, Mittel usw.) hat. Assignments könnte man auch als Schlüsselherausforderungen für den nächsten Zeitraum bezeichnen, die absolute Priorität haben. Zum **Beispiel:** Neuausrichtung des Verkaufs.

Man unterscheidet das operative Tagesgeschäft, das klassischerweise „in der Linie", und das Projektgeschäft, das normalerweise „außerhalb der Linie" abgearbeitet wird. Das Management bildet die Klammer, die Linie und Projekt sinnvoll miteinander verbindet. Liniengeschäft bedeutet routiniertes Abarbeiten von Geschäftsprozessen. Dabei spielt es keine Rolle, ob diese Geschäftsprozesse wertschöpfender oder unterstützender Natur sind.

Immer dann, wenn die Gesamtverantwortung für die Umsetzung eines Vorhabens nicht eindeutig in die Standardorganisation eingeordnet werden kann, könnte es sich um ein Projekt handeln. Zusätzlich definieren folgende Kriterien ein Projekt:

- Die Umsetzung eines Projekts hilft, Chancen zu nutzen (es kann z.B. eine Ergebnisverbesserung in Höhe von > 0,2 Millionen Euro erreicht werden).
- Die Umsetzung eines Projekts hilft, Risiken zu vermeiden (es kann z.B. ein unternehmensschädigendes oder -gefährdendes Risiko > 0,05 Millionen Euro eliminiert oder deutlich reduziert werden).
- Die Laufzeit beträgt mehr als zwei Monate.
- Das externe Budget übersteigt die Summe von 0,02 Millionen Euro.
- Ein Projekt ist ein einmaliges Vorhaben bzw. das erste in einer Reihe von ähnlichen Vorhaben.
- Ein Projekt betrifft mehrere Abteilungen bzw. Bereiche.

- Für ein Projekt sind gegebenenfalls eine neue Teamzusammensetzung und eine externe Unterstützung (Training, Beratung, Coaching) notwendig.
- Bei den Projektbeteiligten gibt es gegebenenfalls unterschiedliche Interessenslagen.

Wenn das Projektgeschäft professionell betrieben werden muss, empfiehlt sich die Etablierung einer Projektmanagement-Organisation. Das bedeutet nicht zwangsweise zusätzliches Personal. Es bedeutet vielmehr, dass Standards definiert und fortlaufend aktualisiert werden, die innerhalb dieser Projektmanagement-Organisation gelebt werden sollen. Das umfasst folgende Fragen:

- Was wollen wir unter einem Projekt verstehen (siehe die Kriterien oben)?
- Wer kann Projektauftraggeber, wer Projektleiter und wer -mitarbeiter sein? Wer nicht?
- Welche Mindestanforderungen stellen wir an Projektantrag, Projektstammdaten, Projektplan, Projektberichte, -budgets, -abschlussberichte?
- Gibt es Lenkungsausschüsse bzw. übergeordnete Projektgremien? Wenn ja, wie arbeiten und funktionieren sie?
-  Gibt es ein Projektmanagement-Büro und wenn ja, um was kümmert es sich?
-  Wie gestalten wir das Projektcontrolling zur Unterstützung der Projektmanagement-Organisation?
- Wie machen wir Abhängigkeiten und kritische Pfade bei den Projekten sichtbar? Also konkret: Welche Projekte hängen von welchen anderen Projekten oder Sachverhalten ab und wie bauen sie im Einzelnen aufeinander auf?

Ein regelmäßig gepflegtes Projektmanagement-Handbuch sichert eine erfolgreiche Arbeit an und mit Projekten. Gleichzeitig bildet es die Grundlage für Schulungen und Trainings.

Es braucht nicht zwingend eine Projektmanagement-Software. Ein einfaches, selbst entworfenes Standarddokument mit Pflichtfeldern kann schon ausreichen. Im Übrigen empfiehlt es sich, lieber wenige Projektmanagement-Werkzeuge anzubieten, diese aber konsequent zu schulen und zu trainieren und so für eine tatsächliche Umsetzung in der Organisation sorgen.

Fast zwingend scheint eine gemeinsame IT-Plattform für alle Projekte. Dort sollte eine einheitliche Ordnerstruktur für Klarheit und schnelle Auffindbarkeit sorgen. Wichtig: Mit dieser IT-Plattform dürfen alternative Speicherorte (eigene Arbeitsplatzumgebung, Netzlaufwerke etc.) nicht mehr zugelassen werden. Die IT-Plattform sollte einen Themenspeicher ermöglichen. Es gibt Projekte, die man aus unterschiedlichen Gründen momentan nicht weiterverfolgen will. Um sie nicht aus den Augen zu verlieren, sollten sie „zwischengeparkt" werden können.

**Assignments**[148] gehen über Projekte hinaus. Sie sind Schlüsselaufgaben einzelner Personen oder Funktionen mit absoluter Priorität, die sich nicht zwingend in ein Projektmanagement-Gerüst hineinzwängen lassen. Assignments sind eine wirksame Ergänzung zu Stellen. Stellenbeschreibungen geben die Aufgaben, Kompetenzen und Verantwortlichkeiten wieder, die einem Stelleninhaber zugeschrieben werden. Sie sind allgemein formuliert, beleuchten aber nicht die spezielle Lage, in der sich die Stelle gerade befindet. Es macht beispielsweise einen deutlichen Unterschied, ob sich ein Verkaufsleiter aktuell um eine große Reklamationswelle, ein Kundenbindungsprogramm oder eine massive Neukundenakquise wegen notwendigen Wachstums kümmern muss. In allen drei Fällen ist die Stelle, Verkaufsleiter, gleich. Die Schlüsselherausforderung, das Assignment, unterscheidet sich jedoch gewaltig. Sie legt die notwendige Einsatzsteuerung fest: Wofür sollen wir den Verkaufsleiter im nächsten Zeitraum in erster Linie einsetzen? Worauf soll er sich konzentrieren?

Der Einsatz des Management-Werkzeuges Assignment erfordert neben einer klaren SGF- oder Funktionalstrategie zwei weitere Grundvoraussetzungen. Erstens ein klares Bild über das notwendige taktische Vorgehen innerhalb der nächsten 18 bis 24 Monate. Und zweitens ein unbedingtes und uneingeschränktes Vertrauen vonseiten des Managements in den Auftragnehmer, der dieses Assignment erfüllen soll. Im Gegensatz zu messbaren Zielen oder klaren Standards lässt sich ein erledigtes Assignment nämlich nicht immer glasklar bewerten und beurteilen. (Selbstverständlich gilt: wenn möglich, messbar und bewertbar machen!) Nur wenn die genannten Voraussetzungen erfüllt sind, lässt sich ein Assignment sinnvoll erstellen und kommunizieren. Eine schriftliche Fixierung im Zielvereinbarungsprozess ist obligatorisch – gegebenenfalls ersetzt sie sogar das gesamte Zielepapier.

## 4. Ziele und Standards

Unter Zielen versteht man zu erreichende Zustände im Liniengeschäft mit klar definiertem quantitativem oder qualitativem Inhalt und definiertem Zeitpunkt. Definitorisch sind Ziele vorweggenommene Resultate. **Beispiel:** Ein EBIT in Höhe von x Euro ist im Jahr 20XX erreicht.

Mittel und Maßnahmen helfen bei der Umsetzung von Zielen. Sie sind nicht mit Zielen gleichzusetzen. Beispiel für eine Maßnahme: Analyse der Ausgangssituation. **Beispiel** für Mittel: Budget in Höhe von X Euro oder Personalkapazität in Höhe von X Manntagen.

---

148 Mit Assignments setzt sich vor allem Fredmund Malik auseinander, vgl. Malik, Fredmund, Führen Leisten Leben – Wirksames Management für eine neue Welt, Frankfurt am Main 2019, S. 302 ff.

Standards sind klar definierte Soll-Zustände im Liniengeschäft, die eingehalten bzw. erreicht werden sollen. **Beispiel:** IT-Systeme, die 24h/365d zu 99,995 Prozent zur Verfügung stehen (Ausnahme: Wartungsfenster).

In vielen Unternehmen sind Zieleprozesse gelebte Praxis. Unterschätzt wird die Anzahl der Unternehmen, in denen diese Prozesse explizit fehlen – teilweise sind die Unternehmen trotzdem erfolgreich. Sollte man nun einen solchen Prozess pflegen oder ist es gar effektiver, auf ihn zu verzichten? Und Richtung Selbstmanagement: Eine Zielvereinbarung mit sich selbst abzuschließen, ist das nicht übertrieben?

Es geht nicht um das Ob, sondern um das Wie. Konkret: Ein Zieleprozess ist (hoch-) effektiv für den Manager selbst, für die Steuerung seiner Mitarbeiter, seiner Lieferanten, sogar in Richtung von Kunden und weiteren Stakeholdern. Stören Sie sich bitte nicht an dem Begriff „Zielvereinbarung" – meiner Erfahrung nach löst er bei vielen Führungskräften Aversionen, zumindest emotionale Befindlichkeiten aus. Den Begriff sollte man auseinandernehmen. Ziele sind vorweggenommene Ergebnisse; Vereinbarung bedeutet, in einem oder mehreren Gesprächen mit sich selbst, den Mitarbeitern, Lieferanten, Kunden oder Stakeholdern gemeinsam herauszufinden, worin die „vorweggenommenen Ergebnisse des Zeitraums X" bestehen. Genau hier trennt sich die Spreu vom Weizen: Eine Zielvereinbarung für ein Wirtschafts- oder Kalenderjahr zu treffen mag in bestimmten Fällen unter spezifischen Voraussetzungen gelingen. Die Regel ist das nicht. Die Konsequenz ist eine rollierende Zielvereinbarung. Rollierend heißt: regelmäßiger Austausch über den Zielerreichungsgrad und die Bereitschaft, die Ziele dann entsprechend anzupassen. Aber – werden jetzt einige einwenden – das kostet doch viel Zeit. Das Gegenteil ist der Fall. Der Zieleprozess ist dann wirksam, wenn er als gegenseitiger Kommunikationsprozess verstanden und auch als solcher angelegt wird.

Der Zieleprozess fördert die Eigenverantwortung der Mitarbeiter; gleichzeitig muss man ihnen diesen Freiraum auch wirklich zugestehen.[149] Peter F. Drucker hat genau deshalb nicht nur von „Management by Objectives" gesprochen, sondern es sinnvoll ergänzt mit „and Self-Control".[150] Ziele sollen der Selbststeuerung und Selbstorganisation dienen. Eine Führungskraft braucht sich nicht um die konkrete Umsetzung eines Zieles (bzw. Standards) zu kümmern. Das liegt in der Verantwortung desjenigen, der die Ziele zu erreichen hat. Dazu braucht er Selbststeuerung und Selbstorganisation. Die Führungskraft ist verantwortlich dafür, dass Ziele und

---

149    Drehen Sie beispielsweise den Spieß um und lassen die Mitarbeiter ihren Zieleprozess selbst vorbereiten und die Vorbereitungsunterlagen präsentieren. Teilweise erlebt man positive Überraschungen, manchmal aber auch ein blaues Wunder. Aber genau das ist die wertvolle Grundlage für die weitere Führungsarbeit.

150    Vgl. Drucker, Peter Ferdinand, Management – Das Standardwerk komplett überarbeitet und erweitert, Band 2, Frankfurt am Main 2009, S. 39 ff.

Standards im Einklang mit der strategischen Grundausrichtung des Unternehmens sind und die Kommunikation in Richtung des Ziele-Empfängers funktioniert.

Der Zieleprozess sorgt für Transparenz und regelmäßige Kommunikation, vor allem für präzise Kommunikation. Je klarer wird, welche Ziele in welcher Qualität und welchem Zeitraum erfüllt sein sollen, desto eindeutiger wird auch die Leistungsfähigkeit und -bereitschaft desjenigen, der die Ziele zu erfüllen hat. Gleichzeitig offenbart der Prozess die gegenseitigen Erwartungen. Das gilt insbesondere für Standards und Service-Level-Agreements. Wenn mein Lieferant weiß, warum ich genau diesen Standard möchte und nicht einen höheren oder einen niedrigeren, erhöhe ich die Wahrscheinlichkeit, dass ich auch genau das Preis-Leistungs-Verhältnis bekomme, das ich erwarte.

Kehren wir zurück zum Selbstmanagement und warum auch hier eine Zielvereinbarung sinnvoll sein kann. Die meisten Menschen wollen sich weiterentwickeln. Sie haben eine Vorstellung davon, wie sie sich entwickeln wollen, warum sie das wollen und wie sie ihr Ziel erreichen. Vielleicht brauchen sie nicht zu verschriftlichen, wie das Ziel aussieht, obwohl das empfehlenswert wäre. Insbesondere bei der schriftlichen Niederlegung privater Standards wird man feststellen, wie schwierig eine präzise Formulierung ist. Und wie man zu Ausreden neigt, nur um sich nicht festlegen zu müssen.

Es lohnt sich, seine Ziele und selbst gesteckten Standards zu zerlegen, in Tages-, Wochen-, Monats- bzw. Jahresziele. Konkret: Was möchte bzw. muss ich heute, in dieser Woche, in diesem Monat oder in diesem Jahr erledigen – egal was an Unvorhergesehenem reinkommt? Wer das konsequent verfolgt, wird umsetzungsstark: Das muss jetzt erledigt und darf nicht mehr aufgeschoben werden. Und wenn es eine Zeit lang nicht funktioniert, dann ist die Sache entweder nicht wichtig genug und meine Priorisierung falsch (oder nicht ganz richtig). Oder ich lasse zu, dass andere (unvorhergesehene) Sachen trotz Priorisierung mehr Aufmerksamkeit bekommen als die von mir selbst priorisierten Themen!

Zum Schluss noch einige Hinweise:

- Der Prozess „Ziele und Standards" bleibt unterm Strich wirkungslos, wenn er nicht mit Konsequenzen verbunden ist (vgl. XIV.).
- Nicht mehr als 7 plus/minus 2 wesentliche Ziele gleichzeitig verfolgen: Konzentration ist der Schlüssel zum Erfolg.
- Darauf achten, dass Maßnahmen und Ziele nicht miteinander verwechselt werden. Beispiel: Der Besuch eines Englisch-Kurses ist eine Maßnahme. Das dahinterliegende Ziel ist beispielsweise, in Zukunft Kundenverhandlungen in gutem Englisch führen zu können.

- Ziele wie Standards müssen realistisch erreichbar sein bzw. eingehalten werden können. Beispiel: Der Standard einer 100-prozentigen Maschinenverfügbarkeit 24h/365d ist unrealistisch. Man muss sich überlegen, wie viel Maschinenausfall tatsächlich vorkommt und was man tun kann, um ihn beispielsweise auf einem Niveau von unter 2,7 Prozent im Jahr (10d) zu halten.
- In der Praxis haben sich die SMART- und die AROMA-Regel als hilfreich für die Formulierung von Zielen/Standards erwiesen. SMART steht für spezifisch, messbar, attraktiv, realistisch, terminiert. AROMA steht für aussagefähig, realistisch, objektiv, messbar, annehmbar.
- Ein Ziel und ein Standard müssen sich immer messen bzw. bewerten lassen: Woran können wir festmachen, ob das Ziel erreicht bzw. der Standard eingehalten wurde?
- Schriftliche Dokumentation, um eine Kontrolle zu ermöglichen. Und, was noch viel wichtiger ist, um sich zu zwingen, präzise in der Festlegung zu sein bei a) Zeitangaben, b) Mengenangaben und c) Qualitätserwartungen. Genau diese Festlegungen ermöglichen auch eine objektivierbare Beurteilung, ob die Ziele und Standards erreicht wurden. Subjektivität und Willkür werden damit deutlich eingeschränkt.
- Pflichtangaben, um Ziele bzw. Standards beurteilen zu können, sind: a) Ziel/Standard, b) Maßnahmen, c) Zeitaufwand (geschätzt) und d) weiterer Ressourcenbedarf (geschätzt).

## 5. Zusammenfassung

Umsetzen ist Arbeit. Manager brauchen dazu gesunden Menschenverstand, Disziplin und die Fähigkeit zur Selbstreflexion. Auf dieser Basis können sie dann Instrumente wie Aufgabenmanagement, Ablage, Planung, Kalender und Delegation einsetzen. Spätestens ab einer bestimmen Organisationsgröße, gegebenenfalls aber auch unabhängig davon empfehlen sich weitere Werkzeuge, die anspruchsvoller zu bedienen sind und mehr Zeit und Übung erfordern, damit sie sinnvoll eingesetzt werden können. Dazu gehören das Projektmanagement, die Ziele und Standards.

Die beschriebenen Instrumente sind überflüssig, wenn sie faktisch nicht benötigt werden („Wir brauchen dieses Werkzeug nicht, weil ... "), nur noch dem Selbstzweck dienen („Wir machen das, weil das Herr X oder Abteilung Y so möchte, aber wir brauchen es nicht.") oder unternehmenspolitisch nicht gewollt sind („Die Geschäftsleitung unterstützt den Einsatz dieser Werkzeuge nicht, weil ...").

Gestatten Sie zu diesem letzten Absatz noch einen persönlichen Kommentar. Die Gültigkeit der hier vorgeschlagenen Standards wird häufiger infrage gestellt, als man meint. Im Zweifel ist es dann klüger, die Instrumente nach reiflicher Überlegung nicht offiziell einzusetzen. Allerdings sollte sich keine Organisation wundern, wenn die Umsetzungsintensität und -geschwindigkeit dann leiden oder – was viel schlimmer ist – sich das in den finanziellen Ergebnissen widerspiegelt.

Meiner Beobachtung nach könnten viele Organisationen mehrfach (doppelt, dreifach, bis zu zehnfach) besser funktionieren, wenn deren Top-Management die Instrumente mit dem richtigen Bewusstsein, intensiv und zügig einsetzen würde.

# XI. Umsetzen auf funktionaler Ebene

Die Umsetzung auf funktionaler Ebene findet in den Funktionen statt, das sind all jene Bereiche, die erforderlich sind, um den bestmöglichen Kundennutzen zu generieren. Dabei spielt es keine Rolle, ob der Funktionsbereich in der primären oder sekundären Wertschöpfungskette (ausführlichere Darstellung dazu in XI. 4.) zu finden ist. **Beispiele** für Funktionen sind: Verkauf, Produktion, Einkauf, Logistik, Buchhaltung, IT, Personal usw.

## 1. Management von Funktionen

Die Funktionen erfüllen eine spezielle Aufgabe im Gesamtkonzert einer Organisation. Welche das ist, hängt von Geschäftsmodell, Kontext und Situation ab, weshalb allgemeine Empfehlungen zum Management von Funktionsbereichen schwer zu geben sind. Es gibt aber Kernthemen, die das Top-Management bei der Führung der Funktionen im Blick haben sollte:

1. Was genau sind die Aufgaben der einzelnen Funktionen? Manager sollten die Effektivität der Funktionen sicherstellen (vgl. auch Tabelle 21).
2. Klärung der Verantwortlichkeiten: Welche Funktion hat gegenüber welcher anderen Funktion welche Richtlinienkompetenz? Beispielsweise hat das Marketing gegenüber dem Vertrieb die Richtlinienkompetenz, wie die Produkte in der Kommunikation dargestellt werden sollen.
3. Welche Funktion könnte in einen Ziel- oder Interessenskonflikt mit einer anderen Funktion kommen? Wie lässt sich dieses Konfliktpotenzial möglichst gering halten? Zum Beispiel durch entsprechende organisatorische Aufhängung der Funktion oder durch Zuteilung einer Richtlinienkompetenz.

> **Beispiel 1:** Eine organisatorische Unterordnung der Funktion Zoll unter den Vertrieb erschwert der Zoll-Funktion die gesetzeskonforme Ausübung ihrer Kompetenzen. Es können Fälle auftreten, in denen der Vertrieb den Zoll überstimmt: „Das passt jetzt schon und wir machen es jetzt so. Basta!" **Beispiel 2:** Eine organisatorische Zuordnung des Betrieblichen Gesundheitsmanagements (BGM) zum Bereich Personal ist aus datenschutzrechtlichen Gründen (besonders sensible Informationen) nicht anzuraten. Zum Schutz der Persönlichkeitsrechte der Betroffenen im BGM sollte die Personalabteilung keine Weisungsbefugnis gegenüber dem BGM haben. Eine technische Trennung beider Funktionen ist somit sinnvoll.

4. Spätestens bei der **Anpassung des Geschäftsmodells** (vgl. III. 2.) empfiehlt es sich, auch die Funktionen entsprechend ihrer Existenzberechtigung kritisch zu hinterfragen:
   - Was ist ihr Zweck?
   - Welche Erwartungen haben wir an diese Funktion?
   - Welche Kernziele hat sie in den nächsten 3 bis 5 Jahren zu erreichen?

    – Welche Kernprozesse hat die Funktion? Welche davon sind zwingend intern zu erfüllen? Macht es Sinn, Teile der Funktion oder die Funktion als Ganzes außerhalb der Organisation anzusiedeln?
    – Wer trägt welche Verantwortung?
    – Welche Richtlinienkompetenz hat die Funktion gegenüber welchen anderen Funktionen?
    – Welche Abhängigkeiten bestehen und was bedeutet das für die Organisation?
5. Spätestens bei der **Anpassung der SGF-Strategien** (vgl. XII. 3.) empfiehlt es sich, auch die Funktionalstrategien entsprechend anzupassen. Denn: Im Kern sind die Funktionalstrategien der erste Schritt in Richtung einer effektiven Umsetzung!

## 2. Prozessorientierte Gestaltung

Vielleicht ist Ihnen aufgefallen, dass hier von Funktionen und weniger von Abteilungen oder Bereichen die Rede ist. Selbstverständlich spricht nichts dagegen, wenn Funktionen und Abteilungen oder Bereiche gleich lauten. Wesentlich ist: Sie müssen **funktionieren** und jederzeit Lebensfähigkeit, Kundennutzen, Wettbewerbsfähigkeit und Produktivität gewährleisten. Daher empfiehlt sich eine konsequente Ausrichtung der Funktionen an den Notwendigkeiten, die sich vom Kunden her begründen lassen. Die einfachste und zugleich klarste Frage hierzu lautet: Wieso sollte der Kunde für diese Funktion etwas zahlen? Wäre ich selbst als Kunde bereit, den Mehrwert zu zahlen?[151] Welchen Nutzen generiert die Funktion und welche Prozesse sind absolut notwendig, damit der Kundennutzen und die Wettbewerbsfähigkeit erzielt werden? Ergebnis solcher Diskussionen ist fast automatisch eine prozessorientierte Gestaltung der Funktionen inkl. der notwendigen Schnittstellen, Abstimmungs- und Kommunikationsprozesse. Alle Prozesse müssen Effektivität und Effizienz gleichzeitig gewährleisten, wobei Effektivität immer vor Effizienz geht (vgl. I. 1.1). Wo immer sinnvoll und möglich, sollte man Prozesse automatisieren, teilautomatisieren oder IT-gestützt ablaufen lassen bzw. durchführen.

**Beispiel 1:** Eine Reisekostenabrechnung, die IT-gestützt ist, entspricht den aktuellen Rechtsvorschriften und Regeln. **Beispiel 2:** Ein automatisiert ablaufender Wareneingang (z.B. mit Barcode- oder RFID-Erfassung) inkl. automatischer Buchung in das ERP-System und anschließender Kontrollmechanismen erhöht die Sicherheit der korrekten Verbuchung von Wareneingängen.

---

151 Natürlich gibt es Funktionen, die eine Organisation auch ohne unmittelbare Schaffung von Kundennutzen und Wettbewerbsfähigkeit braucht. Beste Beispiele dafür sind Forschung & Entwicklung oder Fuhrparkmanagement. Natürlich kann und wird das Top-Management Argumente dafür finden (müssen), welche Existenzberechtigung diese Funktionen in der Organisation haben. Nur kann und muss es dies nicht explizit dem Kunden gegenüber verkaufen. Beispiele: Ab wann sind Ausgaben für die F&E nicht mehr sinnvoll? Welche Fahrzeugklasse passt zur Organisation und wann empfindet der Kunde die gewählte Klasse als unangemessen?, usw.

In der Realität wird man kaum zwei Organisationen mit denselben Prozessen finden. Zwar gibt es Ähnlichkeiten, besonders in typischen, klar zu umreißenden Abteilungen wie der Finanzbuchhaltung. Aber manche Prozesse lassen sich eben nicht eindeutig einem bestimmten Bereich oder einer bestimmten Abteilung zuordnen.

> **Beispiel 1:** Wo hängt man sinnvollerweise die Reisekostenabrechnung und -überprüfung auf? Im Personalbereich oder im Finanzbereich? **Beispiel 2:** Wer kümmert sich um die Pflege der Stammdaten? Vertriebsinnendienst für Debitoren, Einkauf für Kreditoren oder die Finanzbuchhaltung für beides?

Letztlich sind solche Zuordnungen weniger wichtig. Wichtiger sind ein klares Funktionieren der Prozesse (in allen Situationen und Kontexten) und ein rechts- und regelkonformes Verhalten durch und mit den Prozessen.

> **Zu Beispiel 1:** Rechts- und regelkonform könnte es sein, wenn der Mitarbeiter für seine eigene Reisekostenabrechnung Verantwortung trägt und die Abrechnung durch die Finanzbuchhaltung erfolgt. Regelmäßige Stichprobenkontrollen durch die unmittelbare Führungskraft sowie durch den Bereich Personal unterstützen nach dem Vier-Augen-Prinzip die ordnungsgemäße Durchführung des Prozesses. **Zu Beispiel 2:** Tatsächlich können Vertriebsinnendienst (für Debitoren) und Einkauf (für Kreditoren) die Stammdatenpflege übernehmen. Als Kontrollinstanz fungiert die Finanzbuchhaltung durch Vier-Augen-Prinzip und zusätzliche Stichprobenkontrollen. In regelmäßigen Abständen kontrollieren Prokuristen oder Geschäftsführer zusätzlich die Änderungsprotokolle für diejenigen Stammdaten, die automatisch durch das ERP-System erzeugt werden. Änderungsprotokolle dokumentieren, welche Änderungen an den Stammdaten im Hintergrund vorgenommen wurden.

Als Standard effektiven Managements der Funktionen gilt daher, die in Tabelle 20 genannten Prozesse besonders im Blick zu haben. Der aufmerksame Leser wird erkennen, dass diese Prozesse einen engen Bezug zur Compliance haben.

| P2P | 1. Bestellungen<br>2. Wareneingang<br>3. Rechnungseingangs- und -ausgangsverarbeitung<br>4. Zahlungsausgang<br>5. Reklamationen (Rücksendungen und Berichtigungen)<br>6. Pflege der Kreditoren-Stammdaten<br>7. Reisekostenabrechnung<br>8. Ggf. Intercompany-Prozesse |
|---|---|
| O2C | 9. Prozesse zur Pflege des CRMs<br>10. Auftragsbearbeitung<br>11. Distribution und Versand<br>12. Rechnungsstellung<br>13. Zahlungseingang und Forderungsmanagement<br>14. Gutschriften und Berichtigungen<br>15. Pflege der Debitoren-Stammdaten<br>16. Vertragsmanagement<br>17. Umgang mit Kundenanfragen |
| Trade Compliance | 18. Auswahl und Festlegung geeigneter Lieferbedingungen<br>19. Einreihung in den Zolltarif<br>20. Import (Abwicklung, Vertretung, Kontrolle, Anti-Dumping)<br>21. Export (Abwicklung, Vertretung, Kontrolle, Anti-Dumping)<br>22. Ursprungs- und Präferenzermittlung (LLE, Dokumentationen, Datenpflege etc.)<br>23. Vereinfachungsverfahren (Bestandsbewilligungen, Neubewertungen, neuer UZK)<br>24. Besondere Zollverfahren (aktive/passive Veredelung, Zolllager)<br>25. Exportkontrollsystem Personen (inkl. Dokumentation und Prüfung aller Prozesse)<br>26. Exportkontrollsystem Waren (inkl. Dokumentation und Prüfung aller Prozesse)<br>27. Exportkontrollsystem Länder (inkl. Dokumentation und Prüfung aller Prozesse)<br>28. Sicherstellung der internationalen Compliance, z.B.: US-(Re-)Exportkontrollgesetze<br>29. EU-Reihen-, -Strecken- und -Dreiecksgeschäfte<br>30. Ausfuhr- und Verbringungsnachweise inkl. Dokumentation und Archivierung |
| Fairer Wettbewerb | 31. Sicherstellung der Compliance im Kapital- und Zahlungsverkehr<br>32. Verpflichtung von Mitarbeitern zur Einhaltung kartellrechtlicher Vorschriften<br>33. Spezifische Verhaltensregeln für Kontakte mit Wettbewerbern |
| Compliance allgemein | 34. Sicherstellung regelmäßiger Schulungen<br>35. Prozesse zur Identifikation von Risiken und Sicherstellung der Compliance<br>36. Prozesse bei Verdacht von Non-Compliance<br>37. Prozesse zur Verhinderung von Geldwäsche<br>38. „Cross-Company"-Geschäfte |
| Tax Compliance | 39. Organisation, Abwicklung & Erstellung Umsatzsteuer-Voranmeldungen und Umsatzsteuer-Jahreserklärungen<br>40. Organisation, Abwicklung und Erstellung Intrastat- und Zusammenfassender Meldung<br>41. Abgleich Intrastat/Umsatzsteuer/Zusammenfassende Meldung<br>42. Organisation, Abwicklung & Erstellung Gewerbe- bzw. Körperschaftssteuer-Erklärungen<br>43. Organisation, Abwicklung & Abführung Lohnsteuer und Sozialversicherungsbeiträge |

**Tabelle 20:** Kernprozesse im Fokus des Managements

Eine Empfehlung ist außerdem, in regelmäßigen Abständen die eigenen Prozesse zu hinterfragen: Was machen wir nicht mehr und wieso? Welche Abläufe haben sich überholt und schleppen wir mit uns herum? Neben den offensichtlichen Themen kann man auch an die weniger offensichtlichen Dinge denken, zum Beispiel an die sieben Punkte der Verschwendung aus dem japanischen Kaizen-Modell: a) Überproduktion, b) zu hohe Bestände, c) zu lange Transportwege, d) überflüssige Wartezeiten, e) zu aufwendige Prozesse, f) zu lange Bewegung und g) vergebliche Arbeit/Fehler.

### 3. Zwecke einzelner Funktionen

Die in Tabelle 21 aufgelisteten Funktionen finden sich in vielen Organisationen, aber nicht alle sind überall vorhanden. Man muss auch damit rechnen, dass sie manchmal anders benannt werden.[152] Die vorgestellten Zwecke dienen der Anregung und passen nicht für jede Organisation.

| | Funktion | Zweck |
|---|---|---|
| 1 | Compliance | Gewährleistung, dass die Organisation wie ein ehrbarer Kaufmann agiert. D.h. Gutes tut und Schlechtes unterlässt und jederzeit und überall in der Organisation gesetzeskonform gearbeitet werden kann. |
| 2 | Marketing | Konzeption und Durchführung der systematischen Informationsgewinnung über Märkte, Gestaltung des Produktanagebots, Preissetzung und Kommunikation.[153] |
| 3 | Produktmanagement | Die für die heutigen Kunden richtigen Produkte zur richtigen Zeit mit dem passenden Preis für Kunde und Organisation entwickeln inkl. technisch/wirtschaftlicher Bewertung des Produkt-Portfolios. |
| 4 | Forschung & Entwicklung | Auf Basis des Geschäftsmodells die für zukünftige Kunden richtigen Produkte effektiv und effizient entwickeln. |
| 5 | Verkauf[154] | Die für die heutigen Kunden richtigen Produkte zur richtigen Zeit mit dem passenden Preis an Kunden verkaufen. Gleichzeitig Aufbau von zukünftigen Kunden auf Basis des zukünftigen Produkt-Portfolios. |
| 6 | Einkauf | Die für die Organisation passenden Investitionsgüter und richtigen Vor-Produkte sowie Dienstleistungen zur richtigen Zeit mit dem bestmöglichen Preis einkaufen und am richtigen (Produktions-)Ort zur Verfügung stellen. |
| 7 | Produktion | Die rechtzeitige Herstellung der richtigen Produkte mit der vereinbarten Qualität, ggf. inkl. Bereitstellung für die weitere Logistik. |
| 8 | Logistik | Die hergestellten, richtigen Produkte in der richtigen Menge am vom Kunden gewünschten Ort zur richtigen Zeit zur Verfügung stellen. |

---

152 Es wird im Folgenden ein erweiterter Produktbegriff verwendet: Produkte umfassen auch Dienstleistungen, die – zur besseren Lesbarkeit – nicht separat aufgeführt werden.
153 In Anlehnung an: Homburg, Christian/Krohmer, Harley, Marketingmanagement: Strategie – Instrumente – Umsetzung – Unternehmensführung, Wiesbaden 2017, S. 6 ff.
154 Bewusst wird hier von Verkauf und nicht von Vertrieb gesprochen. Man will schließlich den Kunden etwas verkaufen und sie nicht vertreiben.

| | Funktion | Zweck |
|---|---|---|
| 9 | Qualitätssicherung | Sicherstellung der jederzeitigen Einhaltung des definierten Qualitätsmanagementsystems inkl. der zugehörigen Standards. |
| 10 | Qualitätsmanagement | Richtlinienkompetenz für die Festlegung der Qualitätsstandards sowie der Zertifizierungsstandards[155] in enger Zusammenarbeit mit dem Top-Management und den zuständigen Funktionsbereichen. Verantwortlich für die Pflege des Integrierten Managementsystems sowie für das Reklamationswesen. |
| 11 | Rechnungswesen | Sicherstellung der rechtzeitigen Erfassung aller kaufmännischen Geschäftsvorfälle und gesetzeskonforme Buchführung und Rechnungslegung der Organisation. |
| 12 | Finanzen | Sicherstellung der jederzeitigen Liquidität der Organisation sowie der gesetzeskonformen Verbuchung von Eingangs- und Ausgangsrechnungen. |
| 13 | Controlling | Bereitstellung von transparenten Informationen und Daten für Planung, Auswertung, Kontrolle und Steuerung einzelner Unternehmensbereiche sowie der Gesamtorganisation. Gewährleistung von Kostentransparenz auf Basis von Kostenstellen-, Kostenarten-, Kostenträgerrechnung, Vor- und Nachkalkulation und Wirtschaftlichkeitsrechnungen. Vor- und Nachbereitung sowie Begleitung von Investitionstätigkeiten. |
| 14 | Personal | Sicherstellung, jederzeit die richtigen Leute zur richtigen Zeit am richtigen Ort zur Verfügung zu haben. Unterstützung und Entlastung der Führungskräfte in der Personalgewinnung, Personaladministration und in der Personalentwicklung. |
| 15 | Infrastruktur | Gewährleistung einer intakten Infrastruktur (Gebäude, Medienver- und -entsorgung, Fuhrpark usw.) inkl. der stetigen Instandhaltung. |
| 16 | EDV | Sicherstellung einer funktionierenden elektronischen Datenverarbeitung zur Unterstützung funktionierender/wirtschaftlicher Prozesse bei gleichzeitiger Einhaltung gesetzlicher Vorschriften (z.B. Datenschutz). |

**Tabelle 21:** Beispiele für Funktionsbereiche

## 4. Zusammenspiel der Funktionen

Es muss das Ziel des Managements sein, dass die Funktionsbereiche die General-Management-Ziele (Lebensfähigkeit, Kundennutzen und die Wettbewerbsfähigkeit sowie Produktivität) verfolgen. Dazu muss ein wirksames Zusammenspiel aller Funktionen gewährleistet sein. Folgende Ansatzpunkte gibt es hierfür:

- Die Verantwortungsbereiche müssen klar abgegrenzt sein.
- Die Entscheidungsprozesse sind nachvollziehbar.

---

155    Es gibt Zertifizierungen, die für Organisationen betriebswirtschaftliche Vorteile bringen und deshalb umgesetzt werden sollten bzw. sogar umgesetzt werden müssen (**Beispiele:** Energiemanagement, Umweltmanagement). Andere Zertifizierungen wiederum erleichtern die Zusammenarbeit mit Lieferanten und Kunden; ob man sich dem Zertifizierungsstandard unterwirft, liegt aber in der Entscheidungshoheit der Organisation (**Beispiel:** Qualitätsmanagement). Nicht verwechselt werden dürfen Zertifizierungen mit gesetzlichen Vorschriften, die zwingend eingehalten werden müssen (**Beispiele:** Arbeitssicherheit, Produktsicherheit).

- Sinnvolle Kommunikationsprozesse und Gremienstrukturen unterstützen die Funktionsbereiche an ihren Schnittstellen.
- Es gibt eine rollierende Langfrist-, Mittelfrist- und Kurzfristplanung durch alle Bereiche.

Allein der letzte Ansatzpunkt generiert – wenn man es richtig und gut macht – einen hohen Synchronisationseffekt aller Funktionen. Ich widme ihm daher noch eine separate Betrachtung (vgl. XIV. 2.).

## 5. Zusammenfassung

Neben der Umsetzung auf persönlicher Ebene gibt es auch die Umsetzung auf Ebene der Funktionen. Klare Strukturen und Prozesse stellen hier sicher, dass Kundennutzen, Wettbewerbsfähigkeit und die Lebensfähigkeit der Organisation erhalten bleiben. Nicht jede Funktion ist in jeder Organisation zu finden, da sich die Geschäftsmodelle unterscheiden. Viele Prozesse sind jedoch gleich. Als Standard für die Funktionen und Prozesse gilt: Sie müssen rechts- und regelkonform und effektiv sowie effizient gestaltet werden. Ausgangspunkt dafür sind die Fragen nach dem Zweck (Was soll diese Funktion tatsächlich leisten?) und nach dem Kundennutzen (Ist der Kunde wirklich bereit, den Mehrwert dieser Funktion zu zahlen?). Planungsprozesse, klare Verantwortlichkeiten und etablierte Kommunikations- und Entscheidungsprozesse können das reibungslose Zusammenspiel aller Funktionen gewährleisten.

# XII. Entwickeln

*„Ich glaube an das Pferd. Das Automobil ist nur eine vorübergehende Erscheinung."*
*(Kaiser Wilhelm II.)*

Bestes Umsetzen verhindert nicht, dass sich Sachverhalte, Menschen, Organisationen, Kontexte und Situationen weiterentwickeln. Zu den wesentlichen Managementaufgaben gehört daher auch die Weiterentwicklung auf verschiedenen Ebenen:

1. Weiterentwicklung des Geschäftsmodells
2. Strategieentwicklung
3. Organisationsentwicklung
4. Kulturentwicklung
5. Fördern und Entwickeln der Mitarbeiter
6. Weiterentwicklung des Integrierten Managementsystems

Auf all diesen Ebenen sind Digitalisierung, Automatisierung und künstliche Intelligenz sowie Prozessmanagement und -entwicklung mitzudenken und gegebenenfalls von Beginn an umzusetzen.

## 1. Schöpferische Zerstörung

Das beste Umsetzen hilft nichts, wenn eine Organisation die Entwicklungen ihres Umfelds verschläft. Beispiele in der Menschheitsgeschichte gibt es genug – Kaiser Wilhelm II. reiht sich hier in die Liste der „Da-entwickelt-sich-nichts-Denker" ein und gehört damit vermutlich zur Mehrheit unserer Gesellschaft.

Hauptgrund für Entwicklungen im Umfeld liegen im Prozess der sogenannten schöpferischen Zerstörung. Gedanken dazu veröffentlichte bereits Karl Marx in seinem „Kommunistischen Manifest". Bekannt wurde der Begriff dann ab 1942 durch eine englischsprachige Veröffentlichung von Joseph Alois Schumpeter, hier ins Deutsche übersetzt: „Die Eröffnung neuer, fremder oder einheimischer Märkte und die organisatorische Entwicklung vom Handwerksbetrieb und der Fabrik zu solchen Konzernen wie dem U.S.-Steel illustrieren den gleichen Prozess einer industriellen Mutation – wenn ich diesen biologischen Ausdruck verwenden darf –, der unaufhörlich die Wirtschaftsstruktur von innen heraus revolutioniert, unaufhörlich die alte Struktur zerstört und unaufhörlich eine neue schafft. Dieser Prozess der ‚schöpferischen Zerstörung' ist das für den Kapitalismus wesentliche Faktum. Darin besteht der Kapitalismus und darin muss auch jedes kapitalistische Gebilde leben."[156]

---

156    Schumpeter, Joseph Alois, Kapitalismus, Sozialismus und Demokratie, Stuttgart 2018, S. 127 ff.

Pointiert könnte man Schumpeter zusammenfassen mit: „Nichts ist unmöglich. Fast alles ist denkbar, möglich und umsetzbar." Für das Management bedeutet das: Wer als Führungskraft die schöpferische Zerstörung akzeptiert, wird unweigerlich neben dem Umsetzen ein stetiges Weiterentwickeln als normal empfinden und – so weit wie möglich – fördern.

## 2. Die S-Kurven-Logik

Angenommen, eine Führungskraft akzeptiert die permanente Weiterentwicklung des organisationalen Umfelds. Woher weiß sie dann, wie langsam oder schnell die Entwicklungen ablaufen? Und wie langsam oder schnell sie daraufhin agieren/reagieren sollte? Einen ziemlich guten Antwortversuch lieferte der italienische Physiker Cesare Marchetti, der bereits in den 70er- und 80er-Jahren die Entwicklung der Energieversorgung untersuchte. Er gelangte zu der Überzeugung, Basisinnovationen ließen sich beschreiben und oftmals auch errechnen, da sie in sogenannten Innovationswellen ablaufen.[157] Fredmund Malik hat Marchettis Erkenntnisse auf den Punkt gebracht:

> „Der s-förmige Kurventyp, der auch logistische Kurve oder Funktion genannt wird, ist das Grundmuster des gesunden natürlichen Wachstums. Das Wachstum verläuft am Anfang langsam, beschleunigt sich dann exponentiell, erreicht den Wendepunkt, flacht ab und pendelt sich ein auf dem Sättigungsniveau des Systems. Was gesund wächst, wächst s-förmig. Jede andere Art von Wachstum ist krankes Wachstum."[158]

Schon mit wenigen (richtig ausgewählten) Datenpunkten lassen sich sowohl Wachstum als auch Substitutionsdynamik berechnen und bewerten. In der Strategieentwicklung braucht das zwar eine Diskussion und Bewertung mit den Verantwortlichen einer Organisation (inkl. Top-Management). Aber nach solch einer Diskussion und Festlegung hat man ein Bild, das scharf genug ist, um die wesentliche(n) Phase(n) der S-Kurve(n) zu bestimmen. Und interessanterweise reicht das in der Regel auch aus. Je mehr man versucht, das Bild zu schärfen, desto mehr wertvolle Zeit verliert man, die in den Aufbau zukünftiger Existenzgrundlagen fließen könnte.

Abbildung 19 stellt heutige Erfolgspotenziale in Form der roten S-Kurve dar. Diese Kurve beschreibt, wie sich über die Zeit die Potenziale entwickeln, nämlich aufsteigend, exponentiell, abflachend usw. Ab einem kritischen Punkt entwickelt sich die grüne Kurve steiler, ohne dass man diese Entwicklung aufhalten kann. Sie zeigt die zukünftigen Erfolgspotenziale, welche die heutigen Lösungen zumindest infrage stellen. Im schlimmsten Fall werden die heutigen Erfolgspotenziale unbrauch-

---

157　Vgl. Marchetti, Cesare, Nach der Kernenergie kommt die Kernfusion – Die Lebenskurve von Energiequellen lässt sich berechnen, in: Bild der Wissenschaft 08/1998, S. 110–118.

158　Malik, Fredmund, Strategie – Navigieren in der Komplexität der neuen Welt, Frankfurt am Main 2013, S. 227.

bar und verschwinden vom Markt. Die S-Kurve lässt sich anwenden auf Produkte, Dienstleistungen, Märkte, Organisationen, Menschen, Strategien, Kulturen etc.

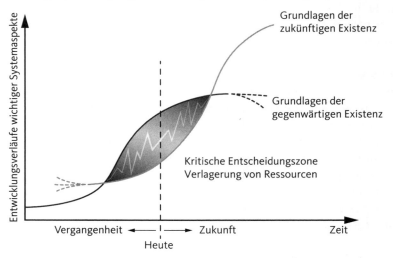

**Abbildung 19:** S-Kurve in einer Darstellung von Fredmund Malik[159]

> **Beispiel:** Seit vielen Jahrhunderten wird physisches Geld (Scheine und Münzen) als offizielles Zahlungsmittel akzeptiert. Wir befinden uns gerade am Übergang von der roten auf die grüne Kurve, weil physisches Geld zunehmend durch virtuelle Währungen abgelöst wird und Zahlungen immer häufiger online abgewickelt werden.

Die Diskussion dieser schöpferischen Zerstörung und des Verlaufs der S-Kurven gehört zwingend in den Strategieentwicklungsprozess, den eine Organisation regelmäßig durchlaufen sollte. Dabei geht es weniger um eine möglichst präzise Einschätzung und Bewertung, wo genau sich der diskutierte Sachverhalt (Produkt, Markt usw.) derzeit auf der S-Kurve befindet. Es geht um eine möglichst valide Einschätzung: Befinden wir uns am Anfang, in der Mitte oder am Ende? Sehen wir schon Substitutionsmechanismen greifen? Und wenn ja, wie bewerten wir sie?

## 3. Strategieentwicklung

Eine Organisation, die Kundennutzen und Wettbewerbsfähigkeit generieren will, macht dies auf Basis eines soliden Geschäftsmodells und einer klaren strategischen Ausrichtung. Strategie meint in diesem Zusammenhang: Wohin wollen/müssen wir uns planerisch die nächsten drei bis fünf Jahre entwickeln, um lebensfähig zu bleiben? Strategie sollte nicht verwechselt werden mit Planung oder Taktik. Planung ist die Antwort auf die Frage: Wie nehmen wir uns vor, die Strategie konkret umzusetzen? Taktik ist eine bewusste Vorgehensweise zur Erreichung eines Ziels.

---

159    Ebd. S. 226.

Als Standard für eine effektive und effiziente Strategieentwicklung gilt folgende Vorgehensweise:

1. **Festlegen der Leitplanken**: Das darf/muss/soll (nicht) diskutiert werden. Gegebenenfalls können die wesentlichen unternehmenspolitischen Kernaussagen im Vorfeld erarbeitet werden.
2. Strategieentwicklung **basiert wesentlich auf sauberer Analyse**, die zumindest den Kundennutzen (vgl. III. 5. und XII. 3.1) und die Schlüsselgrößen für gesunde Unternehmen (vgl. XIV. 3.) untersucht.
3. Dazu ist im Vorfeld eine **klare Segmentierung in strategische Geschäftsfelder (SGF)** erforderlich. Mögliche Kriterien: Branche, Technologie, Produkte/Dienstleistungen, Absatzkanäle, spezielle Zielgruppen, Kundenproblem oder Verwendungssituation.
4. **Eine SGF betrachtet und analysiert**: a) den Marktanteil, b) den Kundennutzen, c) die S-Kurven-Entwicklung, d) die Treiber und Herausforderungen. Abschließend werden die denkbaren Optionen erarbeitet und diskutiert und die strategischen Stoßrichtungen festgelegt.
5. Analog (**inkl. Übersetzungsleistung aus den SGF**) werden die **Funktionsbereiche** untersucht, zum Beispiel Einkauf, Produktion, Logistik, Marketing, Vertrieb, Personal, Informationstechnologie, Controlling, Rechnungswesen, Finanzen usw.
6. **Eine finale Abstimmung und eine Priorisierung erfolgt abschließend – auf Basis von Maßnahmen- und Ressourcenplänen – in der Gesamtstrategie.**

Der klassische Strategieentwicklungsprozess funktioniert für die meisten Organisationsformen. Sollte sich in den Diskussionen abzeichnen, dass eine Spezialisierung oder eine Nischenbesetzung das Ergebnis sein könnte, empfiehlt sich als Ergänzung oder Ersatz die sogenannte engpasskonzentrierte Strategieentwicklung (EKS), die Wolfgang Mewes entwickelt hat.[160] Sie unterstellt, dass Erfolg sich dann einstellt, wenn man die eigenen (und gegebenenfalls verbündeten) Kräfte und Stärken konzentriert und optimal für den Nutzen der Zielgruppe einsetzt. Die EKS basiert auf drei Prinzipien: (1) Nutzen- vor Gewinnmaximierung, (2) immaterielle vor materiellen Vorgängen, (3) Konzentration und Spezialisierung sowie (3) Minimum- vor Maximalprinzip.

---

160    Vgl. Mewes, Wolfgang, Die kybernetische Managementlehre (EKS), Frankfurt am Main 1971–1977.

Der Ablauf im Einzelnen:[161]

1. Analyse der Ist-Situation inkl. der speziellen Stärken,
2. Diskussion, Identifikation und Festlegung des erfolgversprechendsten Spezialgebietes,
3. Diskussion, Identifikation und Festlegung der erfolgversprechendsten Zielgruppe,
4. Diskussion, Identifikation und Festlegung der brennendsten Herausforderungen der Zielgruppe,
5. Erarbeitung möglicher neuer Ansätze, um diese Herausforderungen der Zielgruppe zu adressieren und bestmöglich in einen Kundennutzen umzuwandeln,
6. gegebenenfalls Prüfung sinnvoller Kooperationen, um optimalen Kundennutzen zu generieren.

Selbstverständlich können Methoden und Instrumente der klassischen Strategieentwicklung auch bei der EKS-Entwicklung nützlich sein (z.B. Leitplanken oder Analyse). Strategiearbeit beschränkt sich im Übrigen nicht auf die Geschäftsleitung, sondern durchzieht alle Unternehmensbereiche. Abbildung 20 zeigt, welche Strategieformen auf die verschiedenen Ebenen eines Unternehmens Einfluss haben.

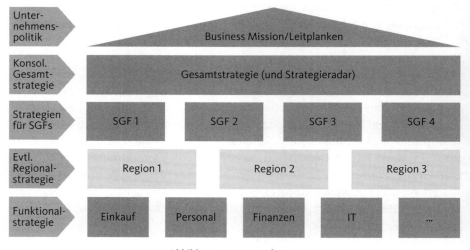

**Abbildung 20:** Strategieformen

### 3.1 Verständnis des Kundennutzens
Der Kundennutzen ist mit der Wettbewerbsfähigkeit einer der zentralen Dreh- und Angelpunkte einer effektiven Organisation. Jegliche Strategiearbeit ist deshalb gut

---

161    Vgl. Friedrich, Kerstin/Malik, Fredmund/Seiwert, Lothar, Das große 1x1 der Erfolgsstrategie, Offenbach 2009.

beraten, sich eng am bestehenden und zukünftig notwendigen Kundennutzen zu orientieren.[162]

Zur Prüfung, ob ein Unternehmen ausreichend Kundennutzen generiert, müssen folgende Punkte untersucht und beurteilt werden: das relative Preis-Leistungs-Verhältnis sowie die relative Wettbewerbsposition.

Das Instrument, das diese Prüfung kompakt gewährleistet, ist die Kundennutzen-analyse, die im Rahmen des empirischen Strategieforschungsprogramms PIMS bereits vor 30 Jahren entwickelt wurde.[163] PIMS (Profit Impact of Market Strategies; Gewinnauswirkung von Marktstrategien) definiert den Kundennutzen als das relative Preis-Leistungs-Verhältnis, und zwar relativ im Vergleich zum Wettbe-werb. Relativer Preis bedeutet: „Eigener Preis im Vergleich zu dem der wichtigsten Konkurrenten"[164], und relative Qualität bedeutet: „Qualität aus Sicht des Kunden gemessen anhand der kaufentscheidenden Produkt-, Service- und Imagemerkmale im Vergleich zu den wichtigsten Konkurrenten."[165] Die Kundennutzenanalyse eines Geschäftes erfolgt in sechs Schritten:

| Schritt | Was? | Ziel |
|---------|------|------|
| 1 | **Marktsegmentierung** | Identifikation relevanter Konkurrenten, relevanter Kunden und relevanter Nicht-Kunden. |
| 2 | **Kaufentscheidende Kriterien Eigenbild** | Bewertung und Gewichtung der kaufentscheidenden produkt- oder dienstleistungsbezogenen Qualitätskriterien durch das Management (= Eigenbild). |
| 3 | **Kaufentscheidende Kriterien Fremdbild** | Bewertung und Gewichtung der kaufentscheidenden pro-dukt- oder dienstleistungsbezogenen Qualitätskriterien durch Kunden und Nicht-Kunden (= Fremdbild). |
| 4 | **Wettbewerb** | Identifikation und Bewertung des Wettbewerbs durch das Management (= Eigenbild) und Kunden sowie Nicht-Kunden (= Fremdbild). |
| 5 | **Preis** | Bestimmung der Preisposition des eigenen Unternehmens sowie der relevanten Wettbewerber (also günstiger oder teurer als der Wettbewerb). |
| 6 | **Verhältnis Preis zu Qualität** | Abschätzung des Verhältnisses zwischen Qualität und Preis (z.B. 90/10 bedeutet: Den Kunden ist die Qualität sehr wichtig und der Preis eher unwichtig). |

**Tabelle 22:** Durchführung der Kundennutzenanalyse[166]

162  Leicht überarbeitet aus: Griesbeck, Markus, Neue Kreditwürdigkeitsprüfung für eine Neue Welt – Die Zukunfts-potenziale des Mittelstands treffsicher einschätzen, Frankfurt am Main 2013, S. 50–54.
163  Vgl. Buzzell, Robert D./Bradley, T. Gale, Das PIMS-Programm – Strategien und Unternehmenserfolg, Wiesbaden 1989, S. 89 ff.
164  Malik, Fredmund, Management – Das A und O des Handwerks, Frankfurt am Main 2013, S. 210
165  Ebd. S. 210
166  Eigene Darstellung auf Basis von Stöger, Roman, Strategieentwicklung für die Praxis: Kunde – Leistung – Ergebnis, Stuttgart 2017, S. 66–76.

Ergebnisse der Kundennutzenanalyse sind die Kundennutzen-Matrix (auch Value Map genannt) sowie das Qualitätsprofil (auch Attribute Chart genannt). Die Value Map (vgl. Abbildung 21) zeigt die Position des eigenen Unternehmens im Vergleich zum Wettbewerb auf Basis des relativen Preis-Leistungs-Verhältnisses.

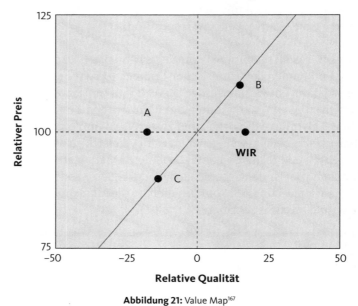

**Abbildung 21:** Value Map[167]

Folgende Aussagen lassen sich aus dem vorliegenden Beispiel ableiten:

a) Das Management geht davon aus, dass die Kunden der Organisation die Qualität mit 60 Prozent höher gewichten als den Preis (40 Prozent).
b) Die Konkurrenten B und C sind in der Lage, das vom Kunden geforderte Preis-Leistungs-Verhältnis genau zu treffen. Konkurrent B bedient Premiumkunden, während Konkurrent C eher Billigkunden anzieht.
c) Konkurrent A liefert den schlechtesten Kundennutzen aller vier Wettbewerber. Er fordert einen zu hohen Preis für eine schlechtere Qualität, als der Kunde akzeptieren möchte.
d) Das eigene Unternehmen ("WIR") hingegen liefert einen höheren Kundennutzen, da es bessere Qualität zum gleichen Preis anbietet.

Das hier vorliegende Eigenbild sollte selbstverständlich noch durch ein Fremdbild validiert werden. Zu starke Differenzen zwischen Eigen- und Fremdbild können die Gesamtbeurteilung erschweren.

---

167    Eigene Darstellung auf Basis eines realen Kundenbeispiels der Holzindustrie (neutralisiert).

Durch ein zusätzliches Attribute Chart wird eine qualitativ ausreichende Wettbewerbseinschätzung möglich. Es zeigt (nur beim eigenen Unternehmen!):

- die Bedeutung der einzelnen Qualitätskriterien aus Kundensicht in der Horizontalen sowie
- die Qualitätsposition des Unternehmens im Vergleich zur Konkurrenz – beurteilt aus Kundensicht – in der Vertikalen.

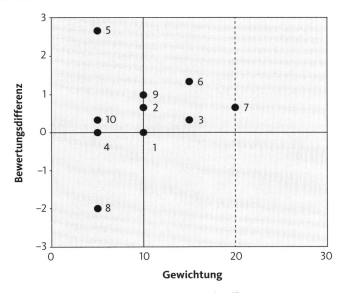

**Abbildung 22:** Attribute Chart[168]

Folgende Aussagen lassen sich aus dem vorliegenden Beispiel ableiten:

a) Das Unternehmen hat ein paar Wettbewerbsvorteile (rechts oben), die zu halten oder gegebenenfalls auszubauen wären („Stärken stärken").
b) Es gibt keine Kriterien, die gewichtige Wettbewerbsnachteile bedeuten (rechts unten ist kein Kriterium zu finden).
c) Da der Kunde die Kriterien in der unteren Hälfte als vernachlässigbar bzw. eher unwichtig einstuft, sollte man gegebenenfalls überlegen, ob man diese Leistungen nicht kürzt oder eliminiert.
d) Das Unternehmen besitzt bei einigen Kriterien Wettbewerbsvorteile, die der Kunde nicht so wichtig findet (links oben). Hier bietet es sich an, entweder die Kunden bzw. Nicht-Kunden davon zu überzeugen, dass diese Kriterien wichtig sind, oder man baut die Kriterien aus Kostenüberlegungen ab.

---

168  Eigene Darstellung auf Basis eines realen Kundenbeispiels der Holzindustrie (neutralisiert). Legende: (1) Wertbeständigkeit, (2) Fertigungsqualität, (3) Design/Optik, (4) Holzqualität, (5) schnelle Ausführung, (6) freie Planungsgestaltung, (7) ganzheitliche Beratung, (8) Nachbetreuung, (9) Referenzobjekte, (10) langjährige Marktpräsenz.

Aus einer solchen Analyse können Management und Kreditgeber ableiten, ob die Position der Organisation in Zukunft tragfähig und ausreichend ist oder entsprechende Maßnahmen zur Qualitätssteigerung oder Kostensenkung einzuleiten sind. Diese Maßnahmen werden dann zum wesentlichen Bestandteil der Unternehmensstrategie.

## 3.2 Strategieoptionen

Im klassischen Strategieentwicklungsprozess ist die Erarbeitung strategischer Optionen ein Grundbestandteil. Welche Option bzw. welche Kombination an Optionen sich eignet, hängt von Situation, Kontext und Geschäftsmodell der Organisation ab. Grundsätzlich denkbar sind folgende Möglichkeiten, vgl. Tabelle 23.[169] Was sie für ein Unternehmen konkret bedeuten, muss das Management im Einzelfall diskutieren, bewerten und entscheiden.

| | Strategieoption | Bemerkung |
|---|---|---|
| 1 | Marktdurchdringung | Der bestehende Markt wird mit bestehenden Produkten durchdrungen. Die Kosten sind im Prinzip bekannt und die Erfolgswahrscheinlichkeit für diese Option beträgt mindestens 50 Prozent. |
| 2 | Marktentwicklung | Es werden neue Märkte mit bestehenden Produkten systematisch bearbeitet. Die Kosten lassen sich vermutlich einschätzen, liegen aber bei mindestens dem Vierfachen des Bekannten. Die Erfolgswahrscheinlichkeit für diese Option beträgt ca. 20 Prozent. |
| 3 | Produktentwicklung | Die Märkte sind bekannt, aber es werden neue Produkte entwickelt und vermarktet. Die Kosten sind schwierig einzuschätzen, liegen aber bei mindestens dem Achtfachen des Bekannten. Die Erfolgswahrscheinlichkeit für diese Option beträgt ca. 30 bis 35 Prozent. |
| 4 | Diversifikation | Die gefährlichste Option. Weder die Märkte noch die Produkte sind bekannt. Beides muss neu entwickelt und erarbeitet werden. Die Kosten lassen im Prinzip nicht abschätzen und liegen bei mindestens dem Zehnfachen, vermutlich sogar noch höher. Die Erfolgswahrscheinlichkeit für diese Option beträgt weniger als 5 Prozent. |
| 5 | Kooperationen/ Allianzen | Bei dieser Option gibt es ein großes Spektrum an Möglichkeiten: Kooperation in einzelnen Funktionsbereichen (wie z.B. Vertriebskooperation), F&E-Partnerschaften, Joint Ventures, Kapitalbeteiligungen bis hin zu Fusionen oder Übernahmen. Diese Strategieoption erfordert intensive Due-Diligence-Prüfungen (strategisch, strukturell, kulturell, technisch, Compliance, rechtlich usw.). Gleichzeitig bindet sie für eine erfolgreiche Umsetzung viel Managementkapazität. |
| 6 | Erhöhung Produktivität | Es gibt (fast) immer die Möglichkeit, die Produktivität zu erhöhen. Optionsvarianten sind Kostenminimierung bzw. verstärktes Kostenmanagement, Prozessverbesserungen usw. |

---

169    Die ersten vier Optionen wurden von Harry Igor Ansoff entwickelt. Er setzte sie in Beziehung in einer Produkt-Markt-Matrix, die auch als Ansoff-Matrix bekannt ist. Quelle: Ansoff, Harry Igor, Checklist for Competitive and Competence Profiles, in: Corporate Strategy, New York 1965, S. 98 f.

| | Strategieoption | Bemerkung |
|---|---|---|
| 7 | Konsolidierung | Bewusste Verschnaufpause bzw. bewusst gebremstes Wachstum zur Vermeidung eines internen Kollapses oder zur Sicherstellung eines sinnvollen, inneren (organischen) Wachstums. |
| 8 | Personal- und Organisationsent-wicklung | Bewusste Weiterentwicklung des Personals und damit verbunden der Organisation. Ziel ist es, die Umsetzungswahrscheinlichkeit der gewählten Optionen zu erhöhen bzw. sicherzustellen. |
| 9 | Kombination | Kombination aus den Strategieoptionen 1–8. |
| 10 | Nullvariante | Keine der Strategievarianten wird verfolgt. Man verbleibt beim Status quo. Kann in bestimmten Fällen sinnvoll und wirksam sein. |
| 11 | Ausstieg | Man versucht, sich von dem SGF oder dem Geschäft als solches zu trennen, weil keine Zukunftsaussichten erkennbar sind. |

**Tabelle 23:** Mögliche Strategieoptionen

Ein einfaches **Beispiel** für die ersten vier Strategieoptionen: Ein Landwirt produziert Milch, Eier und Weizen. Bis dato liefert er die Milch an einen einzigen milchverarbeitenden Betrieb. Seine Eier verkauft er ab Hof – Selbstabholung. Und den Weizen liefert er an die regionale Agrargenossenschaft. Bei der Strategieoption „Marktdurchdringung" könnte er derzeit lediglich bei den Eiern ansetzen und die Selbstabholung durch gezielte Werbung besser vermarkten. Für Milch und Weizen hat er momentan jeweils nur einen Abnehmer und eine weitere Marktdurchdringung könnte schwierig werden, wenn der Abnehmer nicht bereit ist, mehr Menge oder eine bessere Qualität von Milch oder Weizen zu akzeptieren. In diesem einfachen Beispiel bieten sich daher die strategischen Optionen Marktentwicklung und Produktentwicklung am ehesten an. Marktentwicklung würde bedeuten, dass er neue Absatzmärkte entwickelt. Beispiele wären Abverkauf von Milch und Weizen direkt am Hof. Oder: Angebot seiner Waren auf den wöchentlichen Märkten in den größeren Gemeinden der Umgebung. Produktentwicklung würde bedeuten, aus seinen Basisprodukten neue Produkte herzustellen. Beispiele wären die Herstellung von Eiernudeln oder eines sogenannten Bauernhofeises mit Direktvermarktung ab Hof. Diversifikation liegt vor, wenn er nicht nur seine eigenen Produkte, sondern auch zugekaufte Produkte anderer Landwirte in einem Hofladen verkauft.

Egal für welche Strategieoption bzw. welche Kombination an Optionen ein Manager sich entscheidet: Immer hat er zu prüfen, welche finanziellen, zeitlichen, kulturellen und sonstigen Konsequenzen mit der gewählten Strategieoption verbunden sind. Denn jede Entscheidung verursacht Nebenwirkungen oder Kollateralschäden. Je besser er diese Konsequenzen kennt, desto besser kann er sie steuern, beeinflussen oder notfalls eliminieren.

Damit erklärt sich auch, warum Manager bei der Wahl der strategischen Optionen immer so handeln sollten, dass die Anzahl der Handlungsoptionen zunimmt.

> ”...act always so as to increase the total numbers of choices.“
> (Heinz von Foerster)

Eine weitere mögliche Option ist die gezielte Innovationsentwicklung. Für das Innovationsmanagement gelten dieselben Regeln wie für das Management allgemein[170] – bis auf ein paar Spezialaspekte vielleicht. Ein Punkt ist aber entscheidend: Man sollte strikt das Innovative, Neue getrennt vom Alten, Bestehenden organisieren. „Jeder Versuch, eine bestehende Einheit zum Träger eines unternehmerischen Projekts zu machen, ist zum Scheitern verurteilt.“[171]

## 4. Organisationsentwicklung

Die ideale Organisation einer Organisation wird vermutlich niemand je gewährleisten können. Hauptgrund dafür ist die stetige Veränderung des Umfelds, die eine fortwährende Anpassung der Strukturen und Prozesse notwendig macht. Und genau hier setzt die Organisationsentwicklung an, als ein strukturierter Prozess der stetigen Anpassung der Organisation an die Veränderungen des Umfelds.

Es gibt zwei Grundkonstanten einer Organisation, die Führungskräfte beherzigen können. Zumindest dann, wenn sie an einer wirksamen Organisation interessiert sind:

1.  Jede Organisation neigt und ist fähig zur Selbstorganisation, kann also selbst für ihre Ordnung, Struktur und Abläufe sorgen, ohne dass ein unmittelbarer Einfluss von außen notwendig ist. Ein **Beispiel** dazu: Das Herz kann den Blutkreislauf in Schwung halten, ohne dass es Befehle vom Gehirn bekommt. Selbstorganisation bedeutet aber nicht, dass Management und Führung dadurch überflüssig werden. Versteht man Management als Steuerung des Systems, hat es die Aufgabe, die Selbstorganisation zu ermöglichen und Steuerungsimpulse zu geben, um Effektivität und Effizienz zu gewährleisten. Im Herz-Beispiel kann das Gehirn sehr wohl Befehle geben, wenn sich die Situation verändert: Schlag langsamer, jetzt wird geschlafen! Oder: Schlag schneller, jetzt wird gerannt! Aber pumpen wird das Herz weiterhin von allein. Als wesentliche Konsequenz der Selbstorganisation ergibt sich übrigens, dass allen Mitarbeitern Freiheits- und Gestaltungsspielräume zustehen. Nicht alle brauchen fortlaufende Befehle, Vorgaben und enges „An-die-Leine-Nehmen“. Nach meiner Erfahrung schätzt die Mehrheit der Menschen klare Ziel- und Standardvorgaben (vgl. X. 4.) und möchte dann selbstorganisational (mit gewissen Steuerimpulsen) diese Ziele und Standards erreichen.[172]

---

170    Dieser Gedankengang ist angelehnt an Malik, Fredmund, Management – Das A und O des Handwerks, Frankfurt am Main 2013, S. 286 f.
171    Vgl. Drucker, Peter Ferdinand, Management – Das Standardwerk komplett überarbeitet und erweitert, Band 2, Frankfurt am Main 2009, S. 161
172    Nicht umsonst hat Peter F. Drucker, der „Vater“ des „Management by Objectives“, die Erweiterung hinzugefügt: „Management by Objectives and Self-Control“. Vgl. Drucker, Peter Ferdinand, Management – Das Standardwerk komplett überarbeitet und erweitert, Band 2, Frankfurt am Main 2009, S. 39 ff.

2. Um eine Organisation wirksam zu machen, müssen alle systemischen Funktionen vorhanden sein. Stafford Beer brachte diese Erkenntnis in die Managementlehre ein.[173] Tabelle 24 beschreibt die Kerninhalte der systemischen Funktionen.

| | Funktion | Kerninhalt |
|---|---|---|
| 1 | Operieren | Leistungsverantwortliche Einheiten haben den Auftrag, den wettbewerbsfähigen Kundennutzen in ihrem Umfeld zu generieren. Sie machen das auf Basis hoher Autonomie und mit eigenen Budgets und Ressourcen. Sie stellen ihre eigene Lebensfähigkeit jederzeit sicher. |
| 2 | Koordinieren | Damit die leistungsverantwortlichen Einheiten lebensfähig bleiben können, werden sie durch koordinierende Prozesse unterstützt (z.B. geeignete Instrumente, Regeln und Funktionen). |
| 3 | Optimieren | Die leistungsverantwortlichen Einheiten müssen durch eine operative Gesamtplanung gesteuert werden. Das operative Management optimiert und reguliert die heutigen Erfolgspotenziale. |
| 3*[174] | Auditieren | Informelle (ungefilterte Real-Life-Informationen) und offizielle Informationskanäle unterstützen das operative Management. |
| 4 | Aufklären | Um auch die Nutzung zukünftiger Erfolgspotenziale zu ermöglichen, benötigt es aufklärende Prozesse. Sie nehmen Informationen aus der Umwelt des Gesamtsystems auf und verarbeiten diese im Sinne von Adaption, Forschung & Entwicklung, strategischen Ableitungen und Unternehmensentwicklung. |
| 5 | Werte setzen | Die sinnvolle Festlegung von Unternehmenspolitik, Grundregeln und Werten schafft die Basis für eine wirksame Organisation. |

**Tabelle 24:** Systemfunktionen des Organisierens (nach Stafford Beer)

Die beiden Grundkonstanten Selbstorganisation und systemische Funktionen gelten unabhängig davon, ob es sich um eine klassische Linien-, eine vollständige Projektorganisation oder eine Mischung aus beiden handelt. Sie gewährleisten eine funktionierende Organisation. Wie man auf dieser Basis die Organisation konkret ausgestaltet und entwickelt, dafür gibt es kein Patentrezept, aber ein paar Empfehlungen:

• Richten Sie die Organisation an der Lebensfähigkeit (Geschäftsmodell, Unternehmensmodus, Unternehmenspolitik), an Kundennutzen und Wettbewerbsfähigkeit aus.
• Bilden Sie kleinstmögliche und eigenständig am Markt operierende Einheiten, die noch groß genug sind, um sich ihre Infrastruktur leisten zu können.
• Schaffen Sie klare Verantwortlichkeiten in der Linie und im Projektgeschäft. Unterstützende Instrumente hierfür sind: Stellenbeschreibungen,[175] Profilbe-

---

173 Vgl. Beer, Stafford, Diagnosing the System for Organizations, Chicester 1995.
174 Das Sternchen bei 3* ist bewusst von Stafford Beer so gewählt worden. Es ergänzt sinnvoll die Funktion 3 „Optimieren".
175 Stellenbeschreibungen umfassen die Aufgaben, Kompetenzen und Verantwortlichkeiten für den Stelleninhaber.

schreibungen für Rollen, zum Beispiel Projektleiter, Projektmitarbeiter usw., Zuständigkeiten-Liste, Funktionendiagramm[176] usw.
- Minimieren Sie Schnittstellen, wo immer möglich.
- Dezentralisieren Sie die Verantwortlichkeiten, wo immer möglich, aber stellen Sie gleichzeitig eine starke Gesamtsteuerung sicher.
- Trennen Sie wertschöpfende von unterstützenden Einheiten. Wertschöpfend sind Prozesse, die in unmittelbarer Beziehung zur Erreichung eines Kundennutzens stehen, wie Einkauf, Produktion, Logistik, Verkauf. Unterstützende Geschäftsprozesse stehen in indirekter Beziehung dazu, zum Beispiel in der Finanzbuchhaltung, Informationstechnologie, Personal, Marketing usw.
- Sorgen Sie für eine strikte Trennung zwischen bestehendem und neuem Geschäft.
- Legen Sie fest, welche Aufgaben und Verantwortlichkeiten das Exekutiv- und das Aufsichtsorgan haben.[177]
- Nicht alles muss man alleine machen. Netzwerke, Partnerschaften, Allianzen, usw. sind ernstzunehmende Alternativen zur Steuerung des eigenen Handelns.

Organisationsentwicklung findet jedoch nicht nur auf Ebene der Gesamtorganisation statt, sondern auch auf Prozessebene. Man kann dabei vier verschiedene Prozesse unterscheiden:

1. Im klassischen **Leistungsprozess** werden Produkte oder Dienstleistungen hergestellt. Dazu gehören auch Verkauf und Logistik, also die Prozesse, durch die Produkte und Dienstleistungen zum Kunden gelangen, an ihn verkauft werden usw. Viele Organisationen benötigen auch Einkaufsprozesse, die den Zukauf notwendiger Rohstoffe oder Ressourcen sicherstellen.
2. **Unterstützende Prozesse** dienen dem Leistungsprozess indirekt. Sie steuern Ressourcen oder Dienstleistungen bei, ohne die der Leistungsprozess nicht funktionieren würde: Personal, Finanzen, IT, Marketing usw.
3. Die **Managementprozesse** steuern alle Prozesse. Die Gestaltung, Lenkung und Entwicklung der Organisation erfolgt auf Basis von Daten und Informationen, die das Controlling zur Verfügung stellt. Führungsprozesse (z.B. Zieleprozess, Projektmanagement usw.) sind adäquate Hilfsmittel zur Steuerung.
4. **Rechtliche und Compliance-Prozesse** sorgen als Querschnittfunktion dafür, dass alle genannten Prozesse in angemessener und wirksamer Form rechtlich konform laufen.

Alle diese Prozesse bleiben auf Dauer nie gleich, sondern entwickeln sich weiter. Die Prozessoptimierung kann dabei von unten nach oben (z.B. durch einen kontinuierlichen Verbesserungsprozess, kurz KVP) und von oben nach unten (z.B. durch

---

176  Ein Funktionendiagramm verknüpft die Prozesse der Ablauforganisation mit den Strukturen der Aufbauorganisation. Dabei werden alle Aufgaben (X-Achse) Stelleninhabern (Y-Achse) zugeordnet und deren Kompetenzen und Verantwortungen beschrieben.
177  Vgl. dazu die Ausführungen „Effektivität von Aufsichts- und Exekutivorgan" im Anhang 5.

die Übertragung der Verantwortlichkeit für Prozessverbesserungen auf einen möglichst IT-nahen Bereich) erfolgen.

Beim kontinuierlichen Verbesserungsprozess werden Mitarbeiter und Führungskräfte gebeten, Verbesserungen vorzuschlagen. Die Vorschläge werden im Anschluss durch eine sichtende Stelle bewertet und dann entweder umgesetzt oder verworfen. Der KVP sollte nicht zu bürokratisch verlaufen – dafür haben die beteiligten Führungskräfte zu sorgen –, sonst empfiehlt es sich, die Methode komplett wegzulassen.

Wird die Verantwortung zur Prozess-Weiterentwicklung auf einen möglichst IT-nahen Bereich übertragen, geht es darum,

- Prozesse stärker am Kundennutzen auszurichten,
- Prozesse auf Zeit- und Kostenfallen zu prüfen,
- Durchlaufzeiten zu verkürzen,
- Selbststeuerung zu ermöglichen.[178]

Damit dies gelingt, sind prägnante Prozessbeschreibungen ein Muss. Sie enthalten die Leistungsbeschreibung, grenzen die Leistung ab und verdeutlichen die Mitwirkungspflichten intern und von Dritten. Die Verantwortlichen sollten sich Zeit nehmen, um die Prozesse möglichst genau zu beschreiben – und damit besser nachvollziehbar zu machen.

Eine IT-nahe Optimierung sorgt dafür, dass Prozesse so weit wie möglich von der EDV unterstützt, teilautomatisiert oder automatisiert laufen. Zumindest sollten die IT-Systeme Entscheider und Verantwortliche darin unterstützen, mit den richtigen Informationen auch richtige Entscheidungen zu fällen. Die verwendeten IT-Systeme sollten daher die tatsächliche Prozesswelt widerspiegeln – was einen enormen und nicht zu unterschätzenden Aufwand bedeutet!

Bei der Weiterentwicklung der Prozesse kann und sollte das Management immer wieder hinterfragen, ob sie zentral oder dezentral und intern oder extern ausgeführt werden müssen. Diese Diskussionen sollten in einem engen Bezug mit der Weiterentwicklung des Geschäftsmodells (vgl. III. 2.) und der Funktionen (vgl. XI.) stehen. Es ist ratsam, das Für und Wider genauso ernsthaft abzuwägen wie die Frage, ob die Weiterentwicklung letztlich dem Kundennutzen und der Wettbewerbsfähigkeit dient.

---

178    Vgl. Stöger, Roman, Prozessmanagement: Kundennutzen, Produktivität, Agilität, Stuttgart 2018, S. 126 f.

**Negativbeispiel:** Vielleicht kennen Sie auch Telefon-Hotlines, bei denen Sie aufgefordert werden, mittels Tastatur Vorabinformationen einzugeben. Aus prozessentwicklerischer Sicht mag das eine Meisterleistung sein, aus Kundensicht ist es schlicht Unfug. Welcher Kunde will sich damit auseinandersetzen, ob sein Anliegen jetzt zu 1, 2 oder 3 passt?

## 5. Digitalisierung, Automatisierung und künstliche Intelligenz

**Digitalisierung** bezeichnete ursprünglich die Übertragung eines analogen Mediums in eine digital speicherbare Kopie unter Beibehaltung des analogen Originals. Heute versteht man unter Digitalisierung zusätzlich die verstärkte Nutzung von elektronischer Datenverarbeitung, Digitaltechnik, Computern und Internet im privaten, wirtschaftlichen und öffentlichen Leben.

**Automatisierung** bedient sich der Digitalisierung, um Information, die bereits vorhanden ist, für einen selbsttätigen Ablauf nutzbar zu machen. Der selbsttätige Ablauf kann dabei in der Verarbeitung dieser Information bestehen oder auch darin, dass sie ein Ereignis auslöst.

Als **künstliche Intelligenz** bezeichnet man selbstlernende Systeme auf Basis neuronaler Netze (keine Regelautomaten). Sie sollen Aufgaben lösen, die eigentlich menschliche Intelligenz erfordern. Eine echte Intelligenz bei künstlichen Systemen darf man in den nächsten Jahren noch nicht erwarten, dafür aber maschinelles Lernen, also Software, die sich automatisch verbessert.

Digitalisierung, Automatisierung und künstliche Intelligenz schreiten schon seit Jahrzehnten voran und nehmen im Alltag immer mehr Raum ein. Es ist davon ausgehen, dass diese Entwicklungen anhalten und alle Lebensbereiche mittel- oder langfristig verändern werden. Technisch wird vieles möglich sein und der Fortschritt in diesen Bereichen wird sich rasant entwickeln.

Digitalisierung, Automatisierung und künstliche Intelligenz können Märkte, Produkte, Dienstleistungen und Vertriebskanäle ändern. Bei jedem Geschäftsmodell ist daher zu prüfen, inwieweit diese Entwicklungen das derzeitige Modell mittel- oder langfristig gefährden können.

Es gibt zwei Aspekte, die über Sinn und Unsinn von Digitalisierung, Automatisierung oder künstlicher Intelligenz entscheiden. Erstens: Liefern die Entwicklungen einen Kundennutzen? **Beispiel:** Bei vielen Alltagsprodukten, wie zum Beispiel Lebensmitteln, wird die Digitalisierung, Automatisierung oder künstliche Intelligenz keinen unmittelbaren Mehrwert im Kundennutzen bieten können. Dort wo es möglich und gewünscht ist, werden sich digitalisierte Produkte durchsetzen. Zweitens: Macht es betriebswirtschaftlich Sinn, diese Entwicklungen in der eigenen Organisation voranzutreiben? **Beispiel:** In einem Produktionsbetrieb wäre es vielleicht wünschenswert, wenn Maschinen miteinander kommunizieren könnten, aber die Investitionen dafür übersteigen die finanziellen Möglichkeiten des Unternehmens.

Beides, Kundennutzen und betriebswirtschaftliche Zweckmäßigkeit, sind die wichtigsten Entscheidungskriterien dafür, ob ein Manager diese Entwicklungen in der eigenen Organisation vorantreiben soll bzw. muss.

Darüber hinaus hat künstliche Intelligenz häufig mehr mit Statistik und weniger mit Intelligenz zu tun, auch wenn der Begriff Datenintelligenz verwendet wird Es gibt Anwendungen, bei denen Programme präziser und schneller arbeiten, als Menschen es könnten. Es gibt aber auch Anwendungen, bei denen der Mensch der IT überlegen ist. So wird künstliche Intelligenz nie in der Lage sein, ähnliche Selbstreflexionen anzustellen wie ein Mensch. Das bedeutet letztlich, dass in der Kombination aus Mensch und Maschine (mit künstlicher Intelligenz) die eigentliche Zukunftsperspektive liegen kann. Dafür muss aber gleichzeitig sichergestellt sein, dass die Datensammlung (notwendig für funktionierende Algorithmen) und der Datenschutz bzw. die Privatsphäre Hand in Hand gehen. Und hier gibt es zumindest aus heutiger Sicht noch viel zu tun.

Bei allen Bemühungen um Prozessverbesserungen sollten auch bei der Digitalisierung etc. drei Punkte also nie aus dem Fokus geraten: (1) der Kundennutzen und die Wettbewerbsfähigkeit, (2) das rechts- und regelkonforme Verhalten und (3) reibungslose Abläufe.

## 6. Kulturentwicklung

> *„Man kann eine Organisation nach der Anzahl der Lügen bewerten,*
> *die man leben muss, um Teil davon zu sein.“*
> *(Parker Palmer)*

Die in einer Organisation handelnden Personen prägen täglich aufs Neue die Kultur, die in ihr herrscht. Dabei ist Kultur Ausdruck der gemeinsamen inneren Programmierung und Haltung. Man kann davon ausgehen, dass es in einer Organisation nicht nur eine Kultur gibt, sondern häufig auch Subkulturen oder einfach mehrere Kulturen.

Die Kultur einer Organisation lässt sich beeinflussen, prägen und gestalten, auch wenn dies im ersten Moment unwahrscheinlich klingt. Machen wir uns das an einem Beispiel bewusst:

> **Beispiel:** Man lädt mehrere Gäste zum Grillen ein. Jeder der Anwesenden prägt und gestaltet durch sein (Nicht-)Handeln, durch sein Reden und Schweigen, durch seine Körperhaltung den Abend. Jeder trägt dazu bei, ob das Grillfest zu einem fröhlichen Miteinander oder einem lustlosen Nebeneinander wird. Deshalb wird ein Gitarrenspieler die Menschen aufheitern, ein Witze-Erzähler wird sie zum Lachen bringen und ein einsamer Dauererzähler die Stimmung des Abends kippen.

Das Beispiel macht deutlich, was Kultur und bewusste Kulturgestaltung vermögen: „Culture eats strategy for breakfast and structure for lunch."[179] Kultur kann eine Strategie zum Fliegen oder zu einer Bruchlandung bringen und eine Struktur zum Funktionieren oder Scheitern verurteilen. Deshalb ist es wichtig, dass Führungskräfte Kultur nicht als etwas Gottgegebenes hinnehmen, sondern dass sie deren Gestaltung in die Hand nehmen und ihr Handeln danach ausrichten.

Allerdings gibt es keine per se richtige oder falsche Kultur. Es gibt Kulturausprägungen, die eher gesund sind, und solche, die eher schaden.

> **Beispiel:** In einer F&E-Abteilung arbeiten nur Naturwissenschaftler. Alle sind hochgebildet und im höchsten Maße rational und logisch in ihrem Vorgehen. Im gleichen Unternehmen ist die Verkaufsabteilung besetzt mit kampfeslustigen (positiv gemeint!), für den Kunden empathischen und eher emotionsgesteuerten Menschen. Je ausgeprägter beide Verhaltensmuster sind, desto schwieriger könnte die Zusammenarbeit der Abteilungen werden. Außer – und das ist der entscheidende Punkt: Die Führungskraft einer Abteilung oder die Führungskräfte beider Abteilungen erkennen das und steuern bewusst ein gelingendes Miteinander.

Effektive Führungskräfte akzeptieren, dass die Kultur ihrer Organisation eine Eigendynamik entwickelt, auch wenn sie augenscheinlich nichts dazu beitragen. Und sie erkennen, dass es nicht DIE gelingende Kultur gibt, sondern nur die für die jeweilige Organisation passende und gelingende Spielart.

Gleichzeitig können sie diese Kultur jedoch prägen und beeinflussen, in erster Linie durch ihr eigenes Verhalten. Was die Führungskraft sagt UND tut, hat den größten Einfluss auf die Kultur des Teams, der Abteilung, des Geschäftsfeldes, des Geschäfts als Ganzes. Wer diese Vorbildfunktion innerlich nicht akzeptiert und immer wieder dagegen verstößt, sollte konsequent seiner Aufgabe als Führungskraft entbunden werden. Offen gesagt: Genau hier unterscheiden sich die guten von den schlechten Führungskräften. In der Praxis höre ich immer wieder das Argument: „Aber der hat sich doch verdient gemacht ..." „Nun, so schlimm ist es auch wieder

---

179    Dieses Zitat kann nicht eindeutig zugeordnet werden. Erstautor ist vermutlich Peter F. Drucker. Simon Sagmeister hat es aufgegriffen und so formuliert in: Sagmeister, Simon, Business Culture Design – Gestalten Sie Ihre Unternehmenskultur mit der Culture Map, Frankfurt am Main 2016, S. 33.

nicht …" „Ja, Sie haben recht. Wir müssten ihn entlassen. Aber …" Nur konsequentes Handeln schafft Glaubwürdigkeit und ermöglicht einen Kulturwandel. Alles andere zementiert in der gesamten Organisation das Bewusstsein, dass sich ja doch nichts ändert. Letztlich kann das Folgen für die Arbeitsmotivation der Mannschaft haben, bis hin zur inneren Kündigung einzelner Mitarbeiter.

Neben der Vorbildfunktion der Führungskräfte gibt es einige weitere wichtige Stellschrauben, um die Kultur einer Organisation positiv zu beeinflussen:

1. flexible Arbeitszeiten, zum Beispiel Gleitzeit, Homeoffice, Vertrauensarbeitszeit
2. Mitarbeiterbeteiligung, aktive Teilhabe der Mitarbeiter an Entscheidungen
3. betriebliche Gesundheitsangebote (vgl. auch VI. 6.)
4. Vereinbarkeit von Familie und Beruf, zum Beispiel durch die Arbeitszeiten (s. 1.) oder durch Möglichkeiten zur Kinderbetreuung
5. sinnvolle Weiterbildungs- und Personalentwicklungsangebote (fachliche Qualifizierung, kontinuierliche Kompetenzentwicklung)

Wirksame Manager wissen um die Macht solcher Motivationsfaktoren und sind bereit, sie in ihrer Organisation einzusetzen. Selbstverständlich müssen die Faktoren zur Situation und zum Kontext passen. Ein Handwerksbetrieb könnte seinen Mitarbeitern aber beispielsweise einen freien Freitag anbieten, sobald ausreichend Überstunden vorliegen und die betriebliche Situation es zulässt.

## 7. Mitarbeiter fördern und entwickeln

> *„Wer aufhört, besser sein zu wollen, hat aufgehört, gut zu sein."*
> *(Oliver Cromwell)*

Sosehr die Personalentwicklung zur Arbeitsbeschreibung von Führungskräften gehört: Menschen können sich nur selbst entwickeln und verändern. Führungskräfte schaffen lediglich die Rahmenbedingungen, in denen Entwicklung und Veränderung möglich werden. Personalentwicklung ist deshalb immer Hilfe zur Selbstentwicklung. Das ist im Übrigen der Hauptgrund dafür, weshalb es nie Kernaufgabe von Führungskräften sein kann, Mitarbeiter und Kollegen zu motivieren. Oder um es mit Reinhard Sprenger zu sagen: Es reicht schon, wenn wir unsere Kollegen nicht demotivieren. Damit erfüllen wir bereits einen wesentlichen Teil der Führungsverantwortung.[180] Motivation sollte idealerweise intrinsisch sein, also aus

---

180 Sprenger stellt die These auf, dass Führen vor allem das Vermeiden von Demotivation ist. Führungskräfte müssten sich die Frage gefallen lassen, was sie getan hätten, um ihre Leute zu demotivieren. Demotivation passiere über Pedanterie (Ordnungsliebe, Genauigkeitsfanatismus, Kleinkrämerei), mangelnde Glaubwürdigkeit und Nicht-Zutrauen (zu niedrige Erwartungshaltungen der Führungskräfte). Vgl. Sprenger, Reinhard K., Mythos Motivation – Wege aus einer Sackgasse, Frankfurt am Main 2014, S. 195 ff.

einem eigenen Innenantrieb kommen. Wenn die Rahmenbedingungen – geschaffen durch Führungskräfte – das unterstützen, ist es perfekt. Das ändert aber nichts daran, dass Motivation in erster Linie aus jedem selbst kommen sollte.

Das bedeutet auch, dass eine Führungskraft die Potenziale der anderen erkennen muss. Mitarbeiter sind Menschen mit all ihren Schwächen, Befindlichkeiten, Emotionen, Stärken und geistigen Möglichkeiten. „Wenn wir den Menschen so nehmen, wie er ist, dann machen wir ihn schlechter. Wenn wir ihn aber so nehmen, wie er sein soll, dann machen wir ihn zu dem, der er werden kann" (Johann Wolfang von Goethe). Führungskräfte fördern, indem sie ihren Mitarbeitern etwas zutrauen. Entwicklung und Veränderung brauchen außerdem Zeit (vgl. XIII. 2.) und vollziehen sich nicht plötzlich.

Aber nicht alle Mitarbeiter sind die Mühe wert: Nicht jeder Mensch ist bereit, sein Schicksal selbst in die Hand zu nehmen. Besonders schwierig wird es, wenn sich zur Passivität auch noch eine vermeintlich ethische Haltung gesellt („Ich entscheide bzw. handele nicht, weil die Entscheidung oder Handlung falsch sein könnte"). Ich nenne diese Kollegen „Schethiker" – Wortzusammensetzung aus Schicksal und Ethiker. Neben den Intriganten bilden sie eine Gruppierung, mit der Führungskräfte sich nicht beschäftigen oder auseinandersetzen sollten. Meiner Erfahrung nach ist diese Energie vergeudet. Warum? Im Führungsalltag werden uns in der Umsetzung von Projekten, Aufgaben, Zielen usw. diejenigen am wirkungsvollsten unterstützen, die anpacken und zeitgleich bereit sind, dafür auch Schwierigkeiten in Kauf zu nehmen. Die Verantwortung übernehmen, auch wenn es unangenehm wird. Führungskräfte werden nicht dafür bezahlt, dass sie immer und jederzeit alle Beziehungspartner mit an Bord nehmen und sich um sie kümmern. Intriganten und Schethiker verderben die Kultur eines Teams, einer Abteilung oder sogar eines Unternehmens. Wenn man sie zu den Wettbewerbern gehen lässt, helfen sie dem Unternehmen vielleicht mehr.

## 7.1 Die richtigen Mitarbeiter einstellen

*"If you think it's expensive to hire a professional to do the job,*
*wait until you hire an amateur."*
*(Altes britisches Sprichwort)*

Die Mitarbeiterentwicklung beginnt bei der Personalauswahl. Eine Führungskraft muss allerdings akzeptieren, dass nicht immer die richtigen und passenden Leute eingestellt werden. Theoretisch bestehen drei Möglichkeiten:

1. Die eingestellte Person passt und entwickelt sich und die Organisation weiter.
2. Die Führungskräfte sind mit der eingestellten Person zufrieden[181] und diese ist es auch, aber trotzdem bleibt die Sorge, dass weder die eingestellte Person noch die Organisation sich weiterentwickeln.
3. Man stellt ein- oder beidseitig fest, dass es nicht passt, und geht wieder getrennte Wege.

In der Praxis werden diese drei Fälle je nach Organisation unterschiedlich häufig auftreten. Um die Passgenauigkeit der zukünftigen Mitarbeiter zu erhöhen, kommt der Personalauswahl größte Bedeutung zu. Es gilt herauszufinden, ob der Bewerber:

- die gewünschten/geforderten fachlichen Voraussetzungen für die Stelle mitbringt
- bereit ist, auf Basis klar vereinbarter Rahmenbedingungen das zu tun, was zu tun ist, ohne auf weitere Anreize zu warten. Gesucht werden Mitarbeiter, für die „das Ergebnis ihrer Arbeit Bedeutung hat – und nicht die möglicherweise darauffolgende Belohnung. Die etwas tun, weil es ‚ihre Sache‘ ist. (Diese Einstellung zur Arbeit zu überprüfen ist – nebenbei bemerkt – die wichtigste Aufgabe der Personalauswahl-Verfahren)"[182]
- grundsätzlich zur Unternehmenskultur/Abteilungskultur/Teamkultur passen könnte oder ob es schwerwiegende Einwände gegen ihn gibt

Effektive Führungskräfte unterschätzen Rekrutierungsprozesse nicht. Sie wissen, wie schwierig es sein kann, passende Mitarbeiter zu finden und sie von der eigenen Organisation zu überzeugen. Rekrutierung ist nicht nur die Einstellung eines Bewerbers; es ist auch die erste Möglichkeit, die eigene Organisation passend zu vermarkten: „Das tun wir und darauf sind wir stolz." Zur Vorbereitung von Bewerbungsgesprächen findet sich eine Auflistung möglicher Fragen im Anhang 9.

## 7.2  Die richtigen Führungskräfte auswählen

Führungskräfte sind diejenigen, die die Unternehmenskultur am intensivsten beeinflussen. Der Auswahl von Führungskräften kommt daher eine entscheidende Bedeutung zu. Auch hier ist die Passgenauigkeit wichtig, überhaupt unterscheidet sich die Rekrutierung im Management nur unwesentlich von der Auswahl sonstiger Mitarbeiter. Bei einer angehenden Führungskraft geht es darum, herauszufinden, ob sie Anlagen zur Führung mitbringt oder ob diese entwickelt werden können. Führungskräfte, die den Beruf schon länger ausüben und sich auf eine neue Führungsposition bewerben, vorgeschlagen oder berufen werden, sind daraufhin zu prüfen, ob sie dem Anspruch der Organisation an eine wirksame Führungskraft

---

181  Die Festlegung, was man unter „Zufriedenheit" zu verstehen ist, hängt von der Stellenbeschreibung, von der Erwartungshaltung an die eingestellte Person, von der fachlichen und methodischen Kompetenz, den sozialen Fähigkeiten sowie von Situation und Kontext der Organisation ab.

182  Sprenger, Reinhard. Mythos Motivation. Wege aus einer Sackgasse. Frankfurt am Main, New York 2014. S. 126

entsprechen (das vorliegende Buch benennt einige Voraussetzungen, die abgefragt werden können).

In den unteren Führungsebenen reicht in der Regel das Instrumentarium klassischer Vorstellungsgespräche aus. Bereits ab den mittleren Führungsebenen empfiehlt es sich, die Rekrutierungs-Werkzeuge auszuweiten. Dabei sollten Auswahlverfahren gewählt werden, die sowohl zur Unternehmenskultur als auch zu den Anforderungen an die Stelle(n) passen. Folgende Fragen sollten das Bewerbungsgespräch ergänzen:

1. Hat der Kandidat in seinem Leben schon nachweislich Verantwortung übernommen?
2. Wie ist er mit schwierigen Situationen, mit sehr hohem Druck umgegangen? Zeigt sein Verhalten in solchen Situationen, dass er konstruktiv-positiv an Schwierigkeiten herangegangen ist?
3. Welchen schwierigen Menschen ist der Kandidat begegnet und wie hat er sie geführt, beeinflusst, mit ihnen kommuniziert etc.?
4. Kann er Risikosituationen schildern, die er erlebt und gemeistert hat?
5. Welche Einstellung hat er zu Geld? Welche zu Regeln und Leitplanken? Welche zu Fehlern? Akzeptiert der Kandidat, dass es Grenzen gibt (des Verdiensts, vorgegebene Gesetze, Regeln, Werte, Leitplanken) und kann er Fehler zugeben?
6. Gab es besondere Vorkommnisse in seinem Leben, die für oder gegen seinen Einsatz als Führungskraft sprechen?

Antworten auf diese Fragen findet man nicht nur im Vorstellungsgespräch heraus. Daher sind insbesondere bei Top-Führungspositionen auch weitere Auswahlinstrumente (z.B. ein gemeinsames Abendessen, passende Eignungstests) heranzuziehen. Wenn man davon überzeugt ist, dass eine Führungskraft als Vorbild (vgl. IV. 5.) die Unternehmenskultur wesentlich mitprägt, rechtfertigt das den dafür notwendigen Zeit- und Ressourcenaufwand. Sollten im Auswahlprozess Unsicherheiten oder Restzweifel bleiben, könnten Sie sich eine Frage stellen: Würde ich eine mir liebe Person (den Partner, die Kinder, enge Familienmitglieder, einen engen Freund etc.) dieser Führungskraft anvertrauen? Wenn Zweifel bleiben, ist es vielleicht besser, sich gegen den Kandidaten zu entscheiden, denn auch die Mitarbeiter sollten nicht eine Führungskraft akzeptieren müssen, die Sie Ihren Lieben nicht zumuten würden.

## 7.3 Einarbeitung

Neue Kollegen müssen sorgfältig eingearbeitet werden. Bei jedem neu eingestellten Mitarbeiter sollte das Ziel sein, dass er das Geschäftsmodell in seiner Gesamtheit versteht, wesentliche Handlungs- und Entscheidungsträger kennenlernt, Hintergründe nachvollziehen und den von ihm geforderten Beitrag sinnvoll einordnen kann. Auf Basis eines Einarbeitungsplans lernt er die wesentlichen Schlüsselpositionen des Unternehmens kennen. Einerseits zwingt das die betroffenen Abteilungen, sich verständlich für neue Mitarbeiter zu präsentieren. Andererseits fordert es den neuen Mitarbeiter, sich ebenfalls bewusst und von Anfang an einzubringen: „Ich sorge zukünftig dafür, dass ..." Der Einarbeitungsprozess legt den Grundstein für die zukünftige Mitarbeiterbindung. Führungskräfte sollten seine Wirkung deshalb nicht unterschätzen.

### 7.4 Entwicklungsstufen und Stärken

Nach Ablauf der Probezeit[183] empfehlen sich regelmäßige Mitarbeitergespräche (vgl. auch VIII. 5.4). Gemeint sind nicht inhaltliche Rücksprachen (vgl. VIII. 5.2), sondern mindestens halbjährlich stattfindende Gespräche, die der Standortbestimmung dienen. Dabei geht es darum, welche Ziele der Mitarbeiter erreicht hat und wie sich sein Potenzial entwickeln lässt. Diese Gespräche, die von den Mitarbeitern selbst vorbereitet werden sollten, dienen dazu, das Selbstbild des Mitarbeiters mit dem Fremdbild der Führungskraft abzugleichen: „Du siehst dich so und ich sehe dich so." Auf dieser Basis lassen sich Leistungsbereitschaft, Leistungsfähigkeit und Leistungsmöglichkeit beurteilen. Gegebenenfalls bietet es sich auch an, Mitarbeiter in sogenannten Entwicklungsstufen[184] (vgl. Abbildung 23) einzugruppieren und daraus entsprechende Maßnahmen abzuleiten.

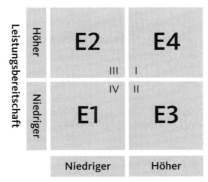

**Abbildung 23:** Entwicklungsstufen (weiterentwickelt nach der Grundlogik von Hersey/Blanchard)

Entwicklungsstufe 1 (Quadrant IV) bedeutet, dass der Mitarbeiter weder besonders leistungsfähig noch besonders leistungsbereit ist. Auf Entwicklungsstufe 4 (Quadrant I) treffen hingegen höchste Leistungsfähigkeit und -bereitschaft aufeinander. Es lässt sich darüber streiten, wie man die Entwicklungsstufen 2 bzw. 3 bewertet.

---

183  Hier empfiehlt sich ein 100- oder 180-Tage-Gespräch, in dem Mitarbeiter und Führungskraft gemeinsam die Einarbeitungszeit bewerten und Rückschlüsse ziehen, was gut bzw. weniger gut läuft. Und was unternommen werden muss, damit dem neuen Mitarbeiter ein vernünftiges Arbeiten ermöglicht wird. Nebenbei bieten solche Gespräche beste Anknüpfungspunkte für die weitere Personal- und Organisationsentwicklung.

184  Der Ansatz beruht auf der von Paul Hersey und Ken Blanchard entwickelten situativen Führung und dem dazugehörigen Reifegradmodell. Vgl. Hersey, Paul/Blanchard, Ken, Management of Organizational Behavior, New York 1982.

Bringt der Mitarbeiter die notwendigen Fähigkeiten mit, ruft aber nicht sein mögliches Leistungspotenzial ab, steht er auf der Entwicklungsstufe 3 (Quadrant II). Entwicklungsstufe 2 (Quadrant III) bedeutet, dass der Mitarbeiter eine sehr hohe Leistungsbereitschaft an den Tag legt, aber seine Leistungsfähigkeit noch Potenzial hat.

Diese Eingruppierung hilft dabei herauszufinden, wie man den Mitarbeiter individuell fördern und entwickeln muss bzw. welche Erkenntnisse sich aus einer Portfoliobetrachtung ableiten lassen. Je höher die Entwicklungsstufe eines Mitarbeiters ist, desto weniger bewusste, gezielte und strukturierte Intervention und Aufmerksamkeit der Führungskraft ist im Einzelfall notwendig. Der Mitarbeiter hat sich als „Selbstläufer" und „Selbstentwickler" entpuppt (das Ziel der Personalentwicklung ist erreicht). In allen anderen Fällen lässt sich aus der Eingruppierung erkennen, ob zum Beispiel a) ein strukturelles Defizit in der Entwicklung der Mitarbeiter vorliegt, b) die Personalentwicklung im Großen oder Ganzen funktioniert oder entsprechende Zwischenstufen zwischen a) und b) erreicht sind.

Die Eingruppierung in Entwicklungsstufen sollte allerdings nicht dazu dienen, den Mitarbeiter von vornherein auf ein Verhalten festzulegen (vgl. auch IX. 1.2). Vor allem sollte sie keinerlei Einfluss auf die Bezahlung (auch nicht auf variable Vergütungen) haben. Denn in einigen Fälle greift die Beurteilung der Leistungsfähigkeit und -bereitschaft zu kurz und die Führungskraft muss auch den Leistungsumfang mitberücksichtigen. Beispiel: Das Management ordnet einen Mitarbeiter in die Entwicklungsstufe drei ein. Seine Leistungsbereitschaft bewegt sich jedoch nur deshalb im unterdurchschnittlichen Bereich, weil der ihm übertragene Leistungsumfang zu groß ist.

Führungskräfte sollten natürlich auch die Stärken ihrer Mitarbeiter kennen. Hilfreich ist hierbei ein sogenanntes Stärkeprofil (vgl. Abbildung 24). Man kann davon ausgehen, dass jeder Mensch etwas sehr gut kann. Ob er die Sache, die er gut kann, auch gerne tut (Quadrant I) oder nicht (Quadrant II), ist für das Stärkeprofil nicht relevant. Wenn jemand etwas nicht kann und trotz (erheblicher) Anstrengungen auch nicht können wird, spielt es keine Rolle, ob die Person es trotzdem gerne tut (Quadrant III) oder nicht (Quadrant IV).

**Beispiel:** Einem Mitarbeiter gelingt es immer wieder, aus einem Wust an Daten Auswertungen zu generieren, die das Management als „sehr informativ" und als wertvolle Entscheidungsgrundlage würdigt. Im Vergleich zu seinen Kollegen benötigt er dafür deutlich weniger Zeit; gleichzeitig sieht er schnell die Korrelationen und Zusammenhänge und kann diese grafisch gelungen darstellen. Ob er diese Aufgabe gerne erledigt oder nicht, ist nicht entscheidend. Es scheint sich um eine Stärke des Mitarbeiters zu handeln. Der gleiche Mitarbeiter tut sich extrem schwer, diese erarbeiteten Ergebnisse dem Management persönlich und rhetorisch geschliffen zu präsentieren. Regelmäßig verdreht das Management-Board die Augen, wenn der Kollege die Präsentation beginnt, und hofft auf ein schnelles Ende. Trotzdem „liebt" der Mitarbeiter die persönliche Präsentation.

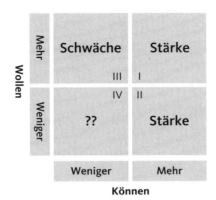

**Abbildung 24:** Stärken und Schwächen

## 7.5 Personalentwicklungskonferenz

Entwicklungsstufen und Stärkeprofile bilden die Grundlage von Personalentwicklungskonferenzen. Diese Konferenzen dienen dazu, dass mehrere Führungskräfte der gleichen Hierarchiestufe, die – wenn möglich – auch eng zusammenarbeiten, gemeinsam die Bewertungen kritisch prüfen und hinterfragen. Denn bei der Personalentwicklung sind willkürliche und voreilige Bewertungen **immer** strikt zu vermeiden. Natürlich hat jede Beurteilung einen subjektiven Charakter und soll ihn auch behalten. Wer aber seinen Kollegen als Menschen gerecht werden will, muss bestrebt sein, Willkür und einseitige Urteile von vornherein so weit wie möglich auszuschließen.

Die Personalentwicklungskonferenz diskutiert und entscheidet:

- was das Management gemeinsam mit dem Mitarbeiter in nächster Zeit für dessen Weiterentwicklung unternimmt. Bei klugem Timing können die Beschlüsse zeitnah Einfluss auf die halbjährlichen Mitarbeitergespräche nehmen. Dort kann die Führungskraft das Ergebnis offen kommunizieren und weitere Vorgehensschritte mit dem Mitarbeiter diskutieren und festlegen.
- für welche Laufbahn das Management den Mitarbeiter entwickeln bzw. fördern will: für eine Fach-, Projekt- oder Führungslaufbahn. Auch dieses Ergebnis ist selbstverständlicher Bestandteil des anschließenden Mitarbeitergesprächs.

## 7.6 Die Talent-Watch-Care-Liste

Das Top-Management **kann** solche Personalentwicklungskonferenzen dazu nutzen, Mitarbeiter nach ihrem Förderungsbedarf zu klassifizieren. Ziel und Zweck ist es, sich einen Überblick über das bestehende Personal-Portfolio zu verschaffen und zu eruieren, was genau strukturell oder individuell in Zukunft unternommen werden muss. Empfehlen kann man die regelmäßig gepflegte sogenannte Talent-Watch-Care-Liste (Tabelle 25).[185] Bei dieser Liste werden nur die Mitarbeiter identifiziert und berücksichtigt, die in eine der Kategorien passen.

| | Kategorie | Beschreibung | Diskussionsgegenstand / Festlegung |
|---|---|---|---|
| 1 | Talent | Mitarbeiter mit nachgewiesenen besonderen Stärken, die besonders gefördert werden müssen. | Das Management legt fest, wie es diesen Mitarbeiter fördern und entwickeln bzw. ihn in seiner Eigenentwicklung unterstützen will. |
| 2 | Watch | Mitarbeiter, der besonderer Aufmerksamkeit bedarf, weil bestimmte Sachverhalte festgestellt wurden. **Beispiele:** Leistungsstandard wird über einen längeren Zeitraum nicht erfüllt. Die bisherige Förderung zeigt kaum oder keine Wirkung. | Das Management beschließt Maßnahmen, um eine Veränderung der Situation herbeizuführen, und definiert einen Zeitrahmen. |
| 3 | Care | Mitarbeiter, der aufgrund seiner besonderen Stärken eine Tendenz zur Überbeanspruchung/-lastung und dadurch ein erhöhtes gesundheitliches und privates Risiko hat. | Das Management entscheidet, welche präventiven Maßnahmen diesem Mitarbeiter angeboten werden. |

**Tabelle 25:** Talent-Watch-Care-Liste

## 7.7 Personalentwicklungsmaßnahmen

In einem idealtypischen Personalentwicklungsprozess muss das Management zuletzt aus der Vielfalt an möglichen Fördermaßnahmen die für den Mitarbeiter passende(n) auswählen. Hier einige **Beispiele:**

- Weiterbildungen: Seminare, Fachtagungen, E-Learning, Lesen, Recherchieren
- Training-on-the-Job
- Job-Rotation, Job-Enlargement, Job-Enrichment
- Coaching, Mentoring, Paten
- Arbeitszeit, die zur Weiterentwicklung zur Verfügung gestellt wird

Führungskräfte sollten diese Maßnahmen intensiv begleiten. Sie können den Mitarbeiter darauf vorbereiten und die Ergebnisse gemeinsam mit ihm nachbereiten (Welche Schlussfolgerungen lassen sich nach der Maßnahme ziehen?).

---

185  Mir sind einige Unternehmen bekannt, die mit dieser Liste arbeiten. Wer das Konzept entwickelt hat, konnte ich nicht herausfinden.

## 8.  Fazit

Entwickeln ist wichtig und gut. Es sollte aber ein guter Zustand nicht durch einen schlechten und ein schlechter nicht durch einen noch schlechteren Zustand ersetzt werden.

Wer rastet, der rostet. Will man die schöpferische Zerstörung überleben, die unser Wirtschaftssystem kennzeichnet, bleibt nur, sich konsequent an veränderte Gegebenheiten anzupassen. Auf Management-Ebene heißt das: Das Geschäftsmodell (vgl. III. 2.), die Strategie (vgl. XII. 3.), die Gesamtorganisation (vgl. XII. 4.), die Kultur (vgl. XII. 6.) und die Mitarbeiter eines Unternehmens müssen sich weiterentwickeln bzw. entwickelt werden.

Dazu empfiehlt es sich, diese Themen in das Integrierte Managementsystem (vgl. IV. 7.2) und hier speziell in das Richtlinienmanagement zu integrieren – das sich ebenfalls weiterentwickeln muss. Das gewährleistet zwar nicht, dass die Organisation an ihrer Entwicklung arbeitet. Es schafft aber eine sinnvolle Rahmenbedingung.

Jede Entwicklung ist und bleibt nur gut, wenn sie sich weiterentwickelt. Daher ist es erforderlich, die Entwicklungsnotwendigkeiten immer wieder, das heißt regelmäßig, kritisch zu überprüfen: Setze ich auf die richtigen Instrumente? Berücksichtige ich alle Elemente? Sollte ich neue Entwicklungen anstoßen?

Das Top-Management muss jeden neuen Ansatz der Weiterentwicklung im Gesamtgefüge aller Aufgaben, Themen, Projekte usw. priorisieren. Denn ein Zuviel an gut gemeinten Entwicklungsmaßnahmen kann zu Ermüdung und Resignation führen. Letztlich wird das Unternehmen dann doch der Stagnation anheimfallen.

# XIII. Verändern

*„Lord, give me coffee to change the things I can change.*
*And wine to accept the things I can't."*
*(Autor unbekannt)*

Neben Umsetzen und Entwickeln gehört das Verändern zu den wesentlichen Managementaufgaben („Change Management"). Es rächt sich, dass in Betriebswirtschafts- und Managementlehre häufig saubere Definitionen fehlen. Denn: „Entwickeln" und „Verändern" werden nicht nur im Managementbereich, sondern auch alltagssprachlich oft gleichgesetzt. Eine Differenzierung der Begriffe ist auch gar nicht so einfach. Einen Versuch ist es trotzdem wert.

„Entwickeln" meint die evolutionäre Gestaltung und Lenkung einer Organisation und der zugehörigen Akteure, um die Lebensfähigkeit der Organisation sicherzustellen. „Verändern" meint hingegen die revolutionäre Steuerung. Die Differenz liegt „nur" im Buchstaben „r": revolutionär statt evolutionär. Aber im Kern ist genau hier der Unterschied zu suchen. Evolutionär meint die organische, sukzessive Weiterentwicklung unter Einbindung möglichst vieler Beteiligter und Betroffener. Revolutionär meint in der Regel, eine Organisation und deren Akteure radikal und in kürzester Zeit neu auszurichten; nicht selten gibt es dabei eine Reihe an Verlierern. Nicht immer handelt es sich um eine große Veränderung – häufig sind es kleine Änderungen, die gewaltige Kreise ziehen.

Man könnte die These vertreten: Veränderungsprozesse sind überflüssig, wenn das Management wirksam umsetzt und konsequent weiterentwickelt. Ein paar Beispiele verdeutlichen, wann Veränderungsprozesse trotzdem notwendig sind und warum es meist nicht die großen Veränderungen (wie z.B. Sanierungen, Mergers & Acquisitions etc.) sind, um die es im Managementalltag geht. Die Beispiele überraschen in einem Punkt: Man erwartet große Themen wie „Kulturwandel Richtung Agilität", „Post-Merger-Integration", usw. Auch wenn solche und ähnliche Themen vorkommen, spiegelt der Führungsalltag oftmals „einfachere", augenscheinlich leichter zu lösende Sachverhalte wider. Ich empfehle, seine Hausaufgaben an dieser Stelle zu machen. Sie sind das beste Lernfeld für größere Veränderungen, für das, was man landläufig wirklich unter Veränderungen versteht.

> **Beispiel 1:** Der Vertrieb hat seit zwei Jahren intensiv an einem lukrativen Verkaufsprojekt in einem Auslandsmarkt gearbeitet und steht kurz vor dem Abschluss. Die Einbindung der Verantwortlichen von Zoll, Export und Außenhandel findet erst kurz vor Vertragsabschluss statt; diese legen aufgrund rechtlicher Bedenken ihr Veto gegen das Projekt ein.

**Beispiel 2:** Ein Produktionsunternehmen benötigt zur Absackung spezielle Bigbags, die nur von wenigen Herstellern verkauft und geliefert werden. Trotz unternehmensinterner Vorgabe einer Zwei-Lieferanten-Strategie beschränkt sich der Einkauf bei den Bigbags auf einen einzigen Lieferanten. Kurzfristig meldet dieser Lieferschwierigkeiten an und die vorrätigen Bigbags reichen nur noch für zwei Tage. Das Unternehmen hat einigen Kunden aber bereits zugesagt zu liefern.

**Beispiel 3:** In einem Einzelhandelsgeschäft werden sich ein Kunde und der betreuende Mitarbeiter bei einer Reklamation nicht einig. Eine Diskussion hat sich entsponnen und der Kunde hat unzufrieden das Geschäft verlassen. Die Führungskraft erfährt im Nachgang von diesem Vorfall. Es stellt sich heraus, dass der Mitarbeiter den Kunden nicht ordnungsgemäß bedient hat.

## 1. Gründe für Stagnation

Fast alle Menschen tun sich schwer mit Veränderungen und manchmal auch mit (Weiter-)Entwicklungen. Es gibt oberflächliche Gründe, warum das so ist. Und psychologische Erklärungsansätze, wann Veränderungen erfolgreich verlaufen.

Vielleicht haben Sie eine der folgenden Aussagen schon einmal so oder so ähnlich gehört:

*   „Nennen Sie mir einen Grund, warum ich mein Verhalten ändern sollte: Ich bin doch erfolgreich."
*   „Wir haben das in der Vergangenheit immer so gemacht. Und die Geschäftsführung war und ist damit einverstanden. Warum sollten wir also etwas ändern?"
*   „Das, was Sie da vorschlagen, klingt schlüssig, aber verursacht doch letztlich mehr Aufwand bzw. bedeutet, dass wir uns umstellen müssen. Warum sollten wir das machen? Es funktioniert doch jetzt auch."
*   „Das, was Sie da vorschlagen, haben wir vor Jahren schon mal ausprobiert. Das funktioniert nicht. Kümmern Sie sich lieber um XYZ, da liegt viel mehr im Argen und sollte geändert werden."
*   „Natürlich haben Sie recht, wir sollten das ändern – schnellstmöglich. Aber Sie glauben doch nicht ernsthaft, dass wir das unter den jetzigen Rahmenbedingungen hinkriegen? Ich will Sie ja nicht demotivieren, aber ..."

Es sind unterschiedliche Motive und Beweggründe, die zu Stagnation führen. Sie lassen sich auf folgende Phänomene zurückführen:

1. Die betroffenen Mitarbeiter, Teams oder Organisationen hatten über einen längeren Zeitraum hinweg **Erfolg** und wurden mehrfach oder immer in ihrer Vorgehens- und Handlungsweise bestätigt.
2. Im Laufe der Zeit hat sich ein bestimmtes Handeln herauskristallisiert und wird aus Gewohnheit beibehalten. Es kommt gar nicht zu einem Hinterfragen des Handelns; schon Ansätze kritischen Überdenkens werden im Keim erstickt.
3. Neues wird als Zumutung, als Befremdliches, als Nicht-Notwendiges, als **Irritierendes**, als Schreckliches, als Was-auch-immer-nur-wir-brauchen-es-nicht wahrgenommen und eingestuft.
4. Irgendwie hat sich alles eingespielt und alle sind zufrieden mit dem Status quo (**Gewohnheit**). Alles, was die Sache oder den Zustand aus dem Lot bringen könnte, wird als unangenehm empfunden, gemäß dem Motto: „Das war so und das soll so bleiben. Lassen Sie das ...“
5. Es gibt eine ganze Reihe an weiteren Erklärungsansätzen, wieso es zur Stagnation oder Veränderungsresistenz kommt. Auch **innere Widerstände, Ängste und Emotionen**, gleich welcher Art, können eine Rolle spielen.

## 2. Die Veränderungskurve

Fast alle Veränderungsprozesse folgen demselben Muster – unabhängig von Alter, Geschlecht, Rasse, Religionszugehörigkeit, Beruf und weiteren Unterscheidungsmerkmalen der Betroffenen. Es gibt Unterschiede, WIE dieses Muster sich bei der Einzelperson zeigt, aber das Muster selbst lässt sich immer wiedererkennen, unabhängig davon, ob es sich um eine willkommene oder unwillkommene Veränderung handelt. Es manifestiert sich in der sogenannten Veränderungskurve (vgl. Abbildung 25). Was sich bei erfolgreichen Veränderungen als letztlich anders herausstellt, ist die sogenannte wahrgenommene Kompetenz. Dabei handelt es sich um die Kompetenz, von der man glaubt, sie bei sich selbst oder anderen wahrzunehmen. Sie kann sich durchaus von der tatsächlichen Kompetenz unterscheiden. Es gibt beispielsweise inkompetente Menschen, die bei anderen höchste Anerkennung und Wertschätzung genießen. Und gleichzeitig gibt es hochkompetente Menschen, die nur von einer Minderheit in ihren Fähigkeiten anerkannt und wertgeschätzt werden. So bitter das ist: Die wahrgenommene Kompetenz zählt häufig mehr als die tatsächliche. Gleichzeitig beurteilen wir über die wahrgenommene Kompetenz, ob wir uns oder anderen eine Veränderung zutrauen.

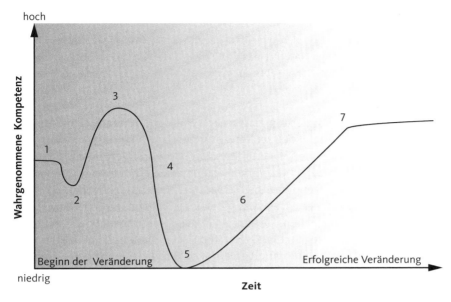

**Abbildung 25:** Typischer Verlauf einer Veränderung[186]

**Beispiel:** Ich fasse einen Vorsatz zum neuen Jahr. Zum Zeitpunkt der (bewussten) Entscheidung (1) nehme ich meine Kompetenz auf einem normalen Ausgangsniveau wahr. Der Vorsatz bedeutet eine minimale oder größere Veränderung, je nach Inhalt und Qualität. Es kann sein (2), dass ich beim ersten Ausprobieren bzw. Durchleben der Veränderung kurzzeitig den Eindruck habe, ich hätte mir zu viel vorgenommen. Aber ich will ja nicht gleich hinschmeißen und schenke deshalb dem Vorsatz erhöhte Aufmerksamkeit oder bin besonders diszipliniert. Und für einen kürzeren oder auch längeren Moment gewinne ich das Gefühl (3): Das ist doch leicht, das schaffe ich mit links und wieso habe ich nicht schon viel früher damit angefangen? Ich verstehe gar nicht, wieso sich andere mit Vorsätzen so schwertun, und bin euphorisch. Nur leider holt die Realität (4) mich ein. Als so leicht stellt sich die Veränderung doch nicht heraus. Und tatsächlich wird alles sogar noch schlimmer. Je mehr ich den Vorsatz verfolge, je mehr Aufmerksamkeit und Disziplin ich dem Vorsatz schenke: Meine wahrgenommene Kompetenz sinkt auf einen Tiefpunkt (5). Ganz schön schwierig, diese Veränderung, das hätte ich nicht gedacht.

Genau an den Punkten 4 und 5 entscheidet es sich: Gelingt die Veränderung oder gelingt sie nicht? Meine Erfahrung hat gezeigt: Veränderungen können nur gelingen, wenn Betroffene die Erfahrungen der Realität (4) und des Tiefpunkts (5) im Inneren zulassen, akzeptieren und trotzdem der gewünschten/erforderlichen/tatsächlichen Veränderung treu bleiben. Zurück zum Beispiel.

---

186    Der Ursprungsautor ist mir nicht bekannt; vermutlich geht das Modell auf Kurt Lewin zurück.

> Ich setze meinen Vorsatz dennoch in die Tat um, weil sich in Stufe 6 und 7 Geduld und Disziplin durchsetzen. Und sich in meinem neuen Verhalten auch eine wahrnehmbare (!) neue Kompetenz zeigt. Natürlich ist es toll, wenn diese Kompetenz auch von Dritten wahrgenommen wird; es könnte aber auch ausreichen, wenn ich meine eigene Kompetenz als verändert wahrnehme.

Die Ausschläge der Veränderungskurve nach oben und unten (Überkompetenz/ Nullkompetenz) wie auch nach rechts (zeitliche Dauer) können von Mensch zu Mensch deutlich abweichen. Es gibt Menschen, die mit den meisten Veränderungen unkompliziert zurechtkommen – sie müssen einmal verstanden haben, worum es geht, dann akzeptieren sie die Veränderung und leben danach. Andere wiederum tun sich mit der Akzeptanz schwer, auch wenn sie den Wandel x-mal besprochen und erprobt haben. Sie können die Veränderung nicht als „neue Kompetenz" in ihr Leben integrieren. Es gibt auch Fälle, in denen ansonsten veränderungswillige Menschen plötzlich große Schwierigkeiten mit einer einzelnen Veränderung haben, die anderen wiederum leichtfällt. Oder ein veränderungsunwilliger Mensch zeigt bei einer speziellen Veränderung auf einmal, dass es auch unkompliziert gehen kann. Kurz: Jeder Mensch reagiert in qualitativer Ausprägung und zeitlicher Dauer innerhalb der Veränderungskurve unterschiedlich.

Diejenigen, die bewusst ins „Tal der Tränen", bis zum Tiefpunkt, hinabgleiten, erleben auch den Schmerz bzw. die Notwendigkeit der Veränderung. Es kann natürlich passieren, dass die Veränderung dann trotzdem nicht stattfindet. Aber: Je mehr ein Mensch bereit ist, sich diesem Tiefpunkt zu nähern, desto höher wird die Wahrscheinlichkeit für eine tatsächliche Änderung.

Es gibt Veränderungen, die ohne Rückschläge und Rückschritte auskommen. Aber: Rückschläge und Rückschritte sind normal und manchmal auch notwendig. Jede Führungskraft sollte das akzeptieren.

> **Beispiel:** Ein Baby fängt an zu laufen. Wie oft fällt es wieder auf den Boden? Wie oft weint es, bevor es die Veränderung (das Laufen) verinnerlicht hat? Das kann sich bis weit ins Kleinkindalter fortsetzen, auch wenn Erwachsene den Kopf schütteln und sinngemäß äußern: „Da waren wir schon mal weiter."

Alle Phasen der Veränderungskurve sind mit Emotionen verbunden, aber in Phase 3 und 5 nimmt der Betroffene sie besonders wahr. Die Emotionen können aberwitzig und höchst irrational sein; sie können auch in keinerlei Hinsicht zum Veränderungsprozess passen. Beispiele sind Ängste, Panikattacken, Aggressionen, Resignation, Wut, passiver oder aktiver Widerstand, Zynismus usw. Viele Führungskräfte tun sich schwer damit, solche Emotionen wahrzunehmen und damit umzugehen.

Führungskräfte, insbesondere im obersten Management, haben sich mit Veränderungsnotwendigkeiten bereits lange auseinandergesetzt, wenn ihre Mitarbeiter das erste Mal davon erfahren. Diesen zeitlichen Vorsprung muss man sich deutlich vor Augen halten: Manager haben die Veränderung bereits antizipiert, durchdacht, eine Position dazu eingenommen usw. Jeder Kollege, der sich erstmals damit auseinandersetzt, beginnt dort, wo die Führungskraft begonnen hat. Stellen Sie sich vor, Sie sind selbst zwischen Phase 6 und 7 der Veränderungskurve und der Kollege befindet sich gerade bei Phase 2.

## 3. Veränderungen managen

Die Veränderungskurve gibt keine fertigen Antworten für wirksame Führungsarbeit. Es lassen sich aber einige Konsequenzen ableiten.

Die wichtigste Ableitung ist, dass Veränderungen Zeit und Raum brauchen. Das klingt banal, ist aber für einen wirksamen Veränderungsprozess entscheidend. Da es bei Veränderungen relativ viele Kritiker, ungeduldige Gesellschafter und Investoren gibt, bleibt nur die Möglichkeit, es mit einem **Beispiel** eindrücklich klar zu machen.

> Für eine dringend notwendige Herz-Operation bringt ein Patient eindeutig zu viele Kilos auf die Waage. Die operierenden Ärzte sind sich des Risikos sehr bewusst und drängen den Patienten, zügig abzunehmen, um die Operation durchführen zu können. Nur selbst bei einer Nulldiät verlieren die meisten Menschen nicht mehr als 1-2 kg pro Woche an Gewicht. Müssten 20 kg abgenommen werden, braucht es also ca. 10-20 Wochen Zeit …

Wenn Sie dieses Beispiel nicht überzeugt: Die meisten Veränderungsprozesse, die übers Knie gebrochen werden, die mit brachialer Gewalt und mit schonungsloser Härte durchgeführt werden, können augenscheinlich und kurzfristig zwar Erfolg versprechen; in der Regel scheitern sie aber mittel- bis langfristig kläglich und das zu einem hohen Preis. Ausnahmen bestätigen die Regel.

Veränderungsprozesse verlaufen individuell. Es kann vorkommen, dass ein Team den Wandel in kurzer Zeit mitträgt und aktiv gestaltet. Und trotzdem kann ein Kollege dabei sein, dem es sehr schwerfällt, mit dem Veränderungstempo und der -intensität Schritt zu halten. Das ist normal. Sprüche wie „Stell dich nicht so an", „Jetzt komm schon, die anderen haben es schließlich auch geschafft" usw. mögen gut und nett gemeint sein, sie unterstützen den Betroffenen aber nicht dabei, die Intensität und das Tempo der Veränderung zu akzeptieren.

Führungskräfte müssen den Wandel vorleben. Wenn sie ihn initiieren, ohne selbst voranzuschreiten, können sie nicht erwarten, dass ihre Mitarbeiter die Veränderung effektiv umsetzen. Letztlich bedeutet das: Auch Führungskräfte dürfen sich eingestehen, dass sie in einem Veränderungsprozess stecken und Zeit brauchen, bis sie das Neue verinnerlicht haben. Hin und wieder offen zuzugeben, dass man mit den Kollegen im selben Boot sitzt, macht im Übrigen glaubwürdig und schafft Vertrauen. Was aber kein Freifahrtschein sein sollte, die Veränderung als solche in Misskredit zu bringen (zu keinem Zeitpunkt!).

Darüber hinaus ist sich die Fachliteratur einig: Kommunikation gehört bei Veränderungen zu den Erfolgsfaktoren par excellence. Es geht darum, die Veränderungsprozesse immer wieder aktiv anzusprechen, die Mitarbeiter abzuholen und einzubinden, Mut zuzusprechen, erste Erfolgserlebnisse zu teilen und den Prozess aktiv zu begleiten. Auch wenn Sie sich selbst nicht mehr über die Veränderung reden hören können: Sie sind immer noch gefordert, den Wandel zu erklären, ihn einzufordern und seine Umsetzung zu unterstützen.

Dazu gehört auch die klare Kommunikation der Erwartungen und – wenn sinnvoll! – der Zielbilder. Allerdings wirken Zielbilder auf viele Menschen verschreckend und überfordernd, vor allem wenn sie keine oder zu wenig Erfahrung mit Veränderungen gesammelt haben. Dann sollte die Führungskraft eher die Politik der kleinen Schritte verfolgen. Viele Führungskräfte werden zustimmen: Man kann selbst bei klarster Kommunikation der Erwartungen und Zielbilder nicht davon ausgehen, dass diese auch angekommen sind. Es empfiehlt sich daher, immer einen Quercheck zu machen. „Können wir das bitte nochmals zusammenfassen?" „Was nehmen Sie jetzt aus dieser Sitzung mit?" „Was konkret haben Sie verstanden?" „Darf ich Sie bitten, hierzu ein kleines Protokoll zu verfassen?"

Meist weiß das Management nicht, wie viele Mitarbeiter (in Prozent) eine Veränderung unterstützen. Förderer, Skeptiker und Ablehner/Widerständler von Veränderungen spalten die Belegschaft in drei Teile auf. Wie groß die jeweiligen Gruppierungen sind, hängt von der Veränderung ab und davon, wie viele Mitarbeiter betroffen sind. Gerade größere Veränderungen, die auch Konsequenzen für den Einzelnen nach sich ziehen, zeigen häufig einen geringen Anteil an Förderern. Führungskräfte sollten per se den Anspruch haben, Veränderungen weder inhaltlich noch methodisch abzulehnen – außer es gibt dafür stichhaltige Gründe. Zu Recht wird von ihnen erwartet, dass sie mit gutem Beispiel vorangehen und die Veränderung mitgestalten und unterstützen. Nicht immer ist das in der Praxis aber der Fall. Unabhängig davon gilt für erfolgreiche Veränderungen: Es braucht eine Handvoll an Unterstützern und Förderern (inkl. Entscheidern und Umsetzern), die an die Veränderung glauben und sie aktiv Realität werden lassen. Die Aufmerksamkeit des Top-Managements sollte zu ca. 90 Prozent dieser Gruppe gelten. Die Begründung dafür ist einfach: Die Förderer und Umsetzer der Veränderung sind es, die die zweitwichtigste Gruppierung, die Skeptiker, überzeugen und auf ihre Seite ziehen können. Die dritte Gruppierung, die Ablehner/Widerständler mit ihrer klaren Absage, sollten hingegen wenig Aufmerksamkeit erhalten. Genau in solchen

Konsequenzen beweist sich, ob das Top-Management seine Haltung zur Veränderung ernst meint oder die Veränderung nur halbherzig mitträgt nach dem Motto: „Wasch mich, aber mach mich nicht nass."

Die dritte Gruppierung hat es verdient, privatissime gehört zu werden. Je nach Veränderung kann es angebracht sein, diese Gruppe im Vorfeld zu befragen. Möglicherweise kommen berechtigte Einwände, sinnvolle Anregungen, gute Hinweise, wie man es anders/effektiver/besser machen kann. Schließlich kann das Management nicht alle Aspekte immer und jederzeit im Blick haben. Hierfür und nur hierfür ist es wichtig, auch die Gegenseite zu hören. Wenn die Entscheidung zur Veränderung gefallen ist und die Einwände, Anregungen und Hinweise sinnvoll integriert wurden, sollte das Management sich aber nicht mehr beirren lassen und standfest seine Zeit, Nerven und Geduld in die Umsetzung der Veränderung stecken. Und nicht in die Arbeit an und mit dem Widerstand, die nur unnötige Kräfte bindet. Vielmehr sollten viele kleine Schritte den Erfolg der Veränderung zeigen und die Veränderung erleb- und gestaltbar für die Beteiligten machen. Die besten zwei Tipps für den Umgang mit Gegnern von Veränderungen:

a) Binden Sie sie konsequent als Verantwortliche in den Veränderungsprozess ein.
b) Fordern Sie konkrete Lösungsvorschläge und Gegenentwürfe und ignorieren Sie Sätze wie „Keine Ahnung, wie wir das machen sollen".

Gelingen Veränderungen nicht in dem Tempo, das Führungskräfte anvisiert haben, verlieren nicht wenige die Geduld. Manchmal kann das berechtigt sein, in vielen Fällen verschlingen Veränderungen einfach ein Mehrfaches an Zeit. Umso wichtiger sind möglichst realistische Zeitpläne: Bis wann können wir tatsächlich unser Veränderungsziel erreichen und was müssen wir alles dabei berücksichtigen? In der Praxis sind die meisten Pläne zu ambitiös und unrealistisch: Man rechnet nicht mit Verzögerungen, unvorhersehbaren Sachverhalten oder Auswirkungen. Führungskräfte sollten daher von mindestens der doppelten, besser drei- bis vierfachen Zeitdauer ausgehen, wenn ihnen Projektpläne für Veränderungen vorgelegt werden.

Es gibt Situationen, in den extreme Veränderungen notwendig werden. Beispiele sind Sanierungen, gravierende Kurswechsel und eine drohende Insolvenz. Vieles von dem, was bis hierher geschrieben wurde, trifft auch in solchen Situationen zu und kann getrost empfohlen werden. Es gibt aber auch Beispiele, in denen anderes Führungsverhalten angesagt sein kann: radikaler, rigoroser, robuster – was konstruktives und höfliches Vorgehen nicht ausschließt. Solche Extremsituationen müssen individuell und kontextbezogen bewertet werden. Erst dann lässt sich das weitere Vorgehen ableiten. Deshalb kann es keine Essenz geben, worauf man in diesen speziellen Situationen achten muss.

## 4. Fazit

Das Veränderungsmanagement ist in der Führung im Grunde die Königsdisziplin. Es muss möglichst viele Menschen in einem Veränderungsprozess mitnehmen. Die psychologischen Musterabläufe erleichtern und erschweren dabei das Vorgehen. Letztlich zeigt sich aber genau hier, ob Führungskräfte die Kraft, Disziplin und Ausdauer besitzen, sich und ihre Mannschaft in die gewünschte Richtung zu entwickeln.

# XIV. Kontrolle, Controlling und Konsequenzen

Kontrolle ist eine Kernaufgabe des Managements. Es geht nicht darum, ob man kontrolliert, sondern wie man es macht. Für eine wirksame Kontrolle steht dem Manager das reichhaltig entwickelte Instrumentarium des Controllings zur Verfügung, das auf Kennzahlen, betriebswirtschaftlichen Auswertungen und Bilanzen basiert. Kontrolle und Controlling werden häufig miteinander vermischt. Zu Recht, denn es gibt große Gemeinsamkeiten und Übereinstimmungen zwischen beiden. Das **Controlling ist ursprünglich eine Steuerungs-, keine Kontrollfunktion; beides gehört jedoch zusammen: Eine Steuerung ohne Kontrolle, eine wirksame Kontrolle ohne Konsequenzen ist nicht möglich**.

Meist koordiniert das Management die Aktivitäten des Controllings in einer Abteilung und dockt diese nahe der finanziellen Führung an.[187] Aber Vorsicht: Das Controlling ist eine unterstützende Funktion und entbindet den Manager nicht von seiner originären Aufgabe, die Unternehmensentwicklung zu kontrollieren und die notwendigen Konsequenzen zu ziehen. Es hängt immer unmittelbar vom Geschäftsmodell, der Strategie und dem operativen Umsetzen ab. Deshalb gibt es Controlling-Systeme, die sich stark unterscheiden, auch wenn die Kennzahlen ähnlich oder gleich sind.

Manager sollten präzise darauf achten, was jemand mit Controlling, mit einer spezifischen Kennzahl oder einem speziellen Wert XYZ meint. Mit diesen Begriffen muss nicht zwingend das Gleiche gemeint sein.

> **Beispiel:** Cashflow. Je nach Auslegungshorizont meint der Cashflow den Saldo zwischen der Summe aller Einzahlungen minus aller Auszahlungen (= direkte Methode) oder den Saldo aus dem Jahresüberschuss plus den Aufwendungen, die keine Auszahlungen sind, minus den Erträgen, die keine Einzahlungen sind, plus den Einzahlungen, die keine Erträge sind, minus den Auszahlungen, die keine Aufwendungen sind (= indirekte Methode) (vgl. dazu auch Anhang 6.).

Je nach Verantwortungsbereich und -grad eines Managers kann er mit unterschiedlich vielen Kontroll- und Controllingsystemen in Berührung kommen.

---

187 Zur Erinnerung: Kernaufgaben des Controllings sind: Bereitstellung von transparenten Informationen und Daten für Planung, Auswertung, Kontrolle und Steuerung einzelner Unternehmensbereiche sowie der Gesamtorganisation. Gewährleistung von Kostentransparenz auf Basis von Kostenstellen-, Kostenarten-, Kostenträgerrechnung, Vor- und Nachkalkulation und Wirtschaftlichkeitsrechnungen. Vor- und Nachbereitung sowie Begleitung von Investitionstätigkeiten.

Ein kurzer Überblick (ohne Anspruch auf Vollständigkeit):

- Liquiditätscontrolling auf Basis der Liquiditätsplanung (vgl. V. 1.7)
- Planungen und Hochrechnungen mit unterschiedlichen Zeithorizonten (Langfristplanung, Mittelfristplanung, operative Planung, Tages-, Wochen- und Monatsplanung (vgl. XIV. 2.)
- Investitionscontrolling (vgl. V. 3.4)
- Anlagencontrolling (gemeint sind hier die Anlagen des Anlagevermögens einer Organisation, nicht Geld- oder Wertanlagen)
- Beteiligungscontrolling
- Währungsmanagement (vgl. V. 1.8)
- Aufgabencontrolling (vgl. X. 1.)
- Projektcontrolling
- Strategiecontrolling
- Funktionscontrolling, zum Beispiel Vertriebs-, IT-, Personal-, Einkaufscontrolling usw.

## 1. Kontrolle muss sein

Kontrolle **im engen Sinne** wird häufig als Gegenteil von Vertrauen verstanden. Man denke nur an das bekannte Sprichwort: „Vertrauen ist gut. Kontrolle ist besser." Für effektives Managen braucht es dagegen eine Balance zwischen Vertrauen und Kontrolle: Wo immer möglich, sollte Vertrauen die Basis des partnerschaftlichen Miteinanders bilden (vgl. IX. 3.2). Doch Manager müssen – wollen sie ihrer Verantwortung gerecht werden – Kontrolle als eine ihrer Kernaufgaben akzeptieren und sie sinnvoll, nachvollziehbar, wirtschaftlich und nicht bevormundend umsetzen. Dazu gibt es eine Reihe unterschiedlichster Möglichkeiten und Ansätze, die je nach Kontext und Situation sinnvoll und richtig sein können. Hier einige Maßnahmen, mit denen das Management seiner Kontrollfunktion gerecht wird:

- Prüfung von Aufgabenlisten (vgl. X. 1.)
- technisch-organisatorische Maßnahmen, zum Beispiel Berechtigungskonzepte, eindeutige Abläufe und Prozesse, (Teil-)Automatisierungen (die Kontrolle erst gar nicht notwendig machen)
- Stichprobenkontrolle, ob Dinge korrekt umgesetzt wurden (**Beispiel:** Man nimmt sich drei beliebige Spesenabrechnungen heraus und prüft diese auf inhaltlich korrekte Abrechnung)
- Vier-Augen-Prinzip (immer dann erforderlich, wenn es um die Compliance geht)
- Monitoring- und Controllingsysteme, die in Echtzeit Informationen für Entscheidungen zur Verfügung stellen
- Präventiv-Kontrollen, Trockenübungen (z.B. Probealarm zur Evakuierung eines Gebäudes)

- interne/externe Audits, Revision zur Unterstützung, aber nie als Ersatz von Kontrolle. Gerade diese Form der Kontrolle bietet die Chance, ein ungeschminktes Fremdbild zu erhalten und daraus entsprechende Konsequenzen abzuleiten

## 2. Controlling braucht Planung

*„Planung ersetzt Zufall durch Irrtum."*
*(N.N.)*

Ein wesentlicher Aufgabenbereich des Controllings ist die Planung. Planungen nehmen ein Ergebnis nicht vorweg, sondern spiegeln ein gewünschtes zukünftiges Ergebnis, von dem man ausgeht, dass es eintritt. Nur wenn das Management weiß, was es erreichen will, weiß es auch, was es warum kontrollieren (und steuern) soll. Man kann unterscheiden zwischen:

1. Langfristplanung (mit einem Horizont von > 5 Jahren)
2. Mittelfristplanung (mit einem Horizont von > 1 < 5 Jahren)
3. operativer Planung (mit einem Horizont von > 1 Monat < 1 Jahr)
4. Tages-[188], Wochen- und Monatsplanung

Alle vier Planungen braucht man, damit die Funktionsbereiche gut zusammenarbeiten (vgl. XI. 1.). Sie werden auch gebraucht, um Entwicklungsprozesse überhaupt zu ermöglichen und anzustoßen.

> **Beispiel:** Wenn bekannt ist, dass in ca. 5 Jahren eine neue Technologie in der Produktion eingesetzt werden soll, muss das Management das für die Investitions- und Liquiditätsplanung berücksichtigen. Gleichzeitig ist – möglicherweise – ein Personalentwicklungsprozess zu starten, um rechtzeitig Mitarbeiter an Ort und Stelle zu haben, die mit dieser Technologie vertraut sind.

Selbstverständlich müssen die Planungen zu Situation, Kontext und Organisation passen.

> **Beispiel:** Ein kleiner Handwerksbetrieb kann sich möglicherweise mit einer groben Planung auf wenigen Seiten Papier zufriedengeben, während ein größeres Unternehmen dazu einen ausgefeilten Prozess benötigt.

Planung ist keine Prognose und auch keine exakte Voraussage. Sie bietet eine Orientierungshilfe gerade in volatilen, ungewissen, komplexen und dynamischen Zeiten. Denn wirksame Planung kann entstehen, wenn die Verantwortungsträger gemeinsam am Tisch sitzen und miteinander diskutieren: über Prämissen, über

---

188   Zum Beispiel Reihenfolgeplanung.

Daten, über Zusammenhänge und über ein ganzheitliches Bild. Genau das muss in den Köpfen entstehen. Wie wollen wir die Strategie konkret umsetzen? Wie stellen wir sicher, dass ...? Was dürfen wir nicht vergessen? Woran müssen wir noch denken? Operative Planung schreibt nicht einfach das heutige Geschäft fort. Stattdessen geht es darum, die zukünftige Dynamik zu antizipieren und das rechtzeitige Entwickeln (vgl. XII.) von Optionen, Ansätzen und Menschen sowie die Umsetzung notwendiger Investitionen sicherzustellen.

Dazu eignet sich der rollierende Ansatz, der möglichst viele Funktionen einbezieht. Rollierend meint, dass der Prozess der Planung nicht einmalig erfolgt, sondern kontinuierlich, am besten unterstützt durch ein ERP-System. Wenn man das organisatorisch klug löst, bleibt der administrative Mehraufwand gering und der Informationsgewinn schafft einen deutlichen Mehrwert für Management und operativ Ausführende. Es braucht aber viel Hirnschmalz in der kontinuierlichen Konzeption und eine knochenharte Umsetzung, um solch ein ERP-System zum Funktionieren zu bringen.

Planung ist nicht mit dem Ergebnis als solchem identisch. Nur: Wer keine Planung macht, kann auch nicht abschätzen, welche Konsequenzen daraus abzuleiten sind. Beispiele: (1) Welche Finanzressourcen brauchen wir? (2) Welche Personalressourcen in welcher Quantität und Qualität benötigen wir? (3) Müssen wir gegebenenfalls Vorbereitungen treffen und wenn ja, welche? (4) Welche übergreifenden Maßnahmen müssen wir anpacken?

Aus meiner Erfahrung heraus noch ein paar Anmerkungen:

Zu einer Planung gehören selbstverständlich konkrete Zahlen, Daten und Fakten darüber, was kapazitätsseitig überhaupt möglich ist.

> **Beispiel 1:** Man hat einen Maschinenpark und kennt bis dato X Varianten, es wären bei anderer Konfiguration oder anderem Zusammenspiel aber auch Y Varianten möglich. **Beispiel 2:** Bis dato hat man die Mitarbeiter für den Vertrieb eingesetzt, es wäre aber auch möglich, sie im anwendungstechnischen Bereich einzusetzen.

Planung soll dem Management dabei helfen, auszuloten, welche Denkvarianten realistisch umgesetzt werden können.

Daneben müssen dem Management auch Zahlen zu Ausführung und Freigabe vorliegen.

> **Beispiel 1:** Wie viel Output kann man bei der Produktionsvariante X (bei realistischer Instandhaltung) erwarten? **Beispiel 2:** Wie viele Qualitätssicherungsprozesse und -freigaben sind bei diesem Output vorzunehmen?

Je nach Organisationstyp bilden bestimmte Funktionen das Herzstück der Planung. Die anderen Funktionen leiten ihre Planungen dann daraus ab. In einem typischen Handelsbetrieb sind das beispielsweise die Funktionen Verkauf, Einkauf, Logistik, Finanzen und Personal. In der praktischen Umsetzung sollten solche Kernfunktionen den Planungsprozess koordinieren und ein Steuerungsgremium dafür die Verantwortung tragen.

## 3. Umgang mit Kennzahlen

Controlling wird häufig mit **Kennzahlen** in Verbindung gebracht. Das sind Zahlen, „die quantitativ messbare Sachverhalte in aussagekräftiger, komprimierter Form wiedergeben".[189] Sie können absolut oder relativ auftreten. Beispiele für Kennzahlen: (1) Eigenkapital = 1.000.000 Euro (absolute Kennzahl) und (2) Eigenkapitalquote = 30 Prozent (relative Kennzahl als Quotient aus Eigenkapital geteilt durch Gesamtkapital in Prozent). Sie dokumentieren und informieren über Analyseergebnisse und helfen (nicht nur) Führungskräften in der Kontrolle und Steuerung organisationaler Vorgänge. Gerade in den Funktionsbereichen (vgl. XI.) dienen Kennzahlen häufig als Grundlage für zukünftige Entscheidungen.

Unter **Kennzahlensystemen** versteht man Kombinationen mehrerer Kennzahlen. Die bekanntesten Kennzahlensysteme sind zum einen der ROI-Baum von DuPont De Nemours and Company, USA (kurz DuPont, vgl. V. 3.4 bzw. Abbildung 9) sowie zum anderen das ZVEI-Kennzahlensystem.[190] Ein Kennzahlensystem ist ein System, „das alle für die Unternehmenssteuerung wesentlichen Kenngrößen enthält".[191] Lukas Rieder führt dazu aus: Dies ist „kaum zu leisten, denn Unternehmensführung lässt sich nicht alleine auf die finanzielle Dimension verkürzen und viele Kennzahlen sind nur in bestimmten Branchen oder in bestimmten organisatorischen oder prozeduralen Konstellationen sinnvoll einsetzbar".[192] Deshalb sollten Schlüsselgrößen ins Spiel kommen und Kennzahlen darin verortet werden (vgl. XIV. 4.).

## 3.1 BWAs und Bilanzen

Die bekannteste Form der Kennzahlendarstellung ist die Betriebswirtschaftliche Auswertung (kurz: BWA). Die BWA ist ein Bericht, der betriebswirtschaftliche Kennzahlen und die Ertragslage einer Organisation monatlich darstellt. Verbreitet ist die BWA hauptsächlich in KMU; ihre Systematik wird aber auch in größeren Organisationen und Großkonzernen angewendet.

---

189   Wöhe, Günter/Röring, Ulrich, Einführung in die Allgemeine Betriebswirtschaftslehre, München 2016, S. 201.
190   Branchenneutrales Kennzahlensystem, entwickelt vom Zentralverband der Elektrotechnik- und Elektronikindustrie, das auf die Eigenkapitalrentabilität als Schlussgröße abzielt.
191   Rieder, Lukas, Praxis-Handbuch Controller-Leitfaden – Das Standardwerk für wirksames Controlling und eine effektive Controller-Tätigkeit, Zürich 2010, S. 419.
192   Ebd. S. 419

Die Arbeit mit BWAs und Kennzahlen ist im Allgemeinen sinnvoll und wichtig. Sie hat aber auch Grenzen und Nachteile, die das Controlling sich vor Augen führen sollte:

1. Kennzahlen sind immer vergangenheitsorientiert. Sie spiegeln also wider, was in der Vergangenheit wie gelaufen ist. Im schlechtesten Fall wird die Kennzahl sogar nur stichtagsbezogen erhoben und verfälscht damit die Daten- und Faktenlage.
2. Besonders bei BWAs ist daher darauf zu achten, dass Bestandsveränderungen und Abschreibungen regelmäßig, nicht nur einmal zum Ende des Wirtschaftsjahres, berücksichtigt und Kosten möglichst gleichmäßig (**Beispiel:** Versicherungskosten) verteilt werden. Nur so entsteht ein realistisches Bild des organisationalen Handelns.
3. Kennzahlen liefern eine verdichtete quantitative Aussage. Die qualitativen Hintergründe, insbesondere, warum sich eine Kennzahl wie entwickelt hat, bleiben im Dunkeln. Wenn sie doch enthalten sind, hat das oft nur wenig Aussagekraft. Das heißt, die Kennzahl kann nur ein Indikator – eigentlich Spätindikator! – sein. Sie erfordert fast immer, nochmals genauer hinzuschauen und sich ein detailliertes Bild zu verschaffen.
4. Kennzahlen können zu suboptimalen Entscheidungen und Ergebnissen führen, wenn man sich einseitig an ihnen ausrichtet. Ein optimaler Wert X bedeutet noch lange nicht genauso optimale Werte Y und Z. **Beispiel:** Ein hoher Umsatz bedeutet nicht zwangsläufig auch einen hohen Deckungsbeitrag.

Diese Kritikpunkte lassen sich zum Teil auch auf die Arbeit mit Bilanzen übertragen. Eine Bilanz (aus Sicht der Betriebswirtschaftslehre) ist eine systematische Aufstellung von Bruttovermögen, Schulden und Nettovermögen (= Bruttovermögen minus Schulden) in Kontoform, die zum Ende eines Wirtschaftsjahres vorgenommen wird. Sie zeigt summarisch, woher die Mittel einer Organisation kommen (= Passiva) und wie sie verwendet wurden (= Aktiva).[193]

Eine Bilanz ermöglicht als Stichtagsbetrachtung einen ersten Einblick in die Vermögens-, Ertrags- und Liquiditätslage. Bewusst vor Augen halten sollte man sich, dass erhebliche bilanzpolitische und auch unternehmenspolitische Möglichkeiten[194] existieren, um diese Informationen im eigenen Sinne darzustellen und damit ein wahrhaftiges Bild unmöglich zu machen oder zumindest zu erschweren. Trotzdem: Eine Bilanz wird immer notwendig sein. Spätestens nach einem Wirt-

---

193    Die Bilanzgliederung ist in der Regel gesetzlich vorgeschrieben. Vgl. § 266 HGB (Deutschland), § 224 UGB (Österreich) oder Art. 959a OR (Schweiz). Die deutsche Bilanzgliederung findet man in Anhang 7.

194    Die Rede ist von legalen Möglichkeiten. Ein Beispiel dazu: Eine große Unternehmensgruppe weigert sich jedes Jahr, ihren Lieferanten zum Jahresende offene Rechnungen zu bezahlen. Aufgrund der soliden, eigenkapitalstarken Ausgangslage werden zwar kurzfristig die Verbindlichkeiten (deutlich) höher, aber auch die finanzielle Lage verbessert sich deutlich. Dem Bilanzleser wird vorgegaukelt, dass eine sehr gute Liquiditätslage vorliegt.

schaftsjahr haben unterschiedliche Stakeholder ein berechtigtes Interesse daran, die Vermögens-, Ertrags- und Liquiditätslage einer Organisation einzuschätzen.

> **Beispiel:** Finanzbehörden wollen Gewinn versteuert wissen; Kapitalanleger wollen die ihnen zustehende Rendite nachvollziehbar errechnen können usw.

Letztlich scheitern Kennzahlen, Kennzahlensysteme und Bilanzen aber an einer entscheidenden Frage: Geben sie uns eine realistische Einschätzung über die Zukunftsaussichten der Organisation? Ist die Organisation kerngesund oder konnte durch verschiedenste Maßnahmen ein perfektes Bild vorgegaukelt werden? Daran ändert auch der Lagebericht nichts, selbst wenn er erste Indikationen in Richtung Gegenwart und Zukunft enthalten sollte.

Bleibt zum Schluss noch zu sagen, dass alles, was in einer Bilanz abgebildet wird, lediglich finanzielle Werte sind. Ob diese Werte auch wirklich etwas wert sind, bleibt trotz aller Bemühungen um Objektivität stark abhängig von den Bewertern. Ein Wert kann auch wertlos sein, obwohl er eine positive Kennzahl oder eine Bilanzzahl ausdrückt. Wenn niemand bereit ist, im Verkaufsfall etwas dafür zu bezahlen, dann ist dieser Wert gleich null.

## 3.2 Handlungsempfehlungen

Im praktischen Umgang vor allem mit Kennzahlen sind einige Regeln zu beachten. Sonst ist die Gefahr groß, dass das Management – aufgrund leichtfertiger Zahlengläubigkeit – eine falsche Ausgangslage identifiziert und deshalb falsche Handlungsschlüsse zieht. Um genau dies zu verhindern, haben sich folgende acht Handlungsempfehlungen in der Praxis bewährt:

**Empfehlung 1**: Kennzahlen müssen zum jeweiligen Geschäftsmodell passen und nach ihrer Relevanz ausgewählt werden. Denn nicht die Branche, sondern die Struktur bestimmt darüber, mit welchem Kontext, welchen Voraussetzungen und Gegebenheiten sich ein Unternehmen beschäftigen muss. Die PIMS-Forschung zeigt, „dass nicht die Ähnlichkeiten der Branche ergebnisentscheidend sind, sondern die Ähnlichkeiten der strukturellen Konfigurationen".[195] Wenn Kennzahlen diese Struktur nicht berücksichtigen, sind sie nicht relevant. Präziser formuliert: Es gibt gewisse Kennzahlen, die allgemeingültig und losgelöst vom Geschäftsmodell anzuwenden sind. Bestimmte Kennzahlen sind aber unternehmensindividuell und passen nur zu bestimmten strukturellen Voraussetzungen bzw. Geschäftsmodellen.

> **Beispiel:** Die Kennzahl Anlagenintensität ($\frac{Anlagevermögen}{Gesamtvermögen}$ %) wird bei einem (kapitalintensiven) Produktionsunternehmen sinnvoll zur Steuerung der Schlüsselgröße Produktivität sein. In einem Handelsunternehmen bietet sich diese Kennzahl nicht an.

---

195    Malik, Fredmund, Strategie – Navigieren in der Komplexität der neuen Welt, Frankfurt am Main 2013, S. 192.

Hier wäre beispielsweise die Kennzahl Verkaufsflächenumsatz ($\frac{Umsatz}{Verkaufsfläche}$ Euro/m²) relevant.

**Empfehlung 2**: Ohne richtige Datenerhebung erhält man keine richtigen Kennzahlen. Ausgangsdaten, Berechnungen und Einheiten sollten immer wieder kritisch überprüft werden. Es gibt Führungskräfte, die Zahlen, Kennzahlen, Grafiken, statistische Auswertungen usw. ablehnen, weil sie Zweifel an der (methodischen) Datenerhebung haben. Voraussetzung für akzeptierte Kennzahlen ist daher, dass Rechnungswesen und Controlling gut funktionieren und methodisch sauber arbeiten. Unabhängig davon prüfen erfahrene Führungskräfte kritisch sowohl die Ausgangsdaten und die Berechnungsvorgänge als auch die Einheiten der jeweiligen Kennzahlen.

**Empfehlung 3**: Kennzahlen müssen der richtigen Organisationsebene (der Organisation als Ganzes oder einer einzelnen Organisationseinheit) zugeordnet werden. Nur dann werden sie auch passend interpretiert und ernst genommen.

Beispielsweise werden die Kennzahl Angebotserfolg ($\frac{erhaltene\ Aufträge}{abgegebene\ Angebote}$ %) im Vertrieb sowie Lagerreichweite ($\frac{\varnothing\ Lagerbestand}{\varnothing\ Bedarf\ je\ Tag}$ Tage) in der Logistik bzw. im Lager eine (relevante) Rolle spielen. Dagegen werden beide Kennzahlen in einem Kennzahlencockpit für die Unternehmensführung vermutlich eine eher untergeordnete Rolle einnehmen.

**Empfehlung 4**: Kennzahlen sollten Vergleiche und Differenzen ausweisen. Eine absolute Kennzahl ist zwingend, um die relative Kennzahl zu ergänzen. Absolute und relative Zahl bilden nur gemeinsam eine erste Informationsbasis und Interpretationsgrundlage. Denn die der Kennzahl zugrunde liegende Information kommt erst dann zur Geltung, wenn ein Vergleich oder eine Differenz möglich ist. „Was womit verglichen wird, hängt vom Einzelfall ab und muss bezogen auf diesen festgelegt werden. Im Wesentlichen sind es aber immer Vergleiche zu Vorperioden, zu Ergebnissen, zu vergleichbaren anderen Unternehmensteilen, zu Benchmarks sowie zu anderen Budgetpositionen."[196]

**Beispiel:** Das Management erhält die Information, dass beim Kunden A auf Basis eines Umsatzes von 10.000 Euro ein Deckungsbeitrag (nach Abzug aller Kosten) von 2.000 Euro entstanden ist. Bei dem Kunden B ist auf Basis eines Umsatzes von 8.000 Euro ebenfalls ein Deckungsbeitrag (nach Abzug aller Kosten) in Höhe von 2.000 Euro entstanden. Der relative Deckungsbeitrag von Kunde A beträgt 20 Prozent, der von Kunde B 25 Prozent. Die absoluten Zahlen allein hätten einen „Gleichstand" beim Deckungsbeitrag suggerieren können; die relativen Zahlen generieren einen Informationsmehrwert.

---

196    Malik, Fredmund, Führen Leisten Leben – Wirksames Management für eine neue Welt, Frankfurt am Main 2019, S. 344.

**Empfehlung 5**: Quantitative Kennzahlen können immer nur quantitative Informationen wiedergeben. Sie werden erst durch den Kontext bzw. die richtige Interpretation zu einer qualitativen Aussage und dadurch bedeutsam oder verständlich. Manager sollten den Kontext daher in die Bewertung der Zahlen einfließen lassen.

> **Beispiel:** Der Vertrieb generierte im Jahr eins einen Umsatz von netto 1.000.000 Euro. Im Jahr zwei wurden Produkte mit einem Umsatz von 900.000 Euro vertrieben. Relativ hat der Vertrieb also im Jahr zwei 10 Prozent weniger Umsatz generiert. Es macht nun einen gewichtigen Unterschied, ob die konjunkturelle Situation in den Jahren eins und zwei annähernd vergleichbar oder deutlich unterschiedlich war. Sollte beispielsweise in Jahr zwei die Konjunktur massiv eingebrochen sein (vgl. Weltfinanz- und -wirtschaftskrise im Jahr 2008/2009), dann wäre eine Vertriebsleistung von 900.000 Euro möglicherweise als herausragende Leistung zu interpretieren. In Normalzeiten wäre es dagegen notwendig, die Vertriebsleistung zu hinterfragen.

**Empfehlung 6**: Bei bestimmten Kennzahlen ist nicht die Präzision der Information entscheidend, sondern welches Muster oder welche Richtung die Zahlen bzw. das System und seine Variablen andeuten. Viele Kennzahlen lassen sich vollständig und detailliert erfassen. Das Management interessiert sich jedoch nicht für diese Details, sondern für die Muster und Systemzusammenhänge. Frederic Vester bezeichnet diese Art des Denkens als „fuzzy logic" (Fuzzylogik oder Unschärfelogik)[197] und ist der Ansicht, dass wenige Ordnungsparameter, grobe Details, einige Schlüsselkomponenten und die Vernetzung dieser Komponenten ausreichen, um ein System bzw. die Logik hinter diesem System zu erkennen.[198]

> **Beispiel** einer Kennzahl, bei der die oben genannten Sachverhalte zutreffen, ist der relative Marktanteil. Diese Kennzahl ist in der Regel ohne Kenntnis der entsprechenden Wettbewerberzahlen nicht präzise zu ermitteln. Häufig verwendet man zur Berechnung Zahlenwerke der jeweiligen Verbände,[199] die jedoch meist mit großer zeitlicher Verzögerung zur Verfügung stehen und daher vor allem bei Monats- und Quartalsberichten nur schlecht berücksichtigt werden können. Behelfsweise bedient man sich in der Praxis der Vorjahreszahlen und geht von gleichbleibenden Werten aus. Dies stimmt zwar nicht mit der Realität überein; da sich die Marktanteile in der Regel aber nicht drastisch verschieben, erhält man zumindest ein annähernd „richtiges" Bild. Selbstverständlich müssen zur sauberen Dokumentation und insbesondere für Strate-

---

197 Die Theorie geht ursprünglich auf den Informatiker Lotfi Zadeh zurück.
198 Vgl. Vester, Frederic, Die Kunst vernetzt zu denken – Ideen und Werkzeuge für einen neuen Umgang mit Komplexität, München 2002, S. 53–61. Frederic Vester wendet sich im Übrigen gegen die häufig verwendete Methode der Hochrechnung bzw. Extrapolation. Er hält sie „für eine Prognose des Verhaltens komplexer Systeme völlig ungeeignet" (Ebd. S. 61). Eine daran orientierte Planung führt seiner Meinung nach zu schwerwiegenden Fehlentwicklungen.
199 Zum Beispiel Gesamtverband der deutschen Versicherungswirtschaft, Verband der Automobilindustrie, Hauptverband der deutschen Bauindustrie, Verband der chemischen Industrie, Zentralverband Elektrotechnik- und Elektronikindustrie usw.

giezwecke in gewissen Zeitabständen die Zahlenwerke allerdings sauber nachrecherchiert und angepasst werden.

**Empfehlung 7**: Kennzahlen „erhalten erst dann ihre volle Aussagekraft, wenn das Was um das Warum und das Wie ergänzt wird. Mit anderen Worten, die ... Kennzahlen werden erst dann zu führungsrelevanten Informationen, wenn sie entsprechend ausgewählt, zusammengestellt, verglichen und ausgewertet werden."[200] Entscheidend ist aber nicht nur die Erhebung und richtige Interpretation, sondern vor allem die anschließende Steuerung/Konsequenz. In der Regel erfordert schon die Datenerhebung (in den meisten Organisationen Betriebsdatenerfassung genannt) eine organisatorische Verankerung, die nicht überall gelingt.[201] Noch schwieriger ist es, die Umsetzung in der Organisation zu verankern: Jeder Interpretation einer (wesentlichen) Kennzahl sollten Taten folgen, also konkret eine Aktion, eine Aufgabe usw. Nehmen Manager diese Empfehlung ernst, werden sie für die Führung ihrer Organisation möglichst wenige Kennzahlen erheben. Eine solche Beschränkung verhindert zudem eine Überschüttung mit Informationen. Eine Reihe an psychologischen Experimenten zeigt, dass mehr Informationen nicht zwingend mehr Handlungsmöglichkeiten eröffnen, da unser Gehirn selektiv mit der großen Anzahl an Daten und Reizen umgeht.[202]

**Beispiel:** Der Unternehmensführung liegt die Kennzahl Fehlzeitenquote ($\frac{Fehltage}{Sollarbeitstage}$) vor.[203] Zuerst einmal muss sie nun überprüfen, ob sich die Kennzahl im Zeitverlauf positiv oder negativ entwickelt hat. Dann muss sie die Gründe für die Entwicklung abklären. Im Anschluss sind die Konsequenzen zu bestimmen: Welche direkten und indirekten Maßnahmen können/müssen die Fehlzeitenquote positiv verändern oder sie zumindest stabil halten?

**Empfehlung 8**: Das Kennzahlenkonzept ist in einem zu definierenden Rhythmus zu überarbeiten bzw. anzupassen. Sonst besteht die Gefahr, dass Kennzahlen für die Steuerung irrelevant werden. Ein regelmäßiger Austausch zwischen Management und Controlling stellt sicher, dass die erforderlichen Aufgaben erledigt werden und die Informationsanforderungen des Managements und die Datenerhebung des Controllings nicht auseinanderklaffen.

---

200    Siegwart, Hans, Kennzahlen für die Unternehmensführung, Bern 2002.

201    Vgl. Rieder, Lukas, Praxis-Handbuch Controller-Leitfaden – Das Standardwerk für wirksames Controlling und eine effektive Controller-Tätigkeit, Zürich 2010, S. 814 f. Hauptgrund vor allem in Produktionsbetrieben ist die nicht immer einfache technische Umsetzung bzw. manchmal auch die Unwirtschaftlichkeit einer Messstation, da der Nutzen nicht in Relation zu den anfallenden Investitionskosten steht.

202    Vgl. dazu auch die Ausführungen in VI. 1 f. Ein perfektes Beispiel ist das Experiment namens „The Monkey Business Illusion", vgl. https://www.youtube.com/watch?v=IGQmdoK_ZfY, letzter Aufruf 18.07.2019.

203    Die Ursache für Fehlzeiten können sein: Krankheit, Urlaub, Streik, Weiterbildungen usw.

## 4.  Schlüsselgrößen für das Top-Management

Es gibt eine Langzeitstudie, genannt PIMS (Profit Impact of Market Strategies), die Antworten liefert, welche Faktoren ausschlaggebend sind für den strategischen Erfolg eines Unternehmens, gemessen am ROI. Sie wurde 1960 bei General Electric initiiert, lange Zeit von der Harvard University begleitet und wird heute noch von London aus weitergeführt. Das Programm umfasst inzwischen mehr als 4.000 Unternehmenseinheiten aus allen möglichen Ländern der Erde. „Eine der wichtigsten Erkenntnisse ist, dass ca. 60 bis 70 Prozent des Erfolgs eines Geschäftes, gemessen am Return on Investment, auf rund ein Dutzend Einflussfaktoren zurückgeführt werden können. ... Eine günstige Konstellation dieser Faktoren macht ein Unternehmen strategisch so robust, dass Schwächen auf anderen Gebieten verkraftet werden können. Umgekehrt können Schwächen in einem oder mehreren dieser Schlüsselfaktoren auch durch noch so viele andere Stärken und durch noch so gutes operatives Management nicht kompensiert werden."[204] Die genannten Erfolgsfaktoren werden in Abbildung 26 mit ihrem Einfluss auf das Erfolgspotenzial, gemessen am ROI, dargestellt.

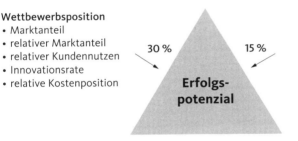

**Strukturfaktoren erklären einen
Großteil der Unterschiede im Erfolg von Unternehmen**

**Wettbewerbsposition**
- Marktanteil
- relativer Marktanteil
- relativer Kundennutzen
- Innovationsrate
- relative Kostenposition

30 %

**Erfolgs-
potenzial**

15 %

**Marktattraktivität**
- Marktwachstum
- Marktkonzetration
- Kundenverhandlungsmacht
- Kundenkonzentration
- Marketingintensität

↑ 30 %

**Kapital- und Kostenstruktur**
- Investmentintensität
- Kapitalbildung im Anlagevermögen
- Produktivität
- Kapazitätsauslastung
- Vertikale Integration

**Abbildung 26:** Einflussfaktoren nach PIMS auf den ROI (Quelle: PIMS-Datenbank)[205]

Da die PIMS-Einflussfaktoren vor allem für Nicht-Finanzleute nicht leicht verdaulich sind, schlug Peter Drucker ein einfacheres System vor, mit dem jede Führungskraft bewerten und beurteilen kann, ob ihre Organisation im gesunden Bereich

204    Malik, Fredmund, Management – Das A und O des Handwerks, Frankfurt am Main 2013, S. 215.
205    Ebd. S. 217.

agiert.[206] Fredmund Malik schlug darauf aufbauend das erste Schlüsselgrößensystem vor. Er beschreibt es als „die echte Balanced Scorecard".[207] Sein System umfasst sechs Schlüsselgrößen, die Liquidität, Profitabilität und Rentabilität enthalten, geht aber weit darüber hinaus. So werden auch die im General-Management-Teil (vgl. III.) angesprochenen Bereiche Lebensfähigkeit, Kundennutzen, Wettbewerbsfähigkeit sowie Produktivität berücksichtigt. „Nur wenn man sie gemeinsam und über einen längeren Zeitraum kennt, kann man ein Urteil über den Zustand eines Unternehmens treffen – dann aber präzise und zuverlässig."[208] Dabei können die Schlüsselgrößen sowohl quantitative als auch qualitative Aussagen sein. Dem System kann man einzelne (absolute oder relative) Kennzahlen zuordnen, es aber auch sinnvoll um qualitative Dimensionen erweitern, zum Beispiel um (1) Herausforderungen des familiengeführten Unternehmens oder (2) Gesellschafterleitplanken. Abbildung 27 zeigt die Schlüsselgrößen im Wechselspiel.

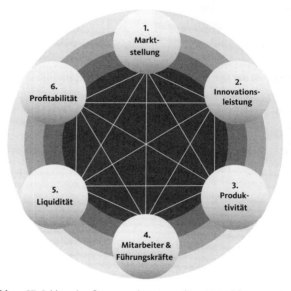

**Abbildung 27:** Schlüsselgrößen gesunder Unternehmen in Anlehnung an F. Malik

Der Vorteil des Schlüsselgrößenmodells besteht in seiner grundsätzlichen Offenheit gegenüber den Inhalten. Das heißt, je nach Geschäftsmodell lässt es sich unterschiedlich befüllen. Im Folgenden ein paar Anregungen, wie Führungskräfte das Modell sinnvoll anlegen können:

---

206 Vgl. Drucker, Peter Ferdinand, Management – Das Standardwerk komplett überarbeitet und erweitert, Band 1, Frankfurt am Main 2009, S. 166 ff.

207 Malik, Fredmund, Management – Das A und O des Handwerks, Frankfurt am Main 2013, S. 186. „Balanced Scorecard" bedeutet: ausgewogener Berichtsbogen.

208 Ebd. S. 186. Fredmund Malik spricht an anderer Stelle von der „Central Performance Control", kurz CPC.

1. Wo immer möglich sollten sie differenzieren: nach Märkten, Regionen, Produkten, Dienstleistungen.
2. Sie sollten klar festlegen, was mit einer Kennzahl gemeint ist und was diese ausdrücken soll.
3. Die gewählten Kennzahlen sollten in Echtzeit dargestellt werden. Zu stark rückwärtsgewandte Inhalte liefern gegebenenfalls eine falsche Entscheidungsbasis. Das ist im Übrigen kein Widerspruch dazu, dass alle Daten eine (vergangenheitsorientierte) Rückverfolgbarkeit gewährleisten sollten. In manchen Organisationen ist das sogar gesetzlich vorgeschrieben bzw. den Qualitätsanforderungen entsprechend notwendig.
4. Führungskräfte sollten definieren, ob eine Kennzahl absolut oder relativ ist, und im Zweifelsfall beide Informationen aufnehmen.
5. Wo immer möglich werden Zeitreihen mit angegeben, damit das Management die Entwicklung der Kennzahlen einschätzen kann.
6. Dazu gehört auch die Angabe: Wer kann zu der Kennzahl wirksam Auskunft geben?
7. Und was absolut wichtig ist: Wer trägt Verantwortung für die Schlüsselgröße bzw. die Kennzahl? Wer entscheidet über die Konsequenzen und setzt sie um?

| | Schlüssel-grösse | Beispielhafte Kennzahlen |
|---|---|---|
| 1 | Marktstellung | Einschätzung S-Kurve, Marktanteile, Marktwachstum, Ist-Absatz, Plan-Absatz, Ist-Umsatz, Plan-Umsatz, Ergebnisse der Kundennutzenanalysen, Reklamationen, Preisnachlassquote, Stornoquote |
| 2 | Innovations-leistung | Ist-Absatz neue Produkte, Plan-Absatz neue Produkte, Ist-Umsatz neue Produkte, Plan-Umsatz neue Produkte, Entwicklungszeiten |
| 3 | Produktivität | Kosten pro Bereich, Kosten pro Produkt (COGS), Kapitalbindung, Kreditoren-laufzeiten, Qualitätsabweichungen (Ausschuss), Sicherheitsbestände, Lieferqualität, Lieferzeit (OTIF), Lagerdauer, Lagerreichweite, Energieverbrauch, Kapazitätsauslastung, 3PL-Kosten[209] |
| 4 | Mitarbeiter & Führungs-kräfte | Anzahl Initiativbewerbungen, Zielerreichungsquoten, Fluktuationsquote, Krankenstands-, Fehlzeiten- und Überstundenquote |
| 5 | Liquidität | Ein- und Auszahlungen gemäß Liquiditätsplan; Liquiditätsgrad I, II und III; Schuldentilgungsdauer; Übersicht liquider Mittel; Forderungs- bzw. Außenstandsquote, Abschreibungsquote |
| 6 | Profitabilität | ROI, Eigenkapitalrentabilität, Fremdkapitalrentabilität, Gesamtkapitalrentabilität, Umsatzrentabilität |

**Tabelle 26:** Beispielhafte Kennzahlen für Schlüsselgrößen

Es empfiehlt sich, spezifisch für die eigene Organisation zu überlegen, welche Kennzahlen und qualitativen Kriterien die einzelnen Schlüsselgrößen ausmachen.

---

209   3PL-Kosten sind Kosten an Third Party Logistic Provider, also firmenexterne Logistikdienstleister.

Gleichzeitig sollte das Management einen Normbereich definieren, anhand dessen es bewerten kann, ob sich die jeweilige Schlüsselgröße überdurchschnittlich, normal oder unterdurchschnittlich entwickelt. In der Praxis hat sich eine Rot-Gelb-Grün-Klassifizierung als hilfreich erwiesen. So sieht man auf einen Blick, wo Handlungsbedarf seitens des Top-Managements besteht. Eine Idee, wie man hier vorgehen kann, liefert Tabelle 27.

| Schlüssel-größe | Kennzahl | Normbereich | Ist (Stand: 30.09.20XX) | Bewertung |
|---|---|---|---|---|
| 1 | Reklamations-quote | < 20 Reklamationen p.a. | 21 Reklamationen | Höher, leicht kritisch |
| | Absatzvolumen | ~ 10.000 Stück p.a. | 7.768 Stück bis dato | Leicht über Erwartung |
| | Absatzpotential | ~ 2.500 Stück per Quartal | 1.650 Stück per Quartal | Deutlich unter Erwartung |

**Tabelle 27:** Beispiel Bewertung Schlüsselgröße (Auszug)

Das Entscheidende an einem solchen Vorgehen ist die Entwicklung, Diskussion und Festlegung der Inhalte und Normbereiche durch das Management. Was kann und muss die Organisation erreichen? Was kann sie sich leisten? Was nicht? Was verstehen wir genau unter der Kennzahl? Was wollen wir nicht quantifizieren oder qualifizieren und warum?

Wenn es sinnvoll erscheint, kann das Management die Ist- und Normwerte mit anderen Organisationen vergleichen (wird häufig als Benchmark bezeichnet). Wie sinnvoll das tatsächlich ist, kann nur geschäftsmodell- und situationsabhängig entschieden werden.[210]

## 5. Konsequenzen

Stellt das Management bei einer Kontrolle fest, dass alles passt, ist die Konsequenz eine kurze Rückmeldung: Weiter so! Stellt es Mängel und Fehlentwicklungen fest, müssen aus den Kontrollergebnissen situativ passende Konsequenzen gezogen werden. Ansonsten bleibt das Management zahnlos und es entwickelt sich eine Kultur der Nachlässigkeit. Betroffene Mitarbeiter agieren dann schnell in der Gewissheit: „Passiert ja eh nichts." Wer als Manager am Gegenteil interessiert ist, wird einen breiten Fundus an Konsequenzen entwickeln und ihn nutzen. Ein paar Beispiele für Konsequenzen:

---

210  **Beispiel:** Man erfährt, dass die Umsatzrentabilität im deutschen Mittelstand (bei 300.000 verglichenen Unternehmen) im Median 7,4 Prozent beträgt (Quelle: Diagnose Mittelstand 2018 des Deutschen Sparkassen und Giroverbandes, S. 6). Ist die Umsatzrentabilität der eigenen Organisation unter oder über diesem Wert, MUSS das nichts über die Gesundheit der Organisation aussagen. Es ist im Einzelfall zu entscheiden, ob dieser Vergleichsmaßstab in der Bewertung einen Mehrwert bringt oder eher zur Verunsicherung oder Verwirrung beiträgt.

1. Information/Kommunikation mit dem jeweiligen Partner über die Erkenntnisse und die daraus abzuleitenden Maßnahmen
2. organisatorische oder technische Maßnahmen
3. Schulung und Training
4. Hinzuziehen externer Beratung und Unterstützung
5. Kooperation mit Behörden und Aufsichtsorganen
6. personelle Konsequenzen (Hinweis, Ermahnung, Kritikgespräch, Entzug von Rechten, Versetzung, Abmahnung, Beurlaubung, Kündigung usw.)
7. Interne Aufarbeitung und geeignete Kommunikation nach innen, gegebenenfalls nach außen

Kurzum: Ein Management, das nicht bereit ist, Konsequenzen zu ziehen, wird nicht nur seiner originären Verantwortung nicht gerecht. Es gefährdet auch das Vertrauen der Mitarbeiter in das Management und höhlt den inneren Zusammenhalt der Organisation aus.

# XV. Externe Berater und Sachverständige

In einer Organisation kann es immer wieder zu Situationen kommen, in denen es sinnvoll ist, Berater oder Sachverständige an Bord zu nehmen. Die Motive dafür sind unterschiedlich. Unterschiedlich ist auch, inwieweit der Einsatz dieser externen Begleiter gerechtfertigt ist. Schauen wir uns zuerst einmal die mögliche Bandbreite an Beratern und Sachverständigen an. Es gibt:

- gesetzlich geforderte Berater bzw. Sachverständige, zum Beispiel Wirtschaftsprüfer
- faktisch notwendige Berater bzw. Sachverständige, zum Beispiel Steuerberater, externe Auditoren für Zertifizierungen
- je nach Einsatzgebiet oder Situation/Kontext erforderliche Berater bzw. Sachverständige, von Spezialthemen bis zur Unterstützung im Insolvenzfall

Manche von ihnen unterstützen das Unternehmen vor allem methodisch, andere inhaltlich und Dritte sind im IT-Bereich angesiedelt. Ihr Einsatz ist unter folgenden Voraussetzungen sinnvoll:

- Es gibt eine sachliche Notwendigkeit.
- Intern fehlt die notwendige Kompetenz.
- Die interne Kompetenz ist vorhanden, aber die Kapazitäten reichen nicht aus, um Geschäftsvorfälle, Projekte usw. effektiv zu steuern.

Darüber hinaus braucht es immer eine Rechtfertigung, warum externe Begleiter eingesetzt werden sollen. Sie muss dem Urteil eines unabhängigen Dritten standhalten. Einmal, weil externe Begleiter meistens deutlich teurer sind als eine interne Ressource. Zum anderen, weil externe Begleiter immer die Selbstorganisation eines Unternehmens durcheinanderwirbeln. Das kann ein gewünschter Effekt sein; es kann eine Organisation aber auch nachhaltig negativ beeinflussen. Anders formuliert: Berater oder Sachverständige kommen und gehen. Die Organisation bleibt mit dem zurück, was als Konzept, Vorstellung oder in Projekten erarbeitet wurde. Wenn eine Organisation das Konzept, die Vorstellungen oder umgesetzten Projekte innerlich ablehnt, wird sich mit der Zeit wieder das alte Muster durchsetzen oder zumindest ein eigenes neues Muster herausbilden. Externe Begleiter sind ein von der Gesamtorganisation nicht gewollter Eingriff in einen funktionierenden Organismus. Auch wenn der Organismus bereits dysfunktional ist, arbeitet oder erscheint, wird eine Organisation in den seltensten Fällen externe Begleiter aus vollster Überzeugung wertschätzen und annehmen.

Manager sollten Tragweite, Konsequenzen und mögliche Nebenwirkungen des Einsatzes externer Berater und Sachverständiger kennen. Ihre Aufgabe liegt darin, die Erwartungen an die externen Begleiter klar und eindeutig zu formulieren und schriftlich festzuhalten. Eine saubere Auftragsklärung erhöht die Wahrscheinlichkeit, dass aus dem Einsatz der Berater bzw. Sachverständigen die gewünschten Ergebnisse resultieren.

In der Regel übernehmen Berater keine Verantwortung für die Umsetzung, Sachverständige schon gleich gar nicht. Sie liegt bei den Führungskräften und diese müssen Herr der Lage bleiben können. Deshalb sind eine möglichst nahe bzw. präzise Zielbeschreibung und ein detaillierter Leistungsumfang wichtig. Und wenn das nicht zu leisten ist – aus welchen Gründen auch immer –, dann sollten zumindest gemeinsame Kriterien definiert werden, an denen man misst bzw. beurteilt, ob sich das Engagement lohnt bzw. gelohnt hat.

Neben der Auftragsklärung ist auch eine enge Kontrolle und Steuerung notwendig und sinnvoll. Je nach Mandat sollten tägliche, wöchentliche, mindestens aber monatliche Abstimmungs- und Lenkungssitzungen sicherstellen, dass sich der Einsatz für die Organisation, aber auch für die externen Begleiter lohnt.

# XVI.  Ein Fazit

Als Fazit des Buches eine kurze Zusammenfassung der wesentlichen Punkte, die wirksames Management ausmachen und die als Richtschnur für effektive Führungskräfte gelten kann:

1. Bereitschaft zur Übernahme von **Verantwortung** für die Organisation, für die man arbeitet, für sich selbst und für die Beziehungen, die man eingegangen ist.
2. Erreichen der notwenigen und hinreichenden **Ergebnisse**.
3. Wichtigste **Maßstäbe** sind Kundennutzen, Wettbewerbsfähigkeit, Compliance, eine funktionierende Organisation und über alldem: Effektivität im Denken und Handeln.
4. Ausreichende Berücksichtigung von **Sachlogik, Psychologik und Chronologie** sowie **Kontext** .
5. Bewusstsein und Kompetenz zur Umsetzung von Management-Aufgaben und -Werkzeugen im **passenden Maße**.
6. **Fähigkeit zur Selbstreflexion**: ständiges Bestreben, besser zu werden, als Manager, als Mensch, als Persönlichkeit.
7. **Haltung haben und Contenance bewahren**, Rückgrat in den notwendigen Situationen und Selbstbeherrschung, wenn es wirklich darauf ankommt.
8. **Erkennen und Kommunikation von Zusammenhängen,** auch das eigene Handelns wird konsequent danach ausgerichtet.
9. **Einheitliches Verständnis wichtiger Begriffe einfordern, entwickeln** und **es** den Menschen, mit denen man zusammenarbeitet, **kommunizieren**.
10. **Wirksame Kommunikation**: sicherstellen, dass man verstanden wird und dass man die anderen versteht.
11. **Transparenz des eigenen Handelns** wird als oberste Maxime verstanden. Es braucht nichts kaschiert zu werden.
12. **Partnerschaftliche Zusammenarbeit mit den Kollegen und Mitarbeitern**.
13. **Kontrolle und Konsequenzen**; jedes Kontrollieren führt zu einer aktiven Steuerung.
14. **Man hält sich nicht für unersetzlich**.

Es wird Leser geben, die nach der Lektüre dieses Buches zu dem Schluss kommen, dass mein Management-Begriff zu eng, zu weit oder falsch gewählt ist. Es wird Argumente, Gegenargumente, Überzeugungen und Diskussionspunkte geben, die dafür sprechen, dass man das eine hinzunimmt und etwas anderes vielleicht weglässt. So habe auch ich mir immer wieder die Frage gestellt, ob nicht andere Themen eine (genauso wichtige) Rolle spielen. Dennoch musste ich an irgendeiner Stelle bewusst einen Schnitt setzen. Ich habe ihn immer dort gemacht, wo es nicht um den Standard ging, sondern um Maximalforderungen. Außerdem vertrete ich die Ansicht Vll. besser: Im Management gibt es kein Richtig und Falsch bzw. Gut und Schlecht. Solche Urteile hängen immer vom Beurteilungsmaßstab und vom Beurteiler ab. Zum anderen gibt es viel zu viele (Management-)Situationen, in denen die Entscheidung schwerfällt, ob eine Sache schwarz oder weiß ist. Vieles ist bunt, grau oder zumindest mehr als einfarbig. Die klare Linie zwischen gutem und schlechtem Management würde ich allenfalls dort ziehen, wo jemand absichtlich bzw. grob fahrlässig sich selbst, seinen Kollegen, seinen Stakeholdern oder seiner Organisation schadet. Da diese Grenze relativ schnell und leicht erreicht wird, ergibt sich ein hoher (ethischer) Anspruch, dem Manager gerecht werden sollten.

Vielleicht haben Sie dieses Buch genutzt, um sich selbst einen Spiegel vorzuhalten. Sie haben sich gefragt, ob Sie diesen Vorgaben entsprechen. Wenn dem so ist, möchte ich Ihnen zum Schluss einige Werkzeuge vorschlagen, die Ihnen den nächsten Schritt zur Weiterentwicklung Ihrer Führungskompetenz ermöglichen:

1. Ein bekanntes Instrument ist das sogenannte 360-Grad-Feedback. Damit lassen sich Kompetenz und Leistung, Effektivität und Effizienz einer Führungskraft aus unterschiedlichen Perspektiven einschätzen. „360 Grad" heißt das Instrument, weil jeweils 90 Grad eine Perspektive bilden (Chef = 90 Grad, unterstellte Mitarbeiter = 90 Grad, Kollegen auf gleicher Ebene = 90 Grad, ausgewählte Stakeholder = 90 Grad) und es einen Rundumblick erlaubt. Meiner Erfahrung nach macht dieses Instrument nur Sinn, wenn der zugehörige Fragebogen valide und reliabel gestaltet ist und die Anonymität in der Durchführung gewahrt bleibt. Daneben müssen die Ergebnisse im Nachgang intensiv mit den betroffenen Führungskräften (und Personalfachleuten) besprochen, ausgewertet und validiert werden. Die Führungskraft muss in die Lage versetzt werden, selbstständig richtige Schlüsse aus den Ergebnissen zu ziehen und einen Selbstentwicklungsprozess anzustoßen. Wenn Personalfachleute die Führungskräfte hier alleinlassen, kann das 360-Grad-Feedback letztlich wertlos bleiben.
2. Als zweites Instrument bietet sich ein Management-Audit mit einem möglichen sogenannten Shadowing an. Dabei bewerten unabhängige Dritte die Kompetenz und Leistung, Effektivität und Effizienz einer Führungskraft auf Basis persönlicher Befragungen und nachvollziehbarer Beweise. Diese Dritten begleiten – unter Zustimmung aller Beteiligten – die Führungskraft über mehrere Stunden im Unternehmen (als Schatten, daher Shadowing). Ziel ist es herauszufinden, was die Führungskraft im Alltag tatsächlich tut und wie sie in unterschiedlichen Kontexten und Situationen reagiert und handelt. Dieses Instrument wirkt dann am besten, wenn nicht nur der Ergebnisbericht gemeinsam besprochen wird, sondern die Führungskraft auch in der Umsetzung der daraus abzuleitenden Veränderungsprozesse (von Personalfachleuten) aktiv unterstützt und angeleitet wird.
3. Während ein Management-Audit inkl. Shadowing die tatsächliche Arbeits- und Führungssituation in den Blick nimmt, sind auch alle anderen Formen der Weiterentwicklung denkbar, die nicht unmittelbar am Arbeitsplatz stattfinden.

Zu nennen sind hier Coaching, kollegiale Fallberatung, Supervision etc. All diese Instrumente haben zum Ziel, dass die Führungskraft abseits des konkreten Führungsalltags allein oder mit anderen gemeinsam reflektiert, was wie gelaufen ist und wie sie sich gegebenenfalls weiterentwickeln kann und möchte.

Alle genannten Instrumente hängen sehr stark von der individuellen Bereitschaft einer Führungskraft ab, an sich zu arbeiten und sich weiterzuentwickeln. Ist diese Grundvoraussetzung nicht gegeben, ist es ehrlicher, solche Instrumente erst gar nicht anzuwenden.

In diesem Sinne: Mögen Sie allzeit effektiv und effizient führen.

Und bei aller Ernsthaftigkeit für wirksames Managements eine letzte humorvolle Empfehlung:

*„Nimm das Leben nicht allzu ernst, du kommst am Ende ja doch nicht lebend davon."*
*(Marie Freifrau von Ebner-Eschenbach)*

# Anhang

## 1. SGMM und strategisches Navigationssystem

Die theoretische Grundlage für dieses Buch haben vor allem Hans Ulrich und Walter Krieg[211] mit ihrem systemorientierten St. Galler Managementmodell (SGMM) sowie Aloys Gälweiler mit seinem strategischen Navigationssystem[212] geschaffen. Beide Denkansätze lassen sich in einem integrativen Modell zusammenfassen (vgl. Abbildung 28) und wie folgt beschreiben.

Alles ist miteinander verwoben und vieles eingebettet. Deutlich wird die Einbettung zum Beispiel in der zeitlichen Einordnung: Der kurzfristige Zeithorizont ist eingebunden in den mittelfristigen und beide wiederum in den langfristigen Zeithorizont.

1.  Die wichtigste Grundlage bildet die graue Fläche: Eine Organisation mit den zugehörigen Akteuren ist immer in ein Umfeld (vgl. II.) eingebunden und hat darin compliant (vgl. IV.) zu handeln.
2.  Das Management muss langfristig seinen Fokus auf die Frage richten: Wie stellen wir sicher, dass die Organisation (über-)lebensfähig bleibt? Dazu hat das Management unternehmenspolitisch das Grundgerüst zu definieren (vgl. III. 4.) und die Organisation stetig weiterzuentwickeln, und zwar sowohl das Geschäftsmodell (vgl. III. 2.) als auch die passenden Richtlinien, Normen usw. Betrachtet man die Organisation unter finanziellen Gesichtspunkten, zeigt sich die Lebensfähigkeit in der Rentabilität (vgl. V. 3.): Es muss eine ausreichende Gesamtrentabilität für die Kapitalanlagen in die Organisation entstehen.
3.  Mittelfristig muss eine Organisation einen besseren Kundennutzen (vgl. III. 5.) als ihre Wettbewerber schaffen und gleichzeitig die Profitabilität gewährleisten! Eine Aufgabe, die nur dann erfüllt werden kann, wenn sich die Organisation stetig weiterentwickelt und verändert (vgl. XI. und XIII.).
4.  Kurzfristig ist neben der Liquidität einer Organisation (vgl. V. 1.) eine produktive Umsetzung (vgl. X.) zu garantieren. Nur wenn dies gleichzeitig erreicht wird, werden Anleger oder Gesellschafter auch bereit sein, langfristig weiter in die Organisation zu investieren.
5.  Kurzum: Die Elemente „Liquidität", „Produktivität", „Umsetzung", „Profitabilität", „Kundennutzen & Wettbewerbsfähigkeit", „Entwickeln und Verändern", „Rentabilität", „Lebensfähigkeit", „Definieren", „Umfeld & Compliance" stehen in einem engen Zusammenhang und definieren das Radarsystem effektiven Managements. Ohne sie wird eine effektiv arbeitende Organisation letztlich weder funktionieren noch weiterexistieren können.

---

211   Ulrich, Hans/Krieg, Walter, Das St. Galler Managementmodell, Bern 1972.
212   Vgl. Gälweiler, Aloys, Strategische Unternehmensführung, Frankfurt am Main 2005, S. 28.

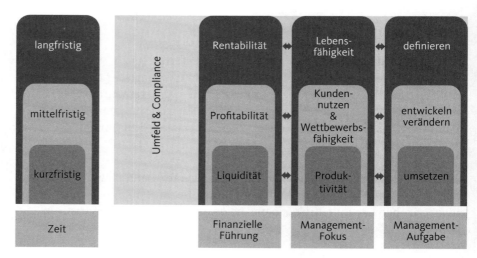

**Abbildung 28:** Integrierte Darstellung von SGMM und Navigationssystem

## 2. (Früh-)Indikatoren

|   | Art | (Früh-)Indikator | Beschreibung |
|---|-----|------------------|--------------|
| 1 | F | Baltic Dry Index (BDI) | Ein Index, der die Verschiffungskosten von Rohstoffen am Anfang der Wertschöpfungskette (vor der Weiterverarbeitung) misst. |
| 2 | F | Standard & Poors Goldman Sachs Commodity Index (S&P GSCI) | Nach jährlicher Produktionsmenge gewichteter Rohstoffindex, der 24 Rohstoffe umfasst, die an Warenterminbörsen gehandelt werden. Besonders gewichtet werden Energie-Rohstoffe. |
| 3 | F | Thomson Reuters/Core-Commodity CRB Total Return Index (CRB-Index) | Rohstoffindex mit gedeckelter Gewichtung, der knapp 20 Rohstoffe umfasst, die an Warenterminbörsen gehandelt werden. Gedeckelte Gewichtung berücksichtigt Energie-Rohstoffe nur noch zu einem Drittel. |
| 4 | F | Bloomberg Commodity Index (BCOM) | Rohstoffindex, der 20 Rohstoffe umfasst, die an Warenterminbörsen gehandelt werden. Besonders hilfreich zur Einschätzung von Inflation und Kostenentwicklung in der Industrie. |
| 5 | I | Harper Petersen Charterraten-Index (HARPEX) | Ermittelt die Charterraten (= Schiffsmieten) für Containerschiffe und erfasst dabei besonders Konsum- und Industrieprodukte. |
| 6 | I | Howe Robinson Container Index (HRCI) | Analog HARPEX. |
| 7 | I | Ifo-Geschäftsklimaindex | Indikator für die konjunkturelle Entwicklung. Gibt es für die Weltwirtschaft und für die deutsche Entwicklung. |

Legende: F = Frühindikator, I = Indikator

**Tabelle 28:** (Früh-)Indikatoren zur Beurteilung der Real- und Finanzwirtschaft

## 3. Mögliche Rechtsfolgen bei Rechtsverstößen (Auszug)

| | Gesetz | Inhalt | Rechtsfolge |
|---|---|---|---|
| 1 | § 831 BGB | Haftung für den Verrichtungsgehilfen | Schadenersatz |
| 2 | § 43 GmbHG | Haftung der Geschäftsführer | Schadenersatz |
| 3 | § 93 AktG | Sorgfaltspflicht und Verantwortlichkeit der Vorstandsmitglieder | Schadenersatz |
| 4 | § 30 OWiG | Geldbuße gegen juristische Personen und Personenvereinigungen | Geldbuße |
| 5 | § 130 OWiG | Verletzung der Aufsichtspflicht in Betrieben und Unternehmen | Geldbuße |
| 6 | § 81 GWB | Bußgeldvorschriften Wettbewerbsvorschriften | Geldbuße |
| 7 | § 43 BDSG | Bußgeldvorschriften Datenschutz | Geldbuße |
| 8 | § 13 StGB i.V.m. Strafvorschrift | Begehen durch Unterlassen | Geldbuße, Freiheitsstrafe, Fahrverbot, Verlust der Amtsfähigkeit, Verlust der Wählbarkeit, Verlust des Stimmrechts |
| 9 | §§ 73f. StGB | Einziehung von Taterträgen, Tatprodukten, Tatmitteln und Tatobjekten bei Tätern und Teilnehmern | Einziehung von Vermögen oder Vermögensverfall |
| 10 | § 35 GewO | Gewerbeuntersagung wegen Unzuverlässigkeit | Gewerbeuntersagung |
| 11 | §§ 149ff. GewO | Gewerbezentralregister | Eintragung ins Gewerbezentralregister mit Auskunftsmöglichkeit an (ausländische) Behörden oder öffentliche Auftraggeber oder zwischenstaatliche Stellen |
| 12 | § 21 SchwarzArbG | Schwarzarbeit | Ausschluss von öffentlichen Aufträgen |

**Tabelle 29:** Mögliche (deutsche) Rechtsfolgen bei Regelverstößen

## 4. Grundelemente eines CMS

| | |
|---|---|
| Compliance-Kultur | Die Compliance-Kultur stellt die Grundlage für die Angemessenheit und Wirksamkeit des CMS dar. Sie wird vor allem geprägt durch die Grundeinstellungen und Verhaltensweisen des Managements sowie durch die Rolle des Aufsichtsorgans („Tone at the Top"). Die Compliance-Kultur beeinflusst, welche Bedeutung die Mitarbeiter des Unternehmens den Regeln beimessen, und damit die Bereitschaft zu regelkonformem Verhalten. |
| Compliance-Ziele | Die gesetzlichen Vertreter legen die Ziele fest, die mit dem CMS erreicht werden sollen. Dazu berücksichtigen sie die allgemeinen Unternehmensziele und die Analyse und Gewichtung der für das Unternehmen bedeutsamen Regeln. Sie definieren auch die in den einzelnen relevanten Teilbereichen einzuhaltenden Regeln. Die Compliance-Ziele stellen die Grundlage für die Beurteilung von Compliance-Risiken dar. |
| Compliance-Risiken | Unter Berücksichtigung der Compliance-Ziele werden die Compliance-Risiken festgestellt, die Verstöße gegen einzuhaltende Regeln und damit eine Verfehlung der Compliance-Ziele zur Folge haben können. Hierzu wird ein Verfahren zur systematischen Risikoerkennung und -berichterstattung eingeführt. Die festgestellten Risiken werden im Hinblick auf Eintrittswahrscheinlichkeit und mögliche Folgen analysiert. |
| Compliance-Programm | Auf der Grundlage der Beurteilung der Compliance-Risiken werden Grundsätze und Maßnahmen eingeführt, die auf die Begrenzung der Compliance-Risiken und damit auf die Vermeidung von Compliance-Verstößen ausgerichtet sind. Das Compliance-Programm umfasst auch die bei festgestellten Compliance-Verstößen zu ergreifenden Maßnahmen. Das Compliance-Programm wird zur Sicherstellung einer personenunabhängigen Funktion des CMS dokumentiert. |
| Compliance-Organisation | Die jeweils betroffenen Mitarbeiter und ggf. Dritte werden über das Compliance-Programm sowie die festgelegten Rollen und Verantwortlichkeiten informiert, damit sie ihre Aufgaben im CMS ausreichend verstehen und sachgerecht erfüllen können. Im Unternehmen wird festgelegt, wie Compliance-Risiken sowie Hinweise auf mögliche und festgestellte Regelverstöße an die zuständigen Stellen im Unternehmen (z.B. die gesetzlichen Vertreter und erforderlichenfalls das Aufsichtsorgan) berichtet werden. |
| Compliance-Überwachung und Verbesserung | Angemessenheit und Wirksamkeit des CMS werden in geeigneter Weise überwacht. Voraussetzung für die Überwachung ist eine ausreichende Dokumentation des CMS. Werden im Rahmen der Überwachung Schwachstellen im CMS bzw. Regelverstöße festgestellt, werden diese an das Management bzw. die hierfür bestimmte Stelle im Unternehmen berichtet. Die gesetzlichen Vertreter sorgen für die Durchsetzung des CMS, die Beseitigung der Mängel und die Verbesserung des Systems. |

**Tabelle 30:** Grundelemente eines CMS[213]

---

213     Quelle: IDW PS 980 Tz. 23. Der IDW-Prüfungsstandard 980 trägt den Titel „Grundsätze ordnungsmäßiger Prüfung von Compliance Management Systemen".

## 5. Aufsichtsorgan und Exekutivorgan[214]

Aufgaben des Aufsichtsorgans sind:

1. Sorge um die eigene wirksame Selbstorganisation in der Zusammenarbeit,
2. Sorge um die Organisation des Exekutivorgans und dessen wirksames Arbeiten,
3. Sorge um die Klarheit von Corporate Governance und Compliance-Handeln,
4. Erfüllung der notwendigen, rechtlich oder gesetzlich festgelegten Aufsichts-pflichten.

Aufgaben des Exekutivorgans sind:

1. Geschäftsmodell bzw. Business-Mission durchdenken und festlegen (Lage-beurteilung, Definition der obersten Ziele, Balance zwischen Gegenwart und Zukunft, Allokation der Schlüsselressourcen),
2. Maßstäbe setzen und Werte bestimmen (Beispiel geben, vormachen, wofür die Organisation steht, Verantwortung übernehmen),
3. Entwicklung und Bindung der richtigen und kompetenten Mitarbeiter (heute die Manager von morgen erziehen, personelle Besetzung der Schlüsselpositionen),
4. Gesamtstruktur festlegen und robuste Strukturen schaffen,
5. Schlüsselbeziehungen pflegen (Kunden, Medien, Staat, usw.),
6. Repräsentieren,
7. Bereitschaft für Krisen und Chancen.

---

214 Die nachfolgenden Ausführungen orientieren sich eng an Malik, Fredmund, Die richtige Corporate Governance – Mit wirksamer Unternehmensaufsicht Komplexität meistern, Frankfurt am Main 2008, S. 175 ff. bzw. 220 ff.

## 6. Begriffe der Liquidität & Profitabilität

| | Fachbegriffe | Beispiel/Erklärung |
|---|---|---|
| 1 | Auszahlung, keine Ausgabe | Monatliche Tilgung eines Bankdarlehens |
| 2 | Auszahlung, gleichzeitig Ausgabe | Barer Einkauf von Rohstoffen |
| 3 | Ausgaben, keine Auszahlung | Zielkauf einer Maschine |
| 4 | Ausgaben, keine Aufwendung | Kauf von Rohstoffen und Verwendung in späterer Periode |
| 5 | Ausgabe, gleichzeitig Aufwendung | Kauf von Rohstoffen und Verwendung in gleicher Periode |
| 6 | Aufwendungen, keine Ausgaben | Abschreibungen |
| 7 | Einzahlung, keine Einnahme | Einzahlung eines Gesellschafters auf das Eigenkapitalkonto |
| 8 | Einzahlung, gleichzeitig Einnahme | Barverkauf eines Produkts |
| 9 | Einnahme, keine Einzahlung | Zielverkauf eines Produkts |
| 10 | Einnahme, gleichzeitig Ertrag | Verkauf von Erzeugnissen in der gleichen Periode |
| 11 | Erträge, keine Einnahme | Innerbetriebliche Herstellung eines Werkzeugs zur Eigennutzung |
| 12 | Kosten, gleichzeitig Aufwendungen | Rohstoffkosten, Energiekosten, Versicherungskosten |
| 13 | Kosten, keine Aufwendungen | Kalkulatorischer Unternehmerlohn, kalkulatorische Mieten |
| 14 | Aufwendungen, keine Kosten | Abschreibung auf Finanzanlage (betriebsfremd), Verkauf einer Maschine unter Buchwert (außerordentlich), Steuernachzahlung (periodenfremd) |
| 15 | Kosten, Aufwand in anderer Höhe | Kalkulatorische Abschreibung, kalkulatorische Zinsen |
| 16 | Leistungen, gleichzeitig Erträge | Erträge aus normaler Tätigkeit |
| 17 | Leistungen, keine Erträge | Kostenlose Muster für Kunden |
| 18 | Erträge, keine Kosten | Erträge aus nicht betriebsnotwendigem Vermögen (betriebsfremd), Verkauf einer Maschine über Buchwert (außerordentlich), Steuerrückzahlung (periodenfremd) |
| 19 | Leistungen, Erträge in anderer Höhe | Mehrbestände an Halb- & Fertigfabrikaten |

**Tabelle 31:** Begriffe der Liquidität & Profitabilität[215]

---

215 In enger Anlehnung an: Däumler, Klaus-Dieter/Grabe, Jürgen, Kostenrechnung 1 – Grundlagen, Herne 2013, S. 7–24.

## 7. Beispiel Liquiditätsplanung

| Liquiditätsplanung Organisation ABC GmbH | | | | |
|---|---|---|---|---|
| Geschäftsjahr: 20XX | | | | |
| | | | | |
| Betrachtungszeitraum | Januar | ... | Dezember | Gesamt |
| | | | | |
| **Einzahlungen** | | | | |
| Umsätze aus Lieferung und Leistung | | | | |
| Umsätze aus Liquidation von Sachvermögen | | | | |
| Sonstige Umsätze | | | | |
| Kapitaleinlagen | | | | |
| Kapitalaufnahme | | | | |
| Finanzierungserträge | | | | |
| **Summe Einzahlungen** | | | | |
| | | | | |
| **Auszahlungen** | | | | |
| Bezogene Leistungen | | | | |
| Material | | | | |
| Löhne & Gehälter | | | | |
| Lohnsteuer | | | | |
| Sozialabgaben | | | | |
| Energiekosten | | | | |
| Raumkosten | | | | |
| Reparaturen & Instandhaltung | | | | |
| Fuhrpark | | | | |
| Marketing- & Kommunikationskosten | | | | |
| Vertriebskosten | | | | |
| Zinsen für Fremdkapitalkredite | | | | |
| Umsatzsteuer-Zahllast | | | | |
| Sonstige Steuern | | | | |
| Investitionen | | | | |
| Tilgung Fremdkapital | | | | |
| Kapitalentnahmen | | | | |
| Sonstige Auszahlungen | | | | |

| Liquiditätsplanung Organisation ABC GmbH | | | | |
|---|---|---|---|---|
| **Summe Auszahlungen** | | | | |
| | | | | |
| **Über- bzw. Unterdeckung Ein- ./. Auszahlungen** | | | | |
| Anfangsbestand Zahlungsmittel | | | | |
| Endbestand Zahlungsmittel | | | | |
| Eingeräumte Kreditlinien | | | | |
| **Endgültige Über- bzw. Unterdeckung** | | | | |

**Tabelle 32:** Beispiel monatliche Liquiditätsplanung

## 8. Bilanzgliederung nach § 266 HGB (Deutschland)

| Aktiva | Passiva |
|---|---|
| 1. **Anlagevermögen**<br>Immaterielle Vermögensgegenstände<br>Sachanlagen<br>Finanzanlagen<br>2. **Umlaufvermögen**<br>Vorräte<br>Forderungen und sonstige Vermögensgegenstände<br>Wertpapiere<br>Kassenbestand, Bundesbankguthaben, Guthaben bei Kreditinstituten und Schecks<br>3. **Rechnungsabgrenzungsposten**<br>4. **Aktive latente Steuern**<br>5. **Aktiver Unterschiedsbetrag aus der Vermögensverrechnung** | 1. **Eigenkapital**<br>Gezeichnetes Kapital<br>Kapitalrücklage<br>Gewinnrücklagen<br>Gewinnvortrag/Verlustvortrag<br>Jahresüberschuss/Jahresfehlbetrag<br>2. **Rückstellungen**<br>~ für Pensionen<br>Steuerrückstellungen<br>Sonstige Rückstellungen<br>3. **Verbindlichkeiten**<br>Anleihen<br>Verbindlichkeiten gegenüber Kreditinstituten<br>Erhaltene Anzahlungen auf Bestellungen<br>~ aus Lieferungen und Leistungen<br>~ aus der Annahme gezogener Wechsel und der Ausstellung eigener Wechsel<br>~ gegenüber verbundenen Unternehmen<br>~ gegenüber Unternehmen, mit denen ein Beteiligungsverhältnis besteht<br>Sonstige Verbindlichkeiten<br>4. **Rechnungsabgrenzungsposten**<br>5. **Passive latente Steuern** |

**Tabelle 33:** Bilanzgliederung nach § 266 HGB (Deutschland)

## 9. Mögliche Fragen an Bewerber

| | Frage | Intention |
|---|---|---|
| 1 | Bitte stellen Sie sich kurz vor … | Herausfinden, wie der Bewerber sich präsentiert. Gibt er seinen Ausführungen eine Struktur? Decken sich die Ausführungen mit den Angaben im Lebenslauf? |
| 2 | Was war Ihr größter Fehlschlag oder Ihre größte Niederlage? | Was ist es, was der Bewerber schildert? Und: Wie ist er mit diesem Fehlschlag oder der Niederlage umgegangen? |
| 3 | Was war Ihr größter Erfolg? | Welche Bescheidenheit legt der Bewerber an den Tag? Schildert er nur seine Ruhmestaten oder sieht er auch die Rahmenbedingungen und ggf. das Glück, das er hatte? |
| 4 | Was können Sie nicht, obwohl Sie sich anstrengen? | Welche Schwäche schildert der Bewerber? Wie geht er damit um? Hat er Versuche unternommen, etwas dagegen zu tun, oder findet er sich mit seiner Situation ab? |
| 5 | Was können Sie gut? Woran machen Sie das fest? | Welche Stärken sieht der Bewerber an sich? Wirkt das überzeugend? Kann er das auch an einem konkreten Beispiel belegen? |
| 6 | Wo sehen Sie sich in 5 Jahren? | Welche Ambitionen trägt der Bewerber mit sich herum? Geht es ihm um die Aufgaben, geht es ihm um Geld, geht es ihm um Karriere im klassischen Sinne? Hat der Bewerber überhaupt ein Bild von seiner Zukunft? |
| 7 | Was würde Ihr Chef über Sie sagen, wenn man ihn jetzt anrufen würde? | Welche Reflexionsfähigkeit bringt der Bewerber mit? Kann er sich in andere Menschen hineinversetzen? Klingt es glaubwürdig, was der Bewerber zum Besten gibt? Spricht der Bewerber selbst kritische Punkte an? Wenn ja, wie geht er damit um? |
| 8 | In Ihrem (Arbeits-)Zeugnis steht „XYZ", wie kommt das? | Wie geht der Bewerber damit um, wenn Zeugnis oder Arbeitszeugnis an einer Stelle nicht positiv sind? Was bedeutet das für ihn? Stimmt er dem zu oder sieht er das anders? |
| 9 | Warum haben Sie sich gerade bei uns beworben? | Gibt der Bewerber eine ehrliche, zumindest authentisch wirkende Antwort darauf, was ihn an der ausgeschriebenen Stelle und beim beworbenen Unternehmen interessiert bzw. reizt? |
| 10 | Was passiert, wenn wir Sie nicht nehmen? Wo haben Sie sich noch beworben? (Wie ernst ist die Bewerbung?) | Ähnlich eben. Ist der Bewerber wirklich an der Stelle/ am Unternehmen interessiert? Hat der Bewerber Alternativen bzw. denkt er in Alternativen? Zeigt er eine emotionale Reaktion? |
| 11 | Was halten Ihre bisherigen Kollegen von Ihnen? Wie würden sie auf Ihre Kündigung reagieren, wenn wir zusammenkommen? | Welche Reflexionsfähigkeit hat der Bewerber? Kann er sich in andere Menschen hineinversetzen? Klingt es glaubwürdig, was der Bewerber zum Besten gibt? Spricht er selbst kritische Punkte an? Ist dem Bewerber bewusst, dass die Bewerbung auch Kündigung beim bisherigen Arbeitgeber bedeutet mit all ihren Konsequenzen? |

| | Frage | Intention |
|---|---|---|
| 12 | Was brauchen Sie unbedingt, wenn wir Sie einstellen? | Hat der Bewerber eine konkrete Vorstellung, was wichtig ist, um Erfolg in der neuen Stelle zu haben? |
| 13 | Welche Gehaltsvorstellungen haben Sie? | Bleibt die geäußerte Gehaltsvorstellung im passenden Rahmen? Gibt es Indikationen dafür, dass der Bewerber zu niedrig eingestuft ist? |
| 14 | Welche Kerneigenschaft besitzen Sie? Wie äußert sich das? | Welche Reflexionsfähigkeit hat der Bewerber? Klingt es glaubwürdig, was er sagt? Spricht er sogar kritische Punkte an? |
| 15 | Was ist Ihnen in der Beziehung zu Ihrem Chef und Ihren Kollegen besonders wichtig? Was lehnen Sie ab? | Welche Leitplanken setzt der Bewerber sich selbst? Hat er überhaupt welche? Welche Beispiele bringt er? Ist das realistisch in der neuen Stelle umsetzbar/vorhanden? |

**Tabelle 34:** Beispielfragen an Bewerber

# Glossar

Vorbemerkung:
Gerade bei Definitionen und Begriffsklärungen gibt es unterschiedliche Auffassungen und Meinungen, was genau unter einem Begriff oder Schlagwort zu verstehen ist. Ich biete hier Festlegungen an, die sich in der praktischen Arbeit bewährt haben.

**A**
Eine **Abschreibung** ist eine Verteilung einer einmaligen Ausgabe auf eine Anzahl von Jahren.

**Agilität** meint die Fähigkeit von Menschen, eines Teams oder einer Organisation, flexibel und proaktiv Entwicklungen und Veränderungen voranzutreiben.

**Assignments** haben mit Projekten gemeinsam, dass der Ablauf der Umsetzung nicht klar ist und keine sich wiederholenden Prozesse vorliegen. Assignments unterscheiden sich von Projekten v.a. darin, dass ein einmaliger Prozess mit nicht genau umrissenen Rahmen (Zeit, Mittel, usw.) stattfindet. Assignments könnte man auch als Schlüsselherausforderungen für den nächsten Zeitraum bezeichnen, die absolute Priorität haben.

**Aufwendungen** sind die zur Erfolgsermittlung periodisierten Ausgaben einer Periode.

**Ausgaben** ist der Geldwert der Einkäufe von Sachgütern und Dienstleistungen.

Bei einem **Ausgangsvermerk** bestätigt die Ausgangszollstelle, dass die Waren in das EU-Ausland ausgeführt wurden.

**Auszahlung** ist ein Abgang liquider Mittel pro Periode.

**Automatisierung** bedient sich der Digitalisierung, um Information, die bereits vorhanden ist, für einen selbsttätigen Ablauf nutzbar zu machen. Der selbsttätige Ablauf kann dabei in der Verarbeitung dieser Information bestehen oder auch darin, dass diese Information ein auslösendes Ereignis darstellt.

**B**
**Benchmark** (englisch) ist ein Vergleichsmaßstab. Wenn es sinnvoll erscheint, kann man seine Ist- und Normwerte mit anderen Organisationen vergleichen. Wie sinnvoll das tatsächlich ist, kann nur geschäftsmodell- und situationsabhängig entschieden werden.

Eine **Bestandsveränderung** dokumentiert, ob sich der Bestand positiv (d.h. der Bestand an unfertigen und fertigen Erzeugnissen hat zugenommen) oder negativ (d.h. der Bestand wurde abgenommen) verändert hat. Bei einer Bestandsmehrung handelt es sich um Ertrag, bei einer Bestandsminderung um Aufwand.

Die **Betriebswirtschaftliche Auswertung** (kurz: **BWA**) ist ein Berichtswesen, das betriebswirtschaftliche Kennzahlen und die Ertragslage einer Organisation monatlich darstellt. Verbreitet ist die BWA hauptsächlich in KMUs; ihre Kernlogik wird aber auch in größeren und Großkonzernen angewendet.

Eine **Bilanz** (aus Sicht der Betriebswirtschaftslehre) ist eine in Kontoform systematische Aufstellung von Bruttovermögen, Schuldenund Nettovermögen (= Bruttovermögen minus Schulden), die zum Ende eines Wirtschaftsjahres aufgestellt wird. Sie zeigt summarisch, woher die Mittel einer Organisation herkommen (= Passiva) und wie es verwendet wurde (= Aktiva). Die Bilanzgliederung ist in der Regel gesetzlich vorgeschrieben.

### C

**Cashflow** ist die Saldierung von Einzahlungen und Auszahlungen innerhalb einer Periode zur Beurteilung der Innenfinanzierungskraft.

**Chronologik** meint den bewusst gesteuerten zeitlichen Ablauf einer Sache. Die Chronologik steht immer im Zusammenspiel mit Sach- und Psychologik sowie dem Kontext.

**Compliance** ist die Sicherstellung von Rechts- und Regelkonformität und Redlichkeit in einer Organisation.

**Compliance-Management-System (CMS)** ist die Summe aller aufbau- und ablauforganisatorischen Maßnahmen, um Risiken für Rechts- und Regelkonformität und Redlichkeit zu minimieren bzw. (wo möglich) vollständig zu eliminieren.

**Crowdfunding**, auch Crowdlending, Crowdfinanzierung oder Schwarmfinanzierung genannt, ist eine Finanzierungsform, bei der viele (kleine) Investoren ein Finanzierungsvorhaben unterstützen.

### D

**Datenschutz** ist der organisatorische und technische Schutz von personenbezogenen Daten vor Missbrauch, unberechtigter Einsicht, Verwendung, Änderung oder Verfälschung. Dazu muss die betroffene Organisation sicherstellen, dass alle Datenverarbeitungs-Vorgänge (off- wie online) ordnungsgemäß durchgeführt werden (können).

**Datensicherheit** definiert sich als Gesamtheit aller organisatorischen und technischen Maßnahmen, die Verlust, Verfälschung/Manipulation und/oder unberechtigte Kenntnisnahme oder Aneignung von Daten verhindern soll.

**Debitor** ist ein Schuldner aus Lieferungen und Leistungen.

**Deckungsbeitrag** ist der erzielte Preis minus die zugerechneten Teilkosten.

**Digitalisierung** bezeichnete ursprünglich die Übertragung eines analogen Mediums in eine digital speicherbare Kopie unter Beibehaltung des analogen Originals. Heute versteht man unter Digitalisierung zusätzlich die verstärkte Nutzung von elektronischer Datenverarbeitung, Digitaltechnik, Computern und Internet im privaten, wirtschaftlichen und öffentlichen Leben.

Ein **Dispositionskredit** (umgangssprachlich häufig Dispo genannt) ist ein eingeräumter Überziehungskredit eines Kreditinstituts.

Das **Dokumentenakkreditiv** hat sich als Sicherungsinstrument für Zahlungen im internationalen Handel etabliert. Dabei verpflichtet sich ein ausländisches Kreditinstitut, nach Weisungen des ausländischen Auftraggebers bei Vorlage bestimmter Dokumente innerhalb eines bestimmten Zeitraums eine Zahlung an den inländischen Zahlungsempfänger zu leisten.

Ein **Dreiecksgeschäft** ist eine Unterform des Reihengeschäfts. Mehrere Unternehmer schließen Verträge über denselben Vertragsgegenstand. Die unmittelbare Warenbewegung erfolgt vom ersten Unternehmer an den letzten Abnehmer. Im Unterschied zum klassischen Reihengeschäft handeln die beteiligten Unternehmer unter der Umsatzsteuer-Identifikationsnummer eines jeweils anderen Mitgliedstaates der EU, was auch eine je nach Fall zu beurteilende Umsatzsteuerverrechnung zur Folge hat.

**E**
Die **Eigenkapitalquote** ist das Verhältnis des Eigenkapitals am Gesamtkapital, das der Organisation zur Verfügung steht.

**Einnahme** ist der Geldwert der Verkäufe von Sachgütern und Dienstleistungen.

**Einzahlung** ist der Zugang liquider Mittel pro Periode.

**Effektivität** ist, die richtigen Dinge tun.

**Effizienz** ist, die Dinge richtig tun.

Der Begriff „**Ehrbarer Kaufmann**" hat sich vor allem in Europa als Leitbild für tugendhaftes, verantwortliches Partizipieren am Geschäfts- und Wirtschaftsleben etabliert.

**Eigenkapitalrentabilität** ist die Verzinsung des Eigenkapitals einer Organisation in einer Periode.

**Entwickeln** meint die evolutionäre Gestaltung und Lenkung einer Organisation zur Sicherstellung ihrer Lebensfähigkeit.

**Einzelkosten** sind Kosten, die einem Kostenträger (z.B. Produkt, Dienstleistung) direkt zugeordnet werden können.

Ein **Enterprise-Resource-Planning-System** (ERP-System) ist ein unterstützendes IT-System mit dem Ziel, Ressourcen (Personal, Finanzen, Roh- und Hilfsstoffe, usw.) rechtzeitig und bedarfsgerecht zu planen und gezielt zu steuern.

**Erträge** sind die zur Erfolgsermittlung periodisierten Einnahmen einer Periode.

**F**
Beim **Factoring** handelt es sich um eine gewerbliche, wiederkehrende Übertragung von Forderungen eines Unternehmens vor Fälligkeit an ein Kreditinstitut oder eine darauf spezialisierte Organisation. Verbleibt das Risiko des Forderungsausfalls (auch Delkredererisiko genannt) beim Unternehmen, spricht man von unechtem Factoring. Geht das Risiko auf den Factor über, handelt es sich um echtes Factoring.

**Fairness** bedeutet, durch den Anderen akzeptierte Gerechtigkeit bzw. Angemessenheit.

**Fakturierung** ist die Rechnungsstellung. Ein Kunde erhält eine Rechnung über Lieferungen oder Leistungen. Gleichzeitig wird der Geschäftsvorfall entsprechend verbucht (Beispiel: Bank an Umsatzerlöse).

**Family Office** (hierfür gibt es keine adäquate deutsche Übersetzung) ist eine Gesellschaft mit dem Zweck der Verwaltung von privatem Großvermögen einer oder mehrere Eigentümerfamilien.

**Finanzierung** ist die Kapitalbeschaffung für die Organisation. Sie ist eine Zahlungsreihe, die mit einer Einzahlung beginnt.

**Finanzwirtschaft** sind alle Formen von Organisation, die zur Erfüllung ihrer Aufgabe lediglich den Einsatz von realen oder fiktiven Währungen (und qualifizierten Personal) benötigen. Mit realen Rohstoffen und Produkten steht die Finanzwirtschaft höchstens indirekt in Beziehung. Ergebnis von finanzwirtschaftlich handelnden Unternehmen sind Produkte und Dienstleistungen, die letztlich rund um Geld kreisen. Pointiert: Finanzwirtschaft macht Umsatz auf Basis von Geld und erwirtschaftet Geld. Alle Geschäftsmodelle, die EDV- und internetbasiert verlaufen, können auch der Realwirtschaft zugeordnet werden, wenn sie nicht rein finanzwirtschaftlich aktiv sind. Die EDV unterstützt das Geschäftsmodell und das Internet ist eine elektronische Distributionsplattform und keine separat abgegrenzte oder neue Wirtschaftsform.

**Fixe Kosten** sind Kosten, die auch bei einer Änderung der Ausbringungsmenge konstant bleiben.

**Folgekosten** sind Kosten, die nötig sind, um etwas in einem betriebsbereiten Zustand zu bekommen bzw. diesen zu erhalten.

**Forderung** ist der Zahlungs- oder Leistungsanspruch gegen einen Forderungsschuldner. Mit jeder Einnahme, die keine Einzahlung ist, entsteht eine Forderung.

Die **Forderungslaufzeit** (englisch: Days Sales Outstanding, kurz: DSO) ist der Zeitraum von der Fakturierung (Rechnungsdatum) bis zum Zahlungseingang.

**Funktionsbereiche** sind all jene Bereiche, die erforderlich sind, um letztlich den Kundennutzen bestmöglich generieren zu können. Dabei spielt es keine Rolle, ob der Funktionsbereich in der primären oder sekundären Wertschöpfungskette zu finden ist.

Ein **Funktionendiagramm** verknüpft die Prozesse der Ablauforganisation mit den Strukturen der Aufbauorganisation. Dabei werden alle Aufgaben (X-Achse) Stelleninhabern (Y-Achse) zugeordnet und deren Kompetenzen und Verantwortungen beschrieben.

**G**

Die **Gelangensbestätigung** ist ein Belegnachweis. Er dokumentiert, dass eine steuerfreie innergemeinschaftliche Lieferung auch tatsächlich im EU-Ausland angekommen ist.

**Gemeinkosten** sind Kosten, die einem Kostenträger (z.B. Produkt, Dienstleistung) nicht direkt zugeordnet werden können.

**General Management** meint alle Funktionen, die notwendig sind, um eine Organisation langfristig lebensfähig zu erhalten. Im Besonderen gemeint sind: (1) Lebensfähigkeit mit dem Dreiklang aus Geschäftsmodell, Kernzustand und Unternehmenspolitik, (2) Kundennutzen und Wettbewerbsfähigkeit im Einklang mit

Strategie und Struktur sowie (3) Produktivität mit der Umsetzung auf funktionaler und personeller Ebene.

**Gesamtkapitalrentabilität** ist die Effizienz des Gesamtkapitaleinsatzes einer Investition in einer Periode.

Ein **Geschäftsmodell** ist ein grundsätzliches Modell darüber, was die Organisation tut und damit verbunden auch, was sie nicht tut. Und: Wie sie sich weiterentwickelt. Ein solches Modell ist in seiner Beschreibung abstrakt, allgemein und dennoch verbindlich. Keinesfalls ist ein Geschäftsmodell die Strategie, sondern ist dieser übergeordnet.

**Gesundheit** ist – gemäß der Wealth Health Organisation (WHO) – der Zustand völligen körperlichen, geistigen, seelischen und sozialen Wohlbefindens. Es ist aber auch das subjektive Empfinden des Fehlens körperlicher, geistiger und seelischer Störungen oder Veränderungen.

**Gewinn** ist nicht der Kernzweck einer Organisation. Der Gewinn ist das Ergebnis effektiven Wirtschaftens und ggf. ein Beweis dafür, dass man das Richtige unternommen hat.

**H**
Bei den **Hermes-Deckungen** handelt es sich um eine Exportkreditversicherung des Staates Bundesrepublik Deutschland, die dieser für Exporteure und Kreditinstitute anbietet, um Exporte zu ermöglichen.

**I**
Ein **Integriertes Kontroll-System** (IKS) soll eine den tatsächlichen Verhältnissen zutreffende Rechnungslegung (Vermögens-, Ertrags- und Liquiditätslage) sicherstellen.

Ein **Integriertes Management-System (IMS)** beinhaltet die Dokumentation der Vorgaben zu den einzelnen Prozessen einer Organisation, z.B. Ausrichtung des Unternehmens, Regelung der Verantwortung, Benennung von Zielen, Verfahrens- und Arbeitsanweisungen, Verteilung der Aufgaben, usw.

**Investition** ist die Kapitalverwendung der Organisation. Sie ist eine Zahlungsreihe, die mit einer Auszahlung beginnt.

Ein **Investor** (deutsch: Anleger) investiert mit dem Ziel, eine Rendite aus seinem Investment zu bekommen. Bei Nicht-Gefallen, fehlender Rendite oder anderen Schwierigkeiten wird ein Anleger nicht weiter interessiert sein an seinem Investment.

Die **Ist-Besteuerung** bezeichnet die Besteuerung nach vereinnahmten Entgelten, also tatsächlichen Einzahlungen.

Die **Ist-Kostenrechnung** beschreibt im Nachhinein, ob wirtschaftlich in der Vergangenheit gearbeitet wurde (= Nachkalkulation).

**K**
**Kennzahlen** dienen der Quantifizierung und Messung einer Größe oder eines Zustandes. Sie verdichten Informationen in eine quantitative Form und werden entweder absolut (also in einer Zahl) oder relativ (in Form eines Verhältnisses) dargestellt.

**Kommunikation** ist der Prozess des gegenseitigen Austausches und der Übertragung von Informationen..

**Kosten** ist der in einer Periode bewertete Input von Betriebsmitteln/Dienstleistungen im Wertschöpfungsprozess.

Die **Kostenartenrechnung** erfasst und gliedert die Kosten in Einzel- und Gemeinkosten nach Periode.

Die **Kostenstellenrechnung** verteilt die Kosten auf die einzelnen Kostenbereiche der Organisation. Dabei berücksichtigt sie, wo die Kostenarten angefallen sind (direkte Verteilung) und verrechnet die Gemeinkosten zwischen den Kostenstellen.

Die **Kostenträgerrechnung** ermittelt die Kosten für einen Kostenträger (z.B. Produkt, Dienstleistung, Kunde, Absatzweg, Absatzregion, usw.). Die Kostenträgerrechnung kann entweder für alle Kostenträger (Kostenträgerzeitrechnung) oder für den einzelnen Kostenträger (Kostenträgerstückrechnung) durchgeführt werden.

**Kreditor** ist der Gläubiger von Forderungen aus Lieferungen und Leistungen.

Als **Künstliche Intelligenz** bezeichnet man selbstlernende Systeme auf Basis neuronaler Netze (keine Regelautomaten). Sie sollen solche Aufgaben lösen, die, wenn sie von Menschen gelöst werden, Intelligenz erfordern.

Der relative **Kundennutzen** ist das relative Preis-/Leistungsverhältnis aus Sicht des Kunden. Relativ meint in Relation zum relevanten Wettbewerb

Der **Kontinuierliche Verbesserungsprozess** ist ein Prozess, bei dem Mitarbeiter und Führungskräfte gebeten werden, Verbesserungsprozesse zu liefern. Diese werden im Anschluss durch eine sichtende Stelle bewertet; es erfolgt entweder die Umsetzung des Prozessvorschlags, oder er wird verworfen.

**L**

**Leistung** ist der in einer Periode bewerteter Output von Produkten oder Dienstleistungen im Wertschöpfungsprozess.

Im klassischen **Leistungsprozess** werden die Produkte oder die Dienstleistungen hergestellt. Dazu gehören auch Verkauf und Logistik, also die Prozesse, wie die Produkte und Dienstleistungen zum Kunden gelangen, an ihn verkauft werden, usw. Nicht jede, aber viele Organisationen benötigen im Leistungsprozess Einkaufsprozesse, die den Zukauf notwendiger Rohstoffe oder Ressourcen sicherstellen.

Eine **Leitplanke** ist die verschärfte Variante einer Richtlinie. Sie ist die Festlegung, innerhalb welchen organisatorischen Rahmens gehandelt werden darf.

**Liquidität** ist die jederzeitige und uneingeschränkte Zahlungsfähigkeit.

Die **Liquiditätsplanung** ist eine fundierte Planung aller erwarteten Ein- und Auszahlungen. Sie wird mindestens monatlich, ggf. auch kürzer (also täglich oder wöchentlich) vorgenommen. Dabei werden – wenn möglich und sinnvoll – Ist- und Planwerte einander gegenübergestellt und überprüft.

**M**

**Management** oder Führung ist eine **Funktion**, die eine Organisation wirksam machen kann. Management sind die **Organe**, die juristisch oder organisatorisch als solche definiert werden. Diese Organe bestehen aus **Menschen, genannt Manager (oder Führungskräfte)**: Gruppen- oder Teamleiter, Abteilungsleiter, Bereichsleiter, Geschäftsführer, Vorstände, Aufsichtsräte, usw.

**Managementprozesse** steuern alle Prozesse. Die Gestaltung, Lenkung und Entwicklung der Organisation erfolgt auf Basis von Daten und Informationen, die das Controlling zur Verfügung stellt. Führungsprozesse (z.B. Zieleprozess, Projektmanagement, usw.) sind adäquate Hilfsmittel zur Steuerung.

Die **Materialbedarfsplanung** (Material Resource Planung, kurz: **MRP**) ist eine der Kernfunktionalitäten des ERP-Systems und insbesondere für Produktionsunternehmen zentral. Sie soll sicherstellen, dass alle erforderlichen Materialien für die Produktion in der richtigen Menge, an der richtigen Stelle und zur richtigen Zeit vorhanden sind.

Ein **MES-System** ist ein Fertigungsmanagement-System, das in der Regel direkt an ein ERP-System angebunden ist. Es dient der Prozessautomatisierung sowie der Steuerung und Kontrolle der Produktion in Echtzeit.

Ein **Mitarbeiter-Gespräch** (MA-Gespräch) ist eine Gesprächsform, bei der Führungskräfte sich – außerhalb von Rücksprachen – Zeit für ihre Mitarbeiter nehmen. Es geht in diesen Gesprächen um eine periodische Standortbestimmung und die Ausgestaltung der Zukunft. Ggf. ist auch eine Aussprache zwischen Führungskraft und Mitarbeiter wichtig sowie die Festlegung von Personalentwicklungszielen und -maßnahmen

**N**
Die **Nachkalkulation** beschreibt, ob wirtschaftlich in der Vergangenheit gearbeitet wurde (= Ist-Kostenrechnung).

**O**
Beim Kernprozess **Order-to-Cash (OTC oder O2C)** geht es darum, Transparenz, Sicherheit, Effektivität und Effizienz zu schaffen bei dem Prozess, der vom Eingang einer Bestellung bis hin zur Buchung von Ausgangsrechnungen und der Prüfung des Eingangs entsprechend darauf basierender Einzahlungen reicht. Auch hier ist damit verbunden die Vermeidung möglicher wirtschaftskrimineller Handlungen.

**Opportunitätskosten** sind entgangene Erlöse. Sie entstehen, indem andere Opportunitäten (= Möglichkeiten) nicht wahrgenommen werden.

**P**
**Paritätsänderungsrisiko** ist das Risiko, dass die Fremdwährung gegenüber der Heimatwährung auf- oder abwertet. Eine Kurssteigerung oder Aufwertung der Fremdwährung ist für den Gläubiger oder Exporteur eine Gewinnchance. Im Gegenzug ist sie eine Verlustgefahr für den Schuldner oder Importeur.

Die **Plan-Kostenrechnung** ist eine Kostenkontrolle, bei der vorgegebene Kosten (= Plan-Kosten) mit den tatsächlichen Kosten (= Ist-Kosten) verglichen werden.

**Planung** ist nicht ein vorweggenommenes Ergebnis, sondern ein vorweggenommenes **gewünschtes** Ergebnis, von dem man ausgeht, dass es eintritt.

Beim Kernprozess **Procure-to-Pay (P2P)** geht es darum, Transparenz, Sicherheit, Effektivität und Effizienz zu schaffen bei dem Prozess, der von der Bestellauslösung einer Organisation bis hin zur Buchung von Eingangsrechnungen und der Auslösung entsprechend darauf basierender Auszahlungen reicht. Damit verbunden ist die Vermeidung möglicher wirtschaftskrimineller Handlungen.

**Profitabilität** ist wirtschaftliches Handeln und die grundsätzliche Möglichkeit zur Erzielung eines betrieblichen Erfolgs aus eigener Kraft

**Psychologik** ist der typische emotionale Ablauf bzw. die typische emotionale (Re-) Aktion eines Beteiligten. Die Psychologie steht immer im Zusammenspiel mit Sach- und Chronologie sowie dem Kontext.

**Q**

Ein **Qualitätsmanagement-System** (QM-System) wird eingesetzt, um die Organisationsleistung in puncto Produktqualität und Prozessqualität fortlaufend zu prüfen und ggf. zu verbessern.

**R**

**Realwirtschaft** sind alle Formen von Organisationen, die zur Erfüllung ihrer Aufgaben abhängig von unterschiedlichen Ressourceneinsatz (Rohstoffe, Energie, Menschen, Geld) sind. Ergebnis von realwirtschaftlich handelnden Unternehmen sind konkrete Produkte oder Dienstleistungen – unabhängig ob real fassbar oder virtuell existent. Alle Geschäftsmodelle, die EDV- und internetbasiert verlaufen, können auch der Realwirtschaft zugeordnet werden, wenn sie nicht rein finanzwirtschaftlich aktiv sind. Die EDV unterstützt das Geschäftsmodell und das Internet ist eine elektronische Distributionsplattform und keine separat abgegrenzte oder neue Wirtschaftsform.

Unter **Rechnungsabgrenzung** versteht man eine saubere Zuordnung in der kaufmännischen Buchführung nach der jeweiligen Periode.

**Rechtliche und Compliance-Prozesse** sorgen als Querschnittsfunktion dafür, dass alle genannten Prozesse in angemessener und wirksamer Form rechtlich konform laufen.

Ein **Reihengeschäft** liegt vor, wenn mehrere Unternehmer (meist drei oder vier) Verträge über denselben Liefergegenstand schließen und eine unmittelbare Warenbewegung vom ersten Unternehmer an den letzten Abnehmer erfolgt.

**Rentabilität** ist der betriebswirtschaftliche Maßstab zur Erfolgskontrolle.

Ein **Risikomanagement-System** (RMS) dient der Risikofrüherkennung von operativen, ggf. produktbezogenen Risiken.

Beim **Rückmietverkauf**, bekannter als **"Sale-and-Lease-Back"** handelt es sich um eine Sonderform des Leasings. Eine Organisation verkauft einen Vermögensgegenstand, meist eine Immobilie, an eine Leasinggesellschaft und least sie im gleichen Zug zur weiteren Nutzung zurück.

Unter **Rückstellungen** versteht man Verbindlichkeiten, die in ihrem Bestehen und in ihrer Höhe nach ungewiss, aber mit hinreichend großer Wahrscheinlichkeit erwartet werden können.

**S**

**Sachlogik** meint die rationale Bearbeitung einer Aufgabe, eines Themas, o.ä. Die Sachlogik steht immer im Zusammenspiel mit Psycho- und Chronologik sowie dem Kontext.

Eine **Sanktionslisten-Prüfung** dient der Bekämpfung des internationalen Terrorismus. Den in den Sanktionslisten genannten Personen, Organisationen oder Einrichtungen dürfen weder direkt noch indirekt Gelder oder wirtschaftliche Ressourcen zur Verfügung gestellt werden.

Eine **Schattenbank** ist ein Finanzunternehmen, das außerhalb des offiziellen Bankensystems als Finanzinstitut tätig ist..

**Stakeholder** sind Personen oder Personengruppen, die ein (berechtigtes) Interesse an Teilen oder an der gesamten Organisation haben.

**Stammdaten** sind Grunddaten, die Informationen über betriebliche relevante Objekte enthalten. In der Regel sind diese Objekte: Debitoren, Kreditoren, Artikel/Produkte, Kontakte (die nicht Debitoren oder Kreditoren sind) und Mitarbeiter.

Es handelt sich um eine **Sitzung**, wenn zwei oder mehr Menschen zur selben Zeit am selben Ort (inkl. Videotelefonie u.ä.) persönlich anwesend sind.

Die **Sollbesteuerung** bezeichnet die Besteuerung nach vereinbarten Entgelten, also tatsächlichen Einnahmen.

**Standards** sind klar definierte Soll-Zustände im Liniengeschäft, die eingehalten bzw. erreicht werden sollen.

Eine **Stellenbeschreibung** umfasst die Aufgaben, Kompetenzen und Verantwortlichkeiten für den Stelleninhaber.

**Steuern** sind Geldleistungen, die nicht eine Gegenleistung für eine besondere Leistung darstellen und von einem öffentlich-rechtlichen Gemeinwesen zur Erzielung von Einnahmen allen auferlegt werden, bei denen der Tatbestand zutrifft, an den das Gesetz die Leistungspflicht knüpft; die Erzielung von Einnahmen kann Nebenzweck sein. (§ 3 Abs. 1 AO, Deutschland).

**Strategie** beantwortet die Frage: Wohin wollen/müssen wir uns die nächsten 3-5 Jahre entwickeln, um lebensfähig bleiben zu können?

**T**

**Taktik** ist eine bewusste Vorgehensweise zu Erreichung eines Ziels.

Die **Teilkostenrechnung** rechnet den Bezugsobjekten (z.B. Produkte, Kostenstellen, Regionen, usw.) nur die entstandenen Einzel- oder variablen Kosten zu

**Trade Compliance** umfasst primär alle Pflichten, die beim Import (aus dem Ausland) und Export (in das Inland) von Waren oder Dienstleistungen bzw. beim Transfer von Wissenstransfer oder Kapital aus gesetzlichen Gründen zu erfüllen sind. Daneben meint Trade Compliance auch die Prüfung aller (!) Geschäftsvorfälle auf Gesetzeskonformität mit den nationalen und internationalen Außenwirtschaftsbestimmungen.

**U**

**Umsatzrentabilität** ist das Verhältnis von Gewinn zu Umsatz in einer Periode.

Die Prüfung der **Umsatzsteuer-Identifikationsnummer** dient dem Nachweis der Unternehmereigenschaft einen des Leistungsempfängers. Ist der Nachweis erbracht, kann eine Lieferung – bei Vorliegen der weiteren Voraussetzungen – als steuerfrei behandeln zu können. Bei sonstigen Leistungen ist durch Nachweis der Unternehmereigenschaft des Leistungsempfängers eine Verlagerung der Steuerschuldnerschaft auf den Leistungsempfänger möglich

**Unionswaren** sind gem. Artikel 5 Nr. 23 UZK Waren, die entweder Ursprungswaren der EU sind und somit vollständig im Zollgebiet der Union gewonnen oder hergestellt wurden oder Waren, die außerhalb des Zollgebiets der Union – also in einem Drittland – hergestellt oder gewonnen wurden und die ordnungsgemäß in das Zollverfahren „zollrechtlich freier Verkehr" überführt worden sind.

**Unternehmenspolitik** meint die Entwicklung und Kommunikation von grundlegenden Policies, die allgemeine Regeln und Ziele festlegen. Sie soll im Tagesgeschäft gewährleisten, dass die Mitarbeiter selbstorganisational, d.h. selbstständig, compliant und situationsgerecht, Geschäftsvorgänge bearbeiten und erledigen können.

Ein **Unternehmer** sieht seine Tätigkeit nicht allein auf Rendite gebaut. Auch in schwierigen Situationen oder ausbleibender Rendite wird er nicht so schnell die Möglichkeit haben, zu desinvestieren. Vielleicht ist er sogar gezwungen, weiteres Geld nachzuschießen – weil er keine andere Wahl hat.

**V**
**Variable Kosten** sind Kosten, die bei einer steigenden Ausbringungsmenge steigen und mit einer fallenden Ausbringungsmenge fallen.

Die **Veränderungskurve** zeigt das typischerweise ablaufende Muster bei einem Veränderungsprozess.

**Verantwortung** hat ein Manager für viererlei: (1) Für das Unternehmen, für das er arbeitet (= Management von Organisationen). (2) Für sich selbst (= Selbstmanagement). (3) Für die Beziehungen, mit denen er in Kontakt ist (= Management von Personen). (4) Für die zu erreichenden Ergebnisse (= Umsetzen, Entwickeln und Verändern). Nicht verantwortlich ist ein Manager für das, was er nicht beeinflussen kann, direkt oder indirekt. Dazu zählt insbesondere die Veränderung der Personen, mit denen die Führungskraft in Kontakt steht. Man ist für seine eigenen Veränderungen verantwortlich – sofern man sie will und braucht.

Mit **Verrechnungspreis** wird bezeichnet der zwischen zwei verschiedenen Bereichen oder Gesellschaften einer Organisation bzw. eines Konzerns verrechnete Preis für den innerbetrieblichen Austausch von Gütern oder Dienstleistungen.

Bei einer **Vollkostenrechnung** werden alle entstandenen Kosten auf die Kostenträger umfänglich verrechnet.

**Vor-Finanzierung** ist die Finanzierung mindestens des Zeitraums zwischen fakturiertem Verkauf und Zahlungseingang und maximal der Zeitraum zwischen Aufnahme der Tätigkeit der Organisation und der Erreichung der Gewinnschwelle.

Die **Vorkalkulation** ist Ergebnis der Rechnung, welche Kosten eine Kostenträgereinheit verursacht und zu welchem Mindestpreis ein Produkt bzw. eine Dienstleistung im Verkauf gerade noch angeboten werden kann.

**W**
**Wechselkursrisiko** meint das Risiko, dass die Fremdwährung gegenüber der Heimatwährung steigt oder fällt.

Unter einer **Wertberichtigung** versteht man die Anpassung des Buchwertes eines Vermögenspostens an seinen tatsächlichen niedrigen Wert.

**Wirtschaftlichkeit** ist dann erreicht, wenn eine der beiden Bedingungen zutrifft: (1) Mit geringstmöglichen Input wird ein höchstmöglicher Output generiert. (2) Mit einem gegebenen Input wird ein höchstmöglicher Output generiert.

**Z**

Unter **Zielen** versteht man zu erreichende Zielzustände im Liniengeschäftmit klar definiertem quantitativem oder qualitativem Inhalt und definiertem Zeitpunkt. Definitorisch sind Ziele vorweggenommene Resultate.

**Zombieunternehmen** sind Unternehmen, die nur durch künstliche niedrige Zinsen und laxe Kreditvergabe am ihre Lebensfähigkeit besitzen, das Geschäftsmodell vermutlich aber auf wackeligen Beinen steht.

# Abbildungs- und Tabellenverzeichnis

# Literatur

**Ansoff, Harry Igor,** Checklist for Competitive and Competence Profiles, in: Corporate Strategy, New York 1965.

**Banerjee, Ryan/Hofmann, Boris,** The rise of zombie firms – causes and consequences, BIS Quarterly Review 23.09.2018.

**Beer, Stafford,** Diagnosing the System for Organizations, Chicester 1995.

**BIZ-Wirtschaftsbericht 2018**, https://www.bis.org/publ/arpdf/ar2018_ov_de.pdf.

**Bueb, Bernhard,** Lob der Disziplin – Eine Streitschrift, Berlin 2008.

**Buzzell, Robert D./Bradley, T. Gale**, Das PIMS-Programm – Strategien und Unternehmenserfolg, Wiesbaden 1989.

**Däumler, Klaus-Dieter/Grabe, Jürgen,** Grundlagen der Investitions- und Wirtschaftlichkeitsrechnung, Herne 2014.

**Däumler, Klaus-Dieter/Grabe, Jürgen,** Kostenrechnung 1 – Grundlagen, Herne 2013.

**Deutscher Sparkassen- und Giroverband,** Diagnose Mittelstand 2018, Aufschwung fortsetzen – Zukunftsfähigkeit für Mittelstand sichern, Berlin 18.12.2017

**Drucker, Peter Ferdinand,** Management – Das Standardwerk komplett überarbeitet und erweitert, Bände 1 und 2, Frankfurt am Main 2009.

**Erichsen, Jörgen/Treuz, Jochen,** Professionelles Liquiditätsmanagement – Praxisleitfaden für Unternehmer und Berater, Herne 2016.

**Euler Hermes Allianz Economic Research,** Payment Behaviour, Paris 03.05.2018.

**Europäisches Parlament/Rat,** Verordnung (EU) 2016/679 vom 27. April 2016 zum Schutz natürlicher Personen bei der Verarbeitung personenbezogener Daten, zum freien Datenverkehr und zur Aufhebung der Richtlinie 95/46/EG (Datenschutz-Grundverordnung).

**Fisher, Roger/Ury, William/Patton, Bruce,** Das Harvard-Konzept – Die unschlagbare Methode für beste Verhandlungsergebnisse, München 2018.

**Foerster, Heinz von,** Disorder/Order – Discovery or Invention? 1984. http://ada.evergreen.edu/~arunc/texts/cybernetics/heinz/disorder.pdf.

**Frankl, Viktor E.,** Der Mensch vor der Frage nach dem Sinn – Eine Auswahl aus dem Gesamtwerk, München 2009.

**Friedrich, Kerstin/Malik, Fredmund/Seiwert, Lothar,** Das große 1x1 der Erfolgsstrategie, Offenbach 2009.

**Gälweiler, Aloys,** Strategische Unternehmensführung, Frankfurt am Main 2005.

**Grieger-Langer, Suzanne,** Die Tricks der Trickser – Immunität gegen Machenschaften, Manipulation und Machtspiele, Paderborn 2011.

**Griesbeck, Markus,** Neue Kreditwürdigkeitsprüfung für eine Neue Welt – Die Zukunftspotenziale des Mittelstands treffsicher einschätzen, Frankfurt am Main 2013.

**Hersey, Paul/Blanchard, Ken,** Management of Organizational Behavior, New York 1982.

**Homburg, Christian/Krohmer, Harley,** Marketingmanagement: Strategie – Instrumente – Umsetzung – Unternehmensführung, Wiesbaden 2017.

**Institut der deutschen Wirtschaftsprüfer,** IDW Prüfungsstandard „Grundsätze ordnungsmäßiger Prüfung von Compliance Management Systemen" (IDW PS 980), Düsseldorf 2011.

**Jakobs, Hans-Jürgen,** Wem gehört die Welt? Die Machtverhältnisse im globalen Kapitalismus, München 2016.

**Keidel, Wolf-Dieter (Hrsg.),** Kurzgefasstes Lehrbuch der Physiologie, Stuttgart 1967.

**Malik, Fredmund,** Die richtige Corporate Governance – Mit wirksamer Unternehmensaufsicht Komplexität meistern, Frankfurt am Main 2008.

**Malik, Fredmund,** Führen Leisten Leben – Wirksames Management für eine neue Welt, Frankfurt am Main 2019.

**Malik, Fredmund,** Management – Das A und O des Handwerks, Frankfurt am Main 2013.

**Malik, Fredmund,** Strategie – Navigieren in der Komplexität der neuen Welt, Frankfurt am Main 2013.

**Malik, Fredmund,** Unternehmenspolitik und Corporate Governance – Wie sich Organisationen von selbst organisieren, Frankfurt am Main 2013.

**Marchetti, Cesare,** Nach der Kernenergie kommt die Kernfusion – Die Lebenskurve von Energiequellen lässt sich berechnen, in: Bild der Wissenschaft 08/1998.

**Mewes, Wolfgang,** Die kybernetische Managementlehre (EKS), Frankfurt am Main 1971-1977.

**Miller, George A,** The Magical Number Seven, Plus or Minus Two: Some Limits on Our Capacity for Processing Information, in: The Psychological Review (1956).

**Niewarra, Kathrin/Segschneider, Dorette,** Balanceakt Compliance: Recht und Gesetz ist nicht genug – Ein interdisziplinärer Leitfaden für Entscheider, Frankfurt am Main 2016.

**Popper, Karl Raimund,** Alles Leben ist Problemlösen – Über Erkenntnis, Geschichte und Politik, München 2010.

**Rieder, Lukas,** Praxis-Handbuch Controller-Leitfaden – Das Standardwerk für wirksames Controlling und eine effektive Controller-Tätigkeit, Zürich 2010.

**Sagmeister, Simon,** Business Culture Design – Gestalten Sie Ihre Unternehmenskultur mit der Culture Map, Frankfurt am Main 2016.

**Schulz von Thun, Friedemann,** Miteinander reden 1 – Störungen und Klärungen: Allgemeine Psychologie der Kommunikation, Reinbek 2010.

**Schumpeter, Joseph Alois,** Kapitalismus, Sozialismus und Demokratie, Stuttgart 2018.

**Siegwart, Hans,** Kennzahlen für die Unternehmensführung, Bern 2002.

**Sprenger, Reinhard K.,** Die Entscheidung liegt bei Dir! Wege aus der alltäglichen Unzufriedenheit, Frankfurt am Main 2016.

**Sprenger, Reinhard K.,** Mythos Motivation – Wege aus einer Sackgasse, Frankfurt am Main 2014.

**Sprenger, Reinhard, K.,** Vertrauen führt – Worauf es im Unternehmen wirklich ankommt, Frankfurt am Main 2007.

**Stöger, Roman,** Strategieentwicklung für die Praxis: Kunde – Leistung – Ergebnis, Stuttgart 2017.

**Stöger, Roman,** Prozessmanagement: Kundennutzen, Produktivität, Agilität, Stuttgart 2018.

**Ulrich, Hans/Krieg, Walter,** Das St. Galler Managementmodell, Bern 1972.

**Vester, Frederic,** Die Kunst vernetzt zu denken – Ideen und Werkzeuge für einen neuen Umgang mit Komplexität, München 2002.

**Watzlawick, Paul,** Anleitung zum Unglücklichsein, München 2009.

**Watzlawick, Paul/Beavin, Janet H./Jackson, Don D.,** Menschliche Kommunikation: Formen, Störungen, Paradoxien, Bern 2017.

**Wöhe, Günter/Röring, Ulrich,** Einführung in die Allgemeine Betriebswirtschaftslehre, München 2016.

**Wolfe, David T./Hermanson, Dana R.,** The Fraud Diamond – Considering the Four Elements of Fraud, in: The CPA Journal. Vol. 74, Nr. 12, Dezember 2004.

# Abkürzungsverzeichnis

| Abkürzung | Bedeutung |
| --- | --- |
| 3PL | Third Party Logistics (firmenexterne Logistikpartner) |
| Abs. | Absatz |
| AEUV | Vertrag über die Arbeitsweise der Europäischen Union |
| AGB | Allgemeine Geschäftsbedingungen |
| AktG | Aktiengesetz |
| AO | Abgabenordnung |
| Art. | Artikel |
| BDSG | Bundesdatenschutzgesetz |
| BGB | Bürgerliches Gesetzbuch |
| BGM | Betriebliches Gesundheitsmanagement |
| BIZ | Bank für Internationalen Finanzausgleich, Sitz: Basel |
| BWA | Betriebswirtschaftliche Auswertung |
| bzw. | Beziehungsweise |
| CEO | Chief Executive Officer |
| CFO | Chief Financial Officer |
| CMS | Compliance-Management-System |
| COGS | Cost of Goods Sold (Kosten pro Produkt) |
| CPC | Central Performance Control |
| CRM | Customer Relationship Management |
| CSR | Corporate Social Responsibility |
| DBA | Doppelbesteuerungsabkommen |
| d.h. | das heißt |
| DMS | Dokumentenmanagementsystem |
| DSB | Datenschutzbeauftragter |
| Ebd. | Ebenda |
| EBIT | Gewinn vor Zinsen und Steuern (engl. earnings before interest and taxes) |
| EdN | Ende der Nachricht |
| EDV | Elektronische Datenverarbeitung |
| EKS | Engpasskonzentrierte Strategieentwicklung |
| ERP | Enterprise Resource Planning |
| EStG | Einkommensteuergesetz |
| etc. | et cetera |
| EU | Europäische Union |

| | |
|---|---|
| EU-DSGVO | EU-Datenschutz-Grundverordnung |
| EÜR | Einnahmenüberschussrechnung |
| F&E | Forschung und Entwicklung |
| f. | folgende |
| ff. | fortfolgende |
| GewO | Gewerbeordnung |
| ggf. | gegebenenfalls |
| GmbH | Gesellschaft mit beschränkter Haftung |
| GmbHG | GmbH-Gesetz |
| GWB | Gesetz gegen Wettbewerbsbeschränkungen |
| HGB | Handelsgesetzbuch (Deutschland) |
| Hrsg. | Herausgeber |
| IDW | Institut der Wirtschaftsprüfer in Deutschland e.V. |
| IKS | Internes Kontrollsystem |
| inkl. | inklusive |
| IMS | Integriertes Managementsystem |
| i.V.m. | In Verbindung mit |
| KMU | Kleine und mittlere Unternehmen |
| KVP | Kontinuierlicher Verbesserungsprozess |
| LG | Landgericht |
| M&A | Mergers and Acquisitions |
| MA | Mitarbeiter |
| MES | Manufacturing Execution System |
| MRP | Material Requirements Planning, Materialbedarfsplanung |
| N.N. | Nomen nominandum, Person unbekannt |
| Nr. | Nummer |
| OECD | Organisation for Economic Co-Operation and Development (Organisation für wirtschaftliche Zusammenarbeit und Entwicklung) |
| OR | Obligationenrecht (Schweiz) |
| OWiG | Ordnungswidrigkeitengesetz |
| p.a. | Per anno (= jährlich) |
| PS 980 | Prüfungsstandard 980 |
| QMS | Qualitätsmanagementsystem |
| RMS | Risikomanagementsystem |
| ROI | Return on Investment |
| S. | Seite |
| s. | siehe |

| SchwarzArbG | Schwarzarbeitsbekämpfungsgesetz |
| --- | --- |
| SGF | Strategisches Geschäftsfeld |
| SGMM | St. Galler Managementmodell |
| StGB | Strafgesetzbuch |
| Tz. | Teilziffer |
| u.ä. | und ähnliches |
| UStG | Umsatzsteuergesetz |
| usw. | Und so weiter |
| UZK | Unionszollkodex, Zollkodex der Europäischen Union |
| vgl. | Vergleiche |
| z.B. | Zum Beispiel |
| ZVEI | Zentralverband Elektrotechnik- und Elektronikindustrie |

# Stichwortverzeichnis

Dr. Markus Griesbeck ist im Top-Management eines familiengeführten, mittelständischen Hidden-Champion-Unternehmens aktiv und kennt die Anforderungen an Manager aus erster Hand. Neben allgemeinen unternehmerischen Erfahrungen besitzt er besondere Expertise in der Positionierung von Unternehmen in einer zunehmend digitalisierten Welt inkl. Automatisierung und Digitalisierung von Prozessen, Abläufen und Organisationsstrukturen. Zu seiner beruflichen Laufbahn gehört auch die Begleitung und Neuausrichtung von Unternehmen unterschiedlichster Branchen als Berater und Trainer. Hier gestaltete und verantwortete er den Aufbau und die Weiterentwicklung von komplexen Produktportfolios sowie die Erarbeitung und Umsetzung von internationalen Wachstumsstrategien.

# Management. Für die Ohren

**Das Buch „Management. Die Essenz" gibt es auch als Hörbuch.**

**Perfekt für unterwegs:** Ihr Hörbuch ist jederzeit verfügbar – vor allem auf Reisen ein großer Vorteil.
**Ganz nebenbei:** Lassen Sie sich einfach vorlesen – beim Autofahren, beim Joggen, auf der Couch.
**Für alle Geräte:** Hören Sie Ihr Hörbuch auf dem Smartphone, Tablet, Computer – wie es gerade passt.

Erhältlich bei allen gängigen Anbietern wie audible, spotify und Co.

App Icons by icons8.

Handelsblatt Fachmedien GmbH | Kundenservice | Toulouser Allee 27 | 40211 Düsseldorf
Fon 0800 000-1637 | Fax 0800 000-2959 | eMail kundenservice@fachmedien.de